上海文化发展基金会图书出版专项基金资助项目

21st

Education Reform for the 21st Century Skills : China and World

丛书主编 彭正梅

面向21世纪能力的教育变革：中国与世界

教育和道德：从古希腊到当代

[德]迪特里希·本纳
[中]彭正梅
[丹]亚历山大·冯·欧廷根
[波兰]达留兹·史蒂科夫斯基 /著

彭 韬 /译

上海教育出版社

丛书总序
发展21世纪能力，建设现代教育强国①

其本乱而末治者否矣，
其所厚者薄，而其所薄者厚，未之有也。
——《大学》

为了应对全球知识社会日益扩展所带来的挑战，自20世纪末以来，世界各国兴起了超越知识的21世纪能力教育改革运动(21st century skills-oriented educational reform movements)，美国智库布鲁金斯学会(Brookings Institution)将这场改革运动称为“全球能力运动”(global skills movement)。② 全球教育系统的目标、内容、方法和评价更为明确地关注并聚焦21世纪个人及社会所需的广泛的高阶能力，即21世纪能力。21世纪能力已经成为世界各国回应全球知识社会、提升其全球竞争力的重要抓手，成为各国教育改革的核心，也成为21世纪教育强国的本质体现。③

今天的中国已经融入世界之中，而且一改近代以来的被动地位，更加主动地参与到国际和全球事务之中，力图推动建立更加合理公正的国际秩序，从而在全球格局中谋取中华民族的伟大复兴和全人类的共同福祉。对于已经实现从“面向世界”到“在世界之中”的中华民族来说，结合自身国情，顺应全球教育趋势，推动以21世纪能力为导向的教育转型从未像今天这样刻不容缓，成功的教育转型也从未像今天这样可望可即。

① 本文作者为彭正梅、邓莉和周小勇，发表在《中国教育政策评论 2018》。郑太年、沈伟、沈章明和高原对本文的思想形成作出了贡献，这里表示感谢。

② Ananiadou, K. & Claro, M. 21st Century Skills and Competences for New Millennium Learners in OECD Countries [R]. OECD Education Working Papers, No.41, OECD Publishing, 2009: 8.

③ 邓莉，彭正梅.全球学习战略2030与中国教育的回应[J].开放教育研究，2017，23(3)：18－28；彭正梅，邓莉.培养具有全球竞争力的美国人——基于21世纪美国四大教育强国战略的考察[J].比较教育研究，2018，7：11－19.

一、全球21世纪能力教育改革运动及其本质

21世纪以来，国际上出现一场全球性的21世纪能力运动，其本质是一种以人的高阶能力发展为导向的教育改革运动，体现了教育目的的一种新人形象的教育目的。

1. 21世纪能力教育改革运动的兴起

2001年是新世纪以来教育改革的开端，世界各国教育改革纷纷布局自己的教育战略，以应对各自面临的挑战。在美国，在2001年的总统选举中，民众关心的第一议题就是教育问题，并由此促进了2001年《不让一个孩子掉队法》(No Child Left Behind Act)的出台；在中国，为了解决基础教育中的应试教育问题，2001年教育部启动了基础教育课程改革；德国在2001年经济合作与发展组织(Organization for Economic Co-operation and Development，简称OECD)主导的国际学生评估项目(Program for International Student Assessment，简称PISA)测试中遭受"PISA震动"(PISA shock)，迅速开启了新的全国性的教育改革。

之后，每隔三年的PISA测试进一步把世界各国拖入教育竞争之中。卷入PISA测试的国家都极为关心自己的PISA测试排名，并把这一排名视为教育竞争力、人力资本竞争力乃至国家竞争力的关键。2009年和2012年，上海PISA测试两获世界第一，震惊了整个世界。一方面，人们惊奇地发现，长期以来被西方世界刻板化为死记硬背的"填鸭式"的中国教育居然具有世界最强的教育潜力；另一方面，国际社会特别是西方社会把这视为中国经济的潜在竞争力，并惊呼这是一次新的"人造卫星"危机，就像50多年前苏联的人造卫星上天对西方教育、科研体制乃至社会的冲击。PISA测试试图用同一把尺子来衡量参与国的教育质量，推动和促进了各国的教育改革及其反思浪潮。

这些改革的核心议题是探讨21世纪教育需要培养什么样的人。1999年，OECD提出个体在21世纪获得"兴盛"(flourishment)需要什么关键能力的框架；2002年，美国21世纪学习合作组织(Partnership for 21st Century Learning,

原名为Partnership for 21st Century Skills,简称P21)提出个体在21世纪获得成功需要什么样技能的框架图。2001年,美国教育家布卢姆(B. S. Bloom)认知领域教育目标分类经过修订,“创造”被置于顶端。如果说古典经济学家把专业化和贸易视为发展的主要因素,那么在21世纪,人们日益确信,创新和创业才是经济增长的主要驱动力,创新力才是各国的核心竞争力。培养人的创新力成为各国教育竞争力乃至国家竞争力的核心。

2016年,布鲁金斯学会环球教育中心(Center for Universal Education at Brookings)和乐高基金会(LEGO Foundation)联合启动“变化世界中所需的技能”(Skills for A Changing World)项目,旨在探索21世纪新的教育需求,以及各国教育系统如何回应这种需求。该项目对113个国家的教育系统(从愿景或使命陈述到课程)进行的调查发现,世界主要国家及国际组织纷纷研制了21世纪能力框架来界定和遴选21世纪所需的技能或能力。即便在英国苏格兰、克罗地亚、危地马拉和菲律宾等地理、工业和社会经济地位迥异的国家和地区,也都一致认同教育应该培养学生的21世纪能力。显然,在全球范围内,越来越强调发展学生超越传统学科知识的广泛的21世纪能力,并且体现为一场21世纪能力导向的全球性的教育改革运动。①

各国及国际组织在自己的文件中指称21世纪能力所用的概念有差异。例如,OECD和欧盟称为“关键能力”(key competences/key competences),美国称为“21世纪技能”(21st century skills)、日本和新加坡称为“21世纪能力”(21st century competencies),中国称为“核心素养”。此外,还有“横向能力”(transversal competencies)、“高阶思维技能”(higher-order thinking skills)、“高阶技能”(higher-order skills)、“通用技能”(generic skills)、“通用能力”(general capabilities)、“可迁移技能”(transversal skills)、“深度学习”(deeper learning)、“21世纪流畅力”(21st century fluencies)、“全球能力/全球胜任力”(global competencies)、“终身学习素养”(lifelong learning competences)、“新基础性技能”(new basic skills)、“软技能”(soft skills)以及“非学术技能”(non-

① Care, E., Anderson, K., & Kim, H. Visualizing the Breadth of Skills Movement across Education Systems[R]. The Brookings Institution, 2016.

academic skills)，等等。[①]

这些指称有其共同之处，但也有不同的侧重点，主要体现为两个英文关键词“competency”和“skill”之间的区分。一般而言，“skill”和“competency”在某种程度上都是指完成某一(些)任务所需要的能力。“skill”偏重可表现、可观察的技能，因此“skill”并不能完全告诉我们“如何”(how)成功地完成一项任务或动作。相对而言，“competency”这个概念更广泛，能够涵盖把“skill”转化为工作行为时遗漏的部分。也就是说，“competency”包含着知识、技能以及态度和价值观这三个方面的含义，而不仅仅是可表现、可操作和可观察的行为。因此，那些使用“skills”来指称21世纪能力的国家，为了避免这个概念较为狭隘的含义，把“skills”理解为KSA(即knowledge, skills, attitudes and values)；而那些使用“competency”的国家，为了避免这个概念的广泛性和模糊性，越来越多地使用“skills”来指称21世纪能力明确的特殊性。

实际上，“全球技能运动”产生于并旨在回应21世纪以来日益扩展和加深的全球化和全球市场，因此，它比较忽略带有更多文化性和意识形态的知识、态度和价值观，而是强调更具表现性和结果性的“skills”。因此，布鲁金斯学会把这场全球性的教育改革运动称为“全球技能运动”，可谓抓住了这场运动的本质。

中国把这场“全球技能运动”称为“核心素养运动”，自然反映了我们重视知识、价值观的教育传统，却忽视了这场运动强调可表现、可操作和可观察的技能的本质。然而，“技能”在中文中常常与职业教育联系在一起，使用“技能”概念，反而不利于这场运动在所有教育领域展开，不如“能力”这个概念更好。因此，这里把“全球技能运动”称为“21世纪能力教育改革运动”。这样，我们可以把对这场运动的研究和考察与中国教育界长期以来关于知识与能力关系问题的讨论联系起来，并有利于这个问题在21世纪的澄清。同时，考虑到“21世纪技能运动”(21st century skills movement)主要是为了培养个体在21世纪获得成功和生命“兴盛”所需要的能力，因此“技能”这个狭隘的概念也不足以涵盖个体“成功”和“兴盛”所需要的能力。而且，如果再把“21世

① 邓莉.如何在教学上落实21世纪技能：探究性学习及其反思和启示[J].教育发展研究，2017，(8)：77.

纪能力”从中文翻译成英文，则宁可采用阿玛蒂亚·森(Amartya Sen)和玛莎·努斯鲍姆(Martha C. Nussbaum)的“能力”(capabilities)概念，把它翻译为“21st capabilities”。①

2. 21世纪能力是高阶能力

21世纪能力教育改革运动首先体现在很多国家或组织制定的21世纪能力框架之中。这些框架界定了本国或组织所认可的最为重要的21世纪能力，来引领学校变革和课程教学变革。

各国或有关国际对21世纪能力的定义及其包含的子技能有所不同，但呈现出某种共同的关怀。各国或有关国际提出的21世纪能力通常包含认知和非认知的知识、技能以及态度或价值观，其共同特征在于强调4C技能(Critical thinking and problem solving，Communication，Collaboration，Creativity，即批判性思维和问题解决、交流、合作、创造技能)、ICT技能(Information Communications Technology，即信息通信技术技能)、人际交往、适应能力等。其中亚洲国家如新加坡和日本同时把伦理道德和价值观摆在重要位置。② 这里对21世纪能力与布卢姆认知领域的教育目标分类进行比较。

20世纪50年代，美国教育心理学家布卢姆提出教育目标分类法：知识(knowledge)、领会(comprehension)、应用(application)、分析(analysis)、综合(synthesis)、评价(evaluation)。这六个阶段的认知水平由低阶走向高阶，其中，分析、综合与评价是问题解决能力的三个水平，是综合运用多种知识、技能和策略解决问题的能力，是高阶能力。2001年，安德森(Lorin Anderson)和克拉斯沃尔(David Krathwohl)修订了布卢姆的认知领域教育目标分类。修订版将“创造”置于知识复杂度的顶层，也就是说，创造和创造性思维被视为最复杂的人类认知过程。这一修订试图强调，学习结果仅仅满足于知识习得和理解层面是不够的，学习的成功必须通往高阶目标或层次，最终导向问题解决、创造力的获得。

因此，按照布卢姆的教育目标分类，读写算能力即3R(Reading，wRiting，

---

① 杨兴华.阿玛蒂亚·森和玛莎·努斯鲍姆关于可行能力理论的比较研究[J].学术论坛，2014，37(2)：31－34.

② 邓莉.如何在教学上落实21世纪技能：探究性学习及其反思和启示[J].教育发展研究，2017，(8)：78.

Arithmetic）能力和传统教育的学科知识属于较为低阶的知识和能力，因为它侧重记忆和回忆等认知水平层次，只需要学生付出低层次的认知努力，而分析、综合与创造等高阶能力需要付出更大的认知努力，包括复杂推理、逻辑思维、问题解决等，并能够将知识迁移到实际生活中。

如果以布卢姆教育目标分类来考察，我们可以看出，21 世纪能力特别是 4C 技能分布在高阶区域（见图 1）。

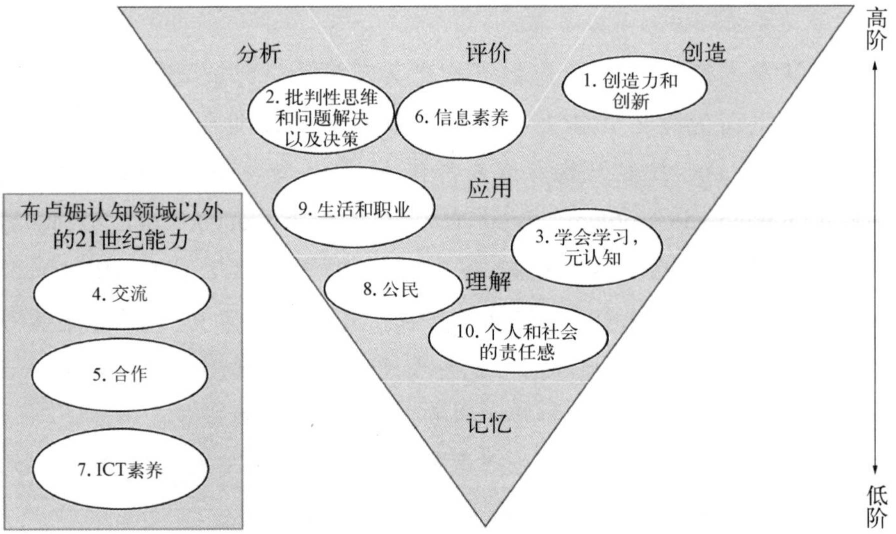

图 1　21 世纪能力的教育目标分类①

4C 正是 21 世纪能力教育改革运动的核心。布鲁金斯学会的研究发现，97 个国家在公开文件中提到特定的能力，如合作、问题解决、信息素养、创造力、交流等能力，并强调通过教育系统发展这些能力；55 个国家在课程文件中提到这些能力；45 个国家在其使命和愿景陈述中提到 21 世纪能力和个人品质；13 个国家提到在不同学段、年级中的能力进阶（能力的不同层次水平）。② 在各国政策中最为频繁提到的 21 世纪能力是交流技能，其次是创造

① Suto, I. 21st Century Skills: Ancient, Ubiquitous, Enigmatic? [J]. Cambridge Assessment, 2013: 11.
② Care, E., Anderson, K., & Kim, H. Visualizing the Breadth of Skills Movement across Education Systems[R]. The Brookings Institution, 2016: 9.

力、批判性思维和问题解决技能（见图2）。①

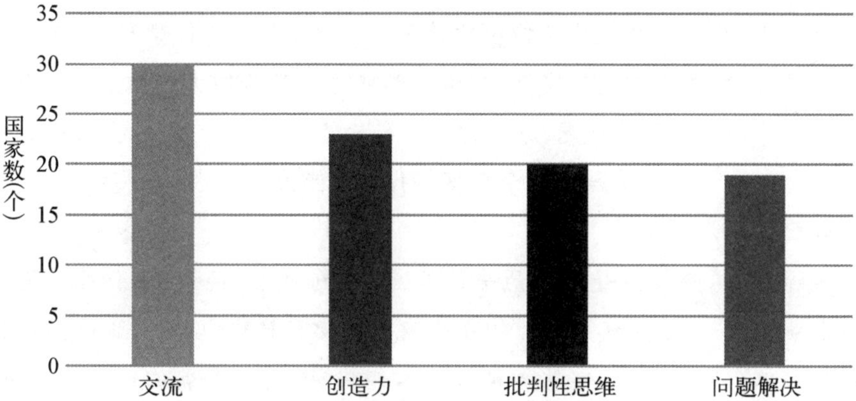

图2　各国最为频繁提到的21世纪能力

澳大利亚一项研究也显示，4C在各国21世纪能力框架处于最重要的位置（见图3）。②

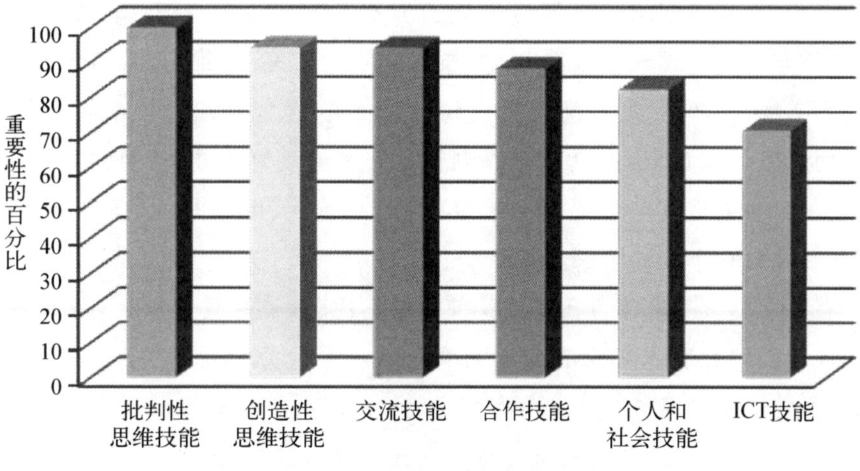

图3　21世纪能力的重要性排序

① Care, E., Anderson, K., & Kim, H. Visualizing the Breadth of Skills Movement across Education Systems[R]. The Brookings Institution, 2016: 9.

② Queensland Curriculum and Assessment Authority. 21st Century Skills for Senior Education: An Analysis of Educational Trends[EB/OL]. 2015 - 11[2017 - 11 - 20]. https://www.qcaa.qld.edu.au/downloads/publications/paper_snr_21c_skills.pdf,2015: 10.

因此,可以说,21 世纪能力被世界各国视为当前和未来社会个人取得生活和职业成功、国家取得经济繁荣所需要的必备能力。与低阶能力相比,作为高阶能力的 21 世纪能力超越了传统的读写算能力,超越传统学科,主要包含批判性思维、问题解决、合作、交流、创造力等能力。高阶能力的本质在于如何创造性地应用知识来解决问题,它超越了学科知识的认知性掌握,是知识、技能、思维和态度的综合。正是从这个角度,21 世纪能力教育改革运动也被称为从 3R 到 4C 的运动。[①]

实际上,高阶能力是一个历史的概念,受到政治、经济、文化等方面的影响。农业时代、工业时代所认为的高阶能力是读写算能力,当今时代的高阶能力在未来也会发生变化,有些会被人工智能代替,而一些新的能力会加进来。基于当前 21 世纪所处的全球知识社会背景,以及从全球 21 世纪能力教育改革运动的背景,目前社会的高阶能力主要是指 21 世纪能力,这样的能力是目前和未来一段时期机器所难以取代的能力,“甚至是人摆脱被人工智能取代的重要资本”。[②]

今天,世界各国所言的 21 世纪能力具有共同的主要特征: 横向的或通用的,即不与特定的领域直接联系,但与很多领域相关;多维度的,即包含知识、技能和态度;高阶的,即与高阶技能和行为相关,是能够应对复杂问题和突发情况的能力。[③] 21 世纪能力中的批判性思维和问题解决技能、合作技能、交流技能、创新和创造技能等尤其具有复杂性、高阶性、跨学科性、多维性和合作性,并且是对每个人的要求。

在 21 世纪,高阶能力已不能仅仅是偶然的、附带的教育和教学的点缀,而必须成为我们教育系统中普遍的刻意行为。要致力于更加公平和有效的教育,我们就必须普遍教授儿童如何去思考,如何将所学知识应用于实践,帮助所有儿童去习得可迁移的高阶能力。也就是说,在柏拉图时代,作为精英阶层

---

① 邓莉,彭正梅.美国学校如何落实 21 世纪技能——21 世纪学习示范学校研究[J].外国教育研究,2017,44(09):52.

② 郑太年.美国教育的基础性制度和发展战略的嬗变[J].教育发展研究,2018,11:22.

③ OECD. The Definition and Selection of Key Competencies [Executive Summary][EB/OL]. 2005-05-27[2017-09-25]. http://www.oecd.org/pisa/35070367.pdf.

的“奢侈品”的批判性思维技能等高阶能力，必须走向每个人。[①]

这种以培养人的高阶能力为导向的全球性的教育改革，体现了一种国际教育中的新人形象，而培养这种新人恰恰是21世纪的全球知识社会基本而迫切的要求。

二、全球知识社会需要培养个体的21世纪能力

尽管21世纪能力教育改革运动的落脚点是个体成功，但需要从个体及教育所属的社会和世界，特别是从现代化的视角来加以考察，才能看出这场运动的特殊性、必要性和迫切性。

1. 现代化的前提是人的现代化

从西方教育历史发展来看，现代教育强调的是培养理性的主体。卢梭(Jean-Jacques Rousseau)提出，教育的目的既不是培养暴君，也不是培养奴才，而是培养一个人。暴君任性，他想做什么就做什么，并且禁止别人评判和批评；奴才没有个性，以他人的意志作为自己的意志。卢梭要培养的是具有真情实感和能够理性思考的主体。康德(Immanuel Kant)把卢梭的论述进一步归纳为培养“能够不依赖他人而独立使用自己理性的个体”。因此，康德鼓舞人类：“拿出勇气来，去使用自己的理性！”[②]

在康德之前夸美纽斯(Johann Amos Comenius)呼吁要把“一切知识教给一切人”，因为只有拥有知识，人类才能思考。康德之后的赫尔巴特(Johann Friedrich Herbart)认为，知识即道德，没有经过理性思考、没有理性抉择的道德，不是真正的道德。

杜威(John Dewey)认为，教育不仅在于培养理性主体，更在于培养致力于社会改善的理性主体。因为只有改善了的社会，才允许人的理性使用及其进一步使用。因此，在杜威看来，现代教育的任务是培养能思考的积极的公民。

---

① 彭正梅，邓莉.迈向教育改革的核心：培养作为21世纪技能核心的批判性思维技能[J].教育发展研究，2017(24)：24.

② [德]康德.康德论教育[M].李其龙，彭正梅，译.北京：人民教育出版社，2017：78.

这里以一则事例来加以说明。

贝尔市是美国洛杉矶近郊一个蓝领工人聚居的普通小城。2010年7月初的一天，50多岁的拾荒妇女简·艾丽丝正在漫不经心地清理从贝尔市政府回收的废纸。突然，一份贝尔市官员的工资单闯入眼帘，上面的数字让艾丽丝惊呆了：市长里佐的年薪竟然高达78.8万美元，相当于美国总统年薪的两倍。警察局长兰迪·亚当斯的年薪同样令人咋舌，达到46万美元，比洛杉矶市警察局长的年薪多出15万美元。

艾丽丝越看越感到震惊：斯帕希只是一名助理执政官，年薪竟高达37.6万美元，而市议会的4名议员并非全职工作，每人年薪也达到10万美元。在美国，一般城市里的议员每月通常只有微薄的薪水。

艾丽丝愤然走上街头，通过演讲揭露这件蹊跷事。此举引起《洛杉矶时报》关注，该报组织一个20人的采访小组进行调查，结果证明艾丽丝所言属实，并引起检察机关介入。

美国咨询公司"奥马力国际"总裁约翰·奥马力对本报记者说，美国城市一般规模不大，政府预算不多，给人留下官员没有贪腐空间的印象，但贝尔市的腐败案改变了人们的想法。尤其可怕的是，这些腐败官员是一位拾荒者在偶然间发现并揭露出来的，倘若没有艾丽丝，这些硕鼠也许至今仍逍遥法外。①

一个国家想要健康发展，就必须让每一位公民都具备判断能力、监督意识和监督能力。在杜威看来，只有这样"能思考的积极的公民"，才能帮助我们理性地建设一个不断改进的社会环境。否则，理性思考能力就是一种屠龙之技。

杜威之后，美国社会学家英格尔斯(Alex Inkeles)在20世纪60年代明确指出，现代社会建立的前提是人的现代化。人的现代化不是现代化的产物或副产品，从根本上说，恰恰是现代化的必要前提和条件。

英格尔斯在其国际调查中发现，国家落后和不发达不仅仅是一堆能勾勒

① 陈一鸣.美国拾荒大妈拉地方贪官落马[EB/OL]. 2014-06-05[2017-11-23]. http://opinion.people.com.cn/n/2014/0605/c1003-25107547.html.(内容有删减)

出社会经济图画的统计指数，也是一种国民的心理状态，一种落后的国民素养。“痛彻的教训使一些人开始体会和领悟到，那些完善的现代制度以及伴随而来的指导大纲、管理守则，本身是一些空的躯壳。如果一个国家的人民缺乏一种赋予这些制度以真实生命力的广泛现代心理基础，如果执行和运用这些现代制度的人，自己都还没有从心理、思想、态度和行为方式上经历一个向现代的转变，失败和畸形发展的悲剧是不可避免的。再完美的现代制度和管理方法，再先进的技术工艺，也会在传统人的手中变成废纸一堆。”①

那么，这些素养是什么呢？在英格尔斯看来，人的现代素养包括：准备和乐于接受新的生活经验、思想观念和行为方式；准备接受社会的改革和变化；思路开阔，头脑开放，尊重和愿意考虑各方面的不同意见和看法；注重未来与现在，守时、惜时；强烈的个人效能感，办事讲究计划和效率；充满尊重知识的气氛，热心探索未知的领域；可信赖性和信任感；重视专门技术；有意愿根据技术水平高低来领取不同报酬的心理基础；乐意让自己和后代选择离开传统所尊敬的职业；对教育内容和传统智慧敢于挑战；相互了解、尊重和自尊；了解生产及过程等。② 只有国民具有这些素养，国家才可真正成为现代化的国家，才能实现有效的管理和高速稳定的经济发展。否则，即使由于某种其他原因或机遇，经济开始起飞，获得短暂繁荣，也不会长久，难以持续。因此，人的现代化是国家现代化必不可少的因素，是现代化制度和经济赖以长期发展并取得成功的先决条件。这就是为什么德国和日本能在“二战”后迅速崛起的原因。只要人的技能还存在，被毁坏的国家就可以迅速重建。

2. 全球知识社会需要21世纪能力

一个国家国民的心理和精神如果处于传统守旧的意识之中，就会严重阻碍国家经济社会发展及其现代化。英格尔斯把这种人称为“传统人”。传统人恐惧不同观点以及社会变革，盲目服从传统和权威，没有时间感和效率观，总是以古人和传统来评断新事物，希望古代的几本经典可以解决一切现代问题，等等。传统人还不断地攻击现代化及其需要的理性主体的培养，并把国际社

① 英格尔斯.人的现代化[M].殷陆君，译.成都：四川人民出版社，1985：4.
② 同上：22-36.

会出现的对现代性的批判视为对现代性的根本否定。

自20世纪60年代开始在西方世界盛行的后现代的诸种思考，如后殖民主义、后结构主义和批判主义，并未动摇以理性主体为核心的现代社会，更没有产生一种后现代社会。“柏林墙的倒塌”反而预告了一种更具连接性的现代社会，即全球化时代的到来。

1990年，柏林墙的倒塌、东欧社会主义国家的转型以及苏联的解体，被认为是自由民主人权取得了胜利。美国学者福山（Francis Fukuyama）甚至认为，历史走向了终结。他乐观地想象道：“人类不会是盛开千姿百态美丽花朵的无数蓓蕾，而是奔驰在同一条道路上的一辆辆马车……马车构造表面上的差别并不能被视为驾驭马车的人之间永久的、必然的差异，而只不过是因为他们在路上所处的位置不同罢了……有相当多的马车驶入城镇这一情景会使任何有理性的人看到后都不得不承认只有一条路，且只有一个终点。而毋庸置疑，我们现在就处在这个目的地上。”① 在福山看来，这个目的地就是市场经济、民主政治和个体自由。他相信，自由民主的理念和制度已在全球范围内得到认可和扩展，并成为唯一的意识形态；市场经济力量正在推动国家壁垒的崩溃，正在创造一个唯一的、一体化的世界市场。

在福山看来，从20世纪90年代开始的全球化不是后现代社会，而是现代化在全球的扩张，一种全球性的西方化。可以看出，他的这种西方化实际上就是马克思主义所批判的资本主义的全球化，其中隐含着被后现代深刻批判的“西方中心论”：西方文明是高级文明，其他文明是低级文明；西方文明普遍有效，其他文明特殊狭隘。而实际上，在这种资本主导的全球化进程中，前共产主义东欧几十年来积累的社会财富被抢劫一空。② 对此，这里不作进一步探讨。福山所描述的这种作为现代化扩展的全球化，带有任何民族国家及其教育都必须加以回应的新的特性。也就是说，这里的全球化实际上是一种知识经济的全球化。

与以英格尔斯所描述的工业经济为特性的第一次现代化不同的是，20世纪90年代开启的全球化，是一种知识经济的现代化，是第二次现代化。OECD

① 弗朗西斯·福山.历史的终结和最后的人[M].黄胜强，许铭原，译.北京：中国社会科学出版社，2003：381－382.
② 卡奇米耶日·Z.波兹南斯基.全球化的负面影响——东欧国家的民族资本被剥夺[M].佟宪国，译.北京：经济管理出版社，2004.

认为,知识经济正在改变整个世界经济劳动力市场的技能水平的要求。在工业国家,以知识为基础的行业迅速扩张,劳动力市场需求也相应发生改变。新技术的引入,对高技能工人的需求,特别是对高技能信息通信技术工人的需求增加了。与此同时,对低技能工人的需求下降了。① 社会学家吉登斯(Anthony Giddens)也指出,在知识经济时代,劳动力主要不是在物质生产或原料物资分配环节,而是在设计、开发、技术、营销、销售和服务领域。这是一种在思想、信息、知识支撑下的创新和增长的经济。②

如果我们把迈入知识经济的社会称为知识社会,那么这个社会有哪些特征呢?我们又应当如何教育当下及未来的公民,使他们能够更好地在这个社会工作和生存呢?换句话说,知识社会时代的教育使命是什么?

根据汉斯-戴尔特·埃弗斯(Hans-Dieter Evers)的观点,知识社会具有以下几个特征:

- 与其他社会相比,知识社会的成员受教育水平一般较高,劳动力中很大一部分人群是研究人员、科学家、信息专家、知识管理专家等"知识工作者";③
- 知识社会的工业产品集成了人工智能;
- 知识社会的组织机构——无论是私人、政府还是社会机构——都应转型为智能化、学习型组织;
- 系统化知识呈上升趋势,以数字化专业知识为形式存储在数据库、专业系统、组织计划和其他媒介当中;
- 专业知识和知识生产呈现多中心扁平化趋势;
- 有明显的生产和利用知识的文化。④

① OECD. The Knowledge Economy and the Changing Needs of The Labor Market[EB/OL]. 2001[2017-12-10]. http://siteresources.worldbank.org/INTLL/Resources/Lifelong-Learning-in-the-Global-Knowledge-Economy/chapter1.pdf.

② Giddens, A. Sociology[M]. 4th Edition. Cambridge: Polity Press, 2001: 378.

③ "知识工作者"是"现代管理学之父"彼得·德鲁克(Peter Drucker)提出的术语,用来描述知识经济的参与者,与工业时期生产有形产品的产业工人相对,他们的主要资本是知识,对知识生产及其处理是他日常的工作和活动,软件工程师、建筑师、科学家、律师、教师与科研人员等是常见的知识工作者。

④ Evers, H. Transition Towards a Knowledge Society: Malaysia and Indonesia in Comparative Perspective[J]. Comparative Sociology, 2003, 12(1): 355-373.

对于教育而言，知识社会的这些特征意味着教育目的与以往相比发生了重大变化，知识社会对学校提出了一些新的要求。学校应当：

• 将知识作为工作和日常生活的中心；重新设计学习经验，这些学习经验应当考虑将所学的知识在将来应用于产品、市场或需要与之打交道的用户；拓展培训受益面，使所有人都能成为参与其中的研究者或行动研究者——分析情境、预估并解决问题、有创造性的思维、不断创新并在合理判断的基础上大胆尝试；这意味着我们在做任何事情时都要不断地从认知的角度加以反思。

• 让学习者成为主导适应变化的领导者，以免在面对未来社会形态时手足无措；支持/鼓励建立跨学科协作团队，在面对我们这个时代的重要挑战时采取具有前瞻性的措施——这些挑战包括可持续发展、科技变革、经济发展和各种形式的全球主义。

• 培养优秀的公民——优秀的企业公民（法人）、地方性公民、国家公民以及全球公民；在学习过程中培养学习者的21世纪能力，使他们能够独立或协作承担社会责任；培养学习者正确的伦理价值观和个人判断力。

• 创设一种富有建设性的多样性，以确保多元的个人经验和知识都能够参与经济与社会发展——这些多元的经验与知识包括不同的个人观点、沟通方式、人际网络、对问题的理解能力和应对挑战的方法等。

• 培养学习者的创新能力，支持他们建立在合理判断基础上的大胆创新，为创新精神的自由发展提供空间等。①

因此，如果说在试图实现以工业社会为特征的现代社会需要英格尔斯所列举的人的现代素养，那么在作为以全球知识社会为特征的当代社会，则需要培养21世纪能力这种新的基本的高阶能力。也就是说，正是全球知识社会，内在地促进了21世纪能力教育改革运动的产生。

显然，在这样一种知识经济的全球化中，竞争其实并没有消失，反而更加

① Mary, K., Bill, C., & Walter, M. New Learning: A Charter for Change in Education[EB/OL]. 2012-01-31[2017-12-30]. https://education.illinois.edu/newlearning/knowledge-society.html.

激烈，从两个主要阵营的竞争转向全球竞争。而且，在这样一种全球竞争、全球流动的背景之下，低阶的常规性技能的需求整体呈下滑趋势，而对非常规性分析和非常规性人际技能的需求却大幅上升。也就是说，作为21世纪能力的高阶能力已经成为全球性的货币，成为各国教育的核心关注。

尽管如此，不能把全球化简单地作为第一次现代化的延续和扩展，西方的理性主体的理论毕竟经过后现代以及后殖民主义等的批判，这使得对理性主体的吁求更加带有多元文化的色彩。这也说明，理性主体不能只从理性的使用维度，更要从4C的维度来加以阐释。由于全球化时代持续的社会变革及技术进步，个体需要不断地学习；由于全球化带来的普世价值和地方价值的冲突以及由此带来的日益的异质性，跨文化能力或多元文化能力已经成为个体必要的生存能力(survival skills)。全球知识社会时代需要乔布斯(Steve Jobs)那样一种"求知若渴、虚心若愚"的新的理性主体。这种理性主体就是21世纪能力所体现的新人形象。

康德指出，我们可以把人类的历史大体上视为大自然的一项隐秘计划的实现。[①] 从工业的现代社会到全球性的知识社会的进展，体现了人的理性的不断积累。在技术和人工智能的帮助之下，人类独特的理性禀赋将会得到普遍使用，而且这种使用会有利于人类命运共同体的逐渐确立和完善。

三、教育强国的新界定及中国的战略应对

随着21世纪能力成为全球知识社会的基本能力，教育强国的现代定义也出现了相应的变化。对中国来说，建设现代教育强国要更加复杂，也出现了不同于其他世界教育强国的新要求。

1. 教育强国即21世纪能力的强国

教育强国是一个不断变动的指标体系。在19世纪末，普鲁士可能被称为教育强国；在20世纪初，美国和苏联可以被称为教育强国。那么，在知识经济

① ［德］康德.历史理性批判文集［M］.何兆武，译.上海：商务印书馆，1990：1－21.

时代，在全球知识社会，教育强国的基本特征又是什么呢？

梳理现有文献发现，各类国际组织、国外学者对教育强国的内涵和建设路径的理解，基本上可以分为如下五类。

第一种理解是通过国际性大规模测量来判断一个国家是不是教育强国。如果一个国家的学生在PISA等国际测试中表现卓越，那么这个国家通常会被认为是教育强国(education superpower)。例如，由于芬兰学生在PISA测试中持续表现优异，芬兰被公认为教育强国。[①] 新加坡学生连续在多个科目排名中拿到第一，比如在2015年的PISA测试中，新加坡学生在数学、阅读和科学三个科目中的成绩都占据了首位，在2016年的国际数学和科学测试(TIMSS)中，新加坡学生的成绩也高居榜首，因而新加坡也被认为是教育强国。研究者将这种成功归因于新加坡1997年开始的在“思考型学校，学习型国度”的理念下开展的一系列教育改革。[②]

第二种理解是根据全球大学排名来判断一个国家的教育强弱。其逻辑是，全球大学排名代表了一个国家的高等教育系统，从而也代表了这个国家的整个教育系统的人才、科研成果产出的数量与质量。罗斯玛丽·迪姆(Rosemary Deem)等人指出，在各种世界性排名榜中，美国的大学都占据了绝对优势，美国理所当然地被认为具有世界上最好的教育制度。[③] IIE和AIFS基金会(IIE and the AIFS Foundation)在2015年出版的论文集《亚洲：未来的高等教育强国?》中，对“亚洲国家是不是下一代高等教育强国”以及“全球大学排名差距决定了亚洲国家和高等教育强国地位之间的差距”等问题进行了探讨，指出在慷慨的财政投入和强有力的政策支持下，亚洲的一些重点大学取得了明显的进步，亚洲大学的崛起已经成为全球大学排行榜的一大主题，但问题和挑战在于，这些大学是否有能力打破西方的教育霸权，使所在国成为真正的高等教育强国。[④]

第三种理解是根据人口与国民收入、教育发展水平、教育投入和产出等因

---

① Morgan, H. Review of Research: The Education System in Finland: A Success Story Other Countries Can Emulate [J]. Childhood Education ,2014, 90 (6): 453 - 457.

② Maxwell, D. Singapore, the 21st Century Education Superpower[EB/OL]. 2017 - 01 - 09[2018 - 02 - 10]. https://www.studyinternational.com/news/singapore-the - 21st-century-education-superpower/.

③ Deem, R. , Mok, K. H., & Lucas, L. Transforming Higher Education in Whose Image? Exploring the Concept of the "World-Class" University in Europe and Asia[J]. Higher Education Policy, 2008, 21: 83 - 97.

④ Bhandari, R., & Lef, A. Asia: The Next Higher Education Superpower? [M]. IIE and the AIFS Foundation, 2015.

素，将世界各国分成教育发达国家、教育较发达国家、教育中等发达国家和教育欠发达国家。按照世界经济论坛发布的《全球竞争力报告2017—2018》，从宏观经济环境、基础设施建设、健康与初等教育状况、劳动力市场效率以及创新能力等要素来看，芬兰、瑞士、比利时、新加坡、日本、新西兰、爱沙尼亚、爱尔兰、荷兰等国拥有世界上最好的教育制度，是教育强国。[①] OECD每年发布的《教育概览》涵盖了36个成员国和大量伙伴国家的教育数据，包括教育投资、高等教育毕业率、就业率、高等教育收益、国民受教育程度、班级规模等指标来对各国进行排名，在教育效能、质量与公平方面表现优异的国家被视为教育发达国家。[②]

第四种理解是以教育国际化尤其是国际学生的数量来判断一个国家是不是教育强国。《亚洲：未来的高等教育强国?》指出，教育国际化是代表全球教育竞争力和高等教育强国的重要指标。[③] 杰米·史密斯(Jamie Smyth)在《金融时报》上的一篇文章称，澳大利亚将成为继美国和英国之后的又一个全球教育强国，这是因为，在2015年澳大利亚接纳超过65万留学生，教育成为澳大利亚第三大出口产业。[④]

第五种理解认为，教育强国应该支持其他国家的教育发展，为其他国家提供教育援助。例如，凯特·安德森(Kate Anderson)认为，要成为教育强国，不能只关注本国教育，还应该支持全球教育的改善，为其他国家提供教育援助。她指出，加拿大2017年6月发起的女性主义国际援助政策，为加拿大成为女性教育全球领导者提供了平台，为成为教育强国迈出了重要一步。[⑤] 苏珊·L.罗伯逊(Susan L. Robertson)认为，世界一流教育应当是世界主义的，对学习持开放态度，关注全球普遍性的问题、思想和关切。[⑥]

---

① Schwab, K., & Sala-i-Martín, X. The Global Competitiveness Report 2017 - 2018[R]. World Economic Forum, 2017.

② OECD. Education at a Glance 2017: OECD Indicators[R]. Paris: OECD Pulishing, 2017.

③ Bhandari, R., & Lef, A. Asia: The Next Higher Education Superpower? [M]. IIE and the AIFS Foundation, 2015.

④ Smyth, J. Australia Seeks to Become Global Education Superpower[EB/OL]. 2016-02-10[2018-01-22]. https://www.ft.com/content/e9fd9d6a-cf9f-11e5-986a-62c79fcbcead.

⑤ Anderson, K. Being an Educational Superpower is about more than International Rankings. 2017-08-28[2018-01-28]. https://www.brookings.edu/blog/education-plus-development/2017/08/28/watch-being-an-education-superpower-is-about-more-than-international-rankings/.

⑥ Robertson, S. L. World-class Higher Education (for whom?)[J]. Prospects, 2012, 42 (3): 237-345.

可见,国际上对教育强国的理解存在分歧,对教育强国内涵的关注点存在差异。因此,给一个国家贴上教育强国的标签应当谨慎。例如,如果一个国家的大学在国际排名前100位的数量较多,就被认为是高等教育强国,那么美国显然是典型的高等教育强国,但荣格·凯奥尔·信(Jung Cheol Shin)和芭芭拉·M. 柯玛(Barbara M. Kehm)认为,目前全球的高校排名带有浓厚的新自由主义价值取向,大学排名背后的竞争更加关注经济效益而非教育质量,更加关注科研而非一般意义上的教育。① 斯隆·布瑟莱尔(Sloan Bousselaire)认为,中国的台湾、香港、澳门、上海等地区因为PISA测试成绩突出,因而中国也可被视为教育强国。② 但亨利·M.莱文(Henry M. Levin)认为,测试结果与高质量人才供应以及富有竞争力的经济之间的联系并非人们想象得那么紧密。片面地考虑测试结果,忽略了批判性思维、人际沟通、自我反思等高阶能力,会严重影响一个社会的创新能力,从而阻碍经济发展而非促进经济发展。③ 对教育强国的理解,更严重的分歧还在于基础教育强国和高等教育强国的一致性问题。例如,美国的基础教育虽然在PISA测试中表现平庸,但美国拥有世界公认的一流高等教育,是典型的高等教育强国。这就出现一个悖论:美国是基础教育弱国,同时是高等教育强国。

美国教育家戴安娜·拉维奇(Diane Ravitch)认为,美国基础教育并不像国际测试显示的那样弱;④ 华裔教育家赵勇认为,美国基础教育与世界不同,美国是在教授如何思考等高阶能力,而不是只教授知识等低阶能力。⑤ 因此,美国的基础教育同美国的高等教育有着深层的一致性,也就是关注批判性思维和问题解决以及创新等高阶能力。

凯特·安德森认为,成为教育强国远远不止于在国际测试中表现优异。PISA只是测量阅读、数学和科学这样的传统学科,仅仅掌握这些学科在21世

---

① Shin, J. C. & B. M. Kehm. Institutionalization of World-Class University in Global Competition [M]. New York, Springer, 2014.

② Bousselaire, S. Education Superpower and What We Can Learn form Them[EB/OL]. 2017-11-02[2018-01-22]. https://borgenproject.org/education-superpowers/.

③ Levin, H. M. (2012). More Than Just Test Scores[J]. Prospects, 42 (3): 269-284.

④ Ravitch, D. Reign of Error: The Hoax of the Privatization Movement and the Danger to America's Public Schools [M]. Vintage, 2013.

⑤ Zhao, Y. Who's Afraid of the Big Bad Dragon? Why China Has the Best (and Worst) Education System in the World [M]. Jossey Bass, 2014.

纪并不能获得成功。要成为教育强国，必须教授学生掌握广泛的技能，并为此作出有效的制度和实践安排。①

尽管BBC报道，根据PISA测试成绩将加拿大视为教育强国，但凯特·安德森指出，仅仅凭借PISA测试结果这一个指标，还不足以将加拿大归为教育强国。她认为，教育强国的学习者除了在认知技能方面表现突出外，还应当具备批判性思维和问题解决技能、合作技能、交流技能、创新能力、全球素养、职业与科学技术技能等一系列广泛的技能。②因此，从培养高阶能力这个角度来看，在基础教育和高等教育这两个方面，美国都是一个典型的教育强国。

因此，可以认为，在当今全球知识社会时代，所谓教育强国，就是那些以面向所有学生培养21世纪高阶能力为目标，并为之作出有效的制度和实践安排的国家。

2. 中国的战略应对

1840年，中国在鸦片战争中败于西洋列强；1894年，中国在甲午战争中败于东洋日本，泱泱大国深刻认识到它正经历"两千年未有之变局"，必须向西方学习，走现代化道路。自此以后，走现代化道路，建立强大的现代国家，一直是中华民族的根本使命，是自1840年以来不同时代旋律的通奏低音。这个通奏低音决定了中国教育的基本维度：教育要面向现代化，要面向世界，中国要成为现代教育强国。

经过一百多年史诗般的努力，中国与世界的关系表现出从消极被动到积极主动的转变，从"面向世界"到"进入世界"。今天，我们的教育现代化大业越来越不可避免地与全球教育改革趋势联系起来，难以分开；中华民族的伟大复兴、国家利益以及个体发展，都与全球总体趋势息息相关。中国教育需要进一步提高国际化水平，进一步做强自己，培养学生的全球竞争力，以实现中华民族的伟大复兴。一句话，中国教育强国的建立，必须是面向所有学生培养21

①② Anderson, K. Being an Educational Superpower is about more than International Rankings. 2017-08-28[2018-01-28]. https://www.brookings.edu/blog/education-plus-development/2017/08/28/watch-being-an-education-superpower-is-about-more-than-international-rankings/.

世纪能力，并为此作出有效的制度和实践安排。

这就要求我们培养21世纪能力，建设现代教育强国。改用一下韩非子的话：古代角力于道德；近代角力于功利；当今之世，角力于21世纪的高阶能力。但是，我国到目前为止的教育变革中，还没有充分认识到，更没有回应21世纪以来国际教育变革的新趋势以及教育强国的新界定。

随着中国国际影响力的提升，国外一些机构和学者将研究目光转向中国，思考中国建设教育强国的问题。菲利普·G. 阿特巴赫(Philip G. Altbach)曾指出，中国在借鉴国外高等教育强国建设经验的同时，"最为重要的是应尊重自己的高等教育文化和环境，不能简单地照搬欧美的做法"。① 2010年美国广播公司曾在一档名为《中国教育能跟上超级大国的发展步伐吗?》的节目中分析了中国教育与国家发展的各种不协调现象，尤其在激烈的教育竞争背景下，中国的教育质量、公平及创新人才培养的困境。② 之后，有学者撰文《大学有助于中国提升技能竞争力吗?》，揭示中国当前高技能劳动力供需脱节的严峻现实。③ 黄福涛(Futao Huang)在习近平总书记提出建设教育强国的背景下，回顾了中国改革开放之后的教育发展历程，指出中国目前的教育状态离教育强国还有差距，中国要建设教育强国，必须重塑其教育哲学，尤其需要强调创新人才的培养。④

创新人才的培养已经成为教育服务于党和国家战略大局的根本着力点。2016年国家发布了《关于做好新时期教育对外开放的若干意见》，提出要通过加大留学工作行动计划实施力度，加快培养拔尖创新人才、非通用语种人才、国际组织人才、国别和区域研究人才、来华杰出人才等五类人才。⑤ 习近平总书记在中共中央政治局第三十五次集体学习时的重要讲话中指出，着力增强

---

① 陈廷柱，姜川.阿特巴赫教授谈中国建设高等教育强国[J].大学教育科学，2009，(2).

② Hopper, J. Is China Education System Keeping up with Grow Superpower? [EB/OL]. 2010-11-16[2017-12-24]. http://abcnews.go.com/WN/China/chinas-education-system-helping-hurting-superpowers-growing-economy/story? id=12152255.

③ Hristov, D., & Minocha, S. Are Universities Helping China Compete on Skills? [EB/OL]. 2017-08-01[2017-12-25]. http://www.universityworldnews.com/article.php? story=20170801064540606%20.

④ Huang, F. Building the World-class Research Universities: A Case Study of China[J]. Higher Education, 2015, 70(2): 203-215.

⑤ 新华社.中共中央办公厅、国务院办公厅印发《关于做好新时期教育对外开放的若干意见》[EB/OL]. 2016-04-29[2017-11-20]. http://www.gov.cn/xinwen/2016-04/29/content_5069311.htm.

规则制定能力、议程设置能力、舆论宣传能力、统筹协调能力，加强全球治理人才队伍建设，厚植人才优势，筑牢本领根基，才能勇做全球治理变革的弄潮儿和引领者。①

套用阿玛蒂亚·森的话，中国过去采取的战略是"通过发展而自由"，现在则需要转向"通过自由而发展"。世界银行与国务院发展研究中心在《2030年的中国：建设现代、和谐、有创造力的社会》中指出，中国过去的战略是成功的，但如果我们不进行战略调整，我们就会落入"中等收入陷阱"。"转变发展方式非常急迫，因为随着一个经济体接近技术前沿，直接获取和应用国外技术的潜力逐步耗尽……尽早启动这样的转变有助于从进口新技术向发明和创造新技术的平稳过渡。"② 也就是说，随着中国社会富裕程度增加，并登上价值链更高阶层，对劳动力的技能水平的要求也将发生变化。

但是，世界银行的这份报告没有认识到中国发展阶段或现代化水平的复杂性。我们的国情一方面表现出已经处于知识社会的全球化时代所必须拥有的共同特点，同时，我们还处于实现工业现代化的第一次现代化的阶段（见图4）。因

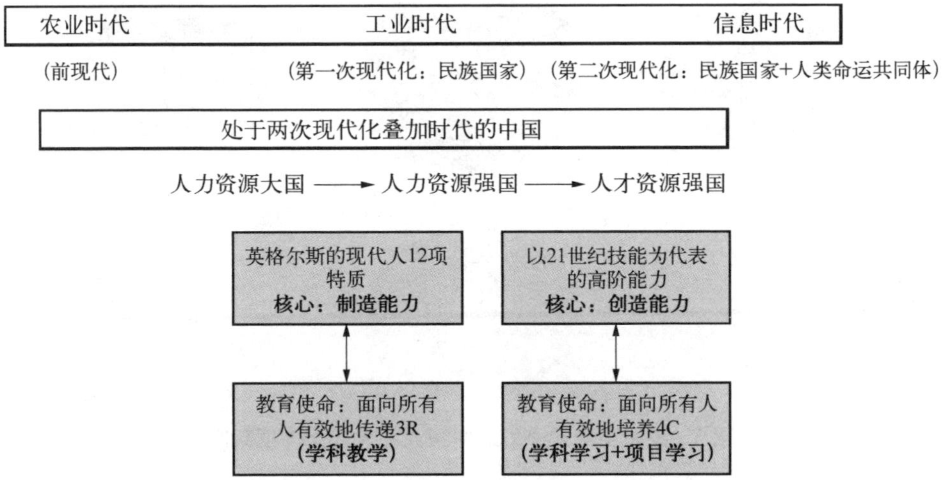

图4　中国两次现代化及其教育使命

---

① 新华社.让中国力量推动全球治理体系变革——学习习近平总书记在中央政治局第三十五次集体学习时的重要讲话[EB/OL]. 2016-09-28[2017-12-26]. http://www.xinhuanet.com/politics/2016-09/28/c_1119642701.htm.

② 世界银行和国务院发展研究联合课题组.2030年的中国：建设现代、和谐、有创造力的社会[M].北京：中国财政经济出版社，2013：19.

此,中国不仅需要21世纪能力,同时也需要发展制造业、推进工业现代化所需要的STEM(Science,Technology,Engineering,Mathematics,简称STEM,即科学、技术、工程、数学)及外语能力。

因此,我们的21世纪能力框架应该与美国的21世纪技能框架有所不同,既要顺应全球共同趋势,又要兼顾我国的具体国情,以培养具有全球竞争力的中国人。所谓具有全球竞争力的中国人,就其素养和劳动技能而言,第一,是中国人,有中国文化认同和国家认同;第二,拥有应对全球挑战的21世纪能力。这两点也与知识经济时代的国际教育趋势相一致。具体而言,具有全球竞争力的中国人的能力包括四个维度(见图5)。①

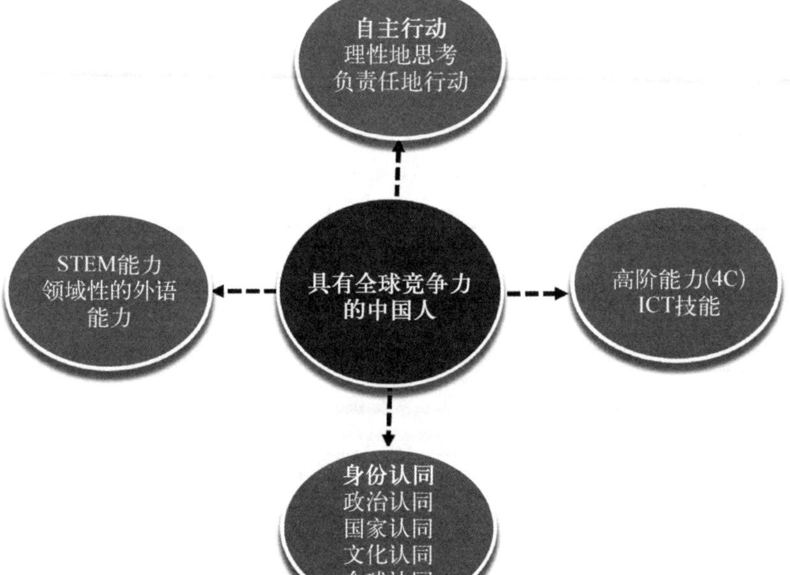

图5 具有全球竞争力的中国人的人才能力框架图

图5中,左边圆圈指STEM能力+外语能力,这是硬能力,对应于第一次的工业现代化;右边圆圈里的4C指高阶的软能力,包括批判性思维和问题解决

① 彭正梅,郑太年,邓志伟.培养具有全球竞争力的中国人:基础教育人才培养模式的国际比较[J].全球教育展望,2016(8):75.

能力、交流能力、合作能力、创造力和创新能力，对应于第二次知识社会的现代化；上面圆圈是自主行动；下面圆圈是身份认同，包括政治认同、国家认同、文化认同和全球认同，以培养一种反思性地忠诚于自己，并反思性地对待其他文化的世界主义精神。这个模式体现了21世纪中国人的人才形象：既有身份认同之根又有跨文化能力；既具有STEM+外语的硬能力，又具有4C的软能力，确保个体能够自我规划和负责任地行动，展现全球竞争力。[①] 这个“中”字框架，“身份认同”主要涉及中国文化传统；“自主行动”主要体现了五四新文化运动的精神；左右两边则指向全球共通趋势。这是一个联通古代、近代和当代的21世纪能力框架。

当世界发生变化时，我们就要进行发展战略调整；当我们进行发展战略调整时，就必然要进行人才战略调整。培养具有全球竞争力的中国人，关乎中国的战略布局，顺乎世界潮流，必然应该成为新时期教育国际化的战略选择和基本目标。

教育是一项需要深谋远虑的事业，需要我们增强忧患意识。我们要牢记，中国虽然已是世界第二大经济体，但我们的国内生产总值（GDP）主要靠劳动密集型产业来拉动，而且，我们的教育体制还不擅长培养知识经济和全球竞争所需要的高阶能力。但知识经济的全球化为我国经济竞争和教育改革传递了一个明确的信息，即要在这个持续变化的环境中有效地竞争，我们必须不断地升级自己的能力。如果我们不及早地谋划，看不到我们曾经的优势在新的国际形势和国际教育的发展趋势中正在丧失，那么“中等收入陷阱”就会在不远的未来等着我们。而且，相对于拉美国家，我们的情况会更加糟糕，因为相对而言，我们面对的国际环境更加严峻。

但是，如果有了明确的21世纪能力教育战略，再加上我们所积累的经济实力和发展能力，加上中国儒家传统固有的学习精神，我们就能实现中华民族复兴的伟大梦想，从而造福整个人类社会。

21世纪能力教育改革要求一种旨在发展和保障人的自由和尊严的新的教育哲学和社会哲学。就教育哲学而言，21世纪能力教育哲学要求把人的

---

① 彭正梅，郑太年，邓志伟.培养具有全球竞争力的中国人：基础教育人才培养模式的国际比较[J].全球教育展望，2016(8)：75.

高阶能力置于学校教育以及人才培养的核心。这必然遭受来自传统中的"教育即道德""教育即知识"以及"教学即直接教学"的质疑和阻碍,因此需要在教育方面作出有效的制度及实践安排。例如:(1)教育面向真实世界,有规划地联系和研究真实世界的问题;(2)关注和培养21世纪能力,鼓励合作探究、跨学科探究;(3)任何教学和学习主题,即使是直接教学,都要体现4C维度;(4)改革评价方式,限制评价频度;不断地评价学生,会伤害学生自主发展和空间,导致"为考而教,为考而学";(5)把STEM教育与4C联系起来,建立区域性的STEM学习中心;(6)鼓励学生掌控自己的学习过程,教师要鼓励学生自己决定至少参与决定学习什么、如何学习、学习速度、任务完成节点以及如何评价自己的学习,给予学生更多的自主学习和发展空间;(7)鼓励技术支持的教学和学习;(8)实质性提升教育国际化水平,增加教育的国际维度;(9)加强用英语教学的比例,大幅提升优秀学生的外语水平。

21世纪能力不是学生需要发展的素养,而是成人在21世纪全球知识社会获得成功,过上美好生活所需要的能力装备,因此,不能只在教育中得到培养、保持和发展,它需要体现在整个社会中。培养21世纪能力也是服务于党和国家的战略大局,它需要在社会实践中加以运用和发展。这里的重点在于,我们的社会和制度安排要鼓励批判精神、合作、交流和创新,而不是压制和扼杀。我们的国家治理和社会治理要努力打造有法律保障和约束的生动活泼的百家争鸣的社会局面,敢于面对和包容具有批判精神和创新精神的个体,给予个体自我决定的空间。例如,(1)信任和保障社会创新和市场创新,信任和保障人的自主性和创新能力,为此作出制度安排;(2)给予民间学习、批判和创新空间,鼓励社会及企业参与教育和学习革新;(3)鼓励民众参与社会问题的讨论、辩论和发表,培育和保障更多的公共舆论空间;(4)促进成人自主行动,自我负责,宽容对待多元的观点和生活方式;(5)促进国民的全球参与、交流与合作;(6)鼓励发展1—2个英语城市,试验国际化大都市发展新思路。

康德指出,人的禀赋,特别是人独特的高阶智力的运用,必然会得到实现,这是大自然的隐秘计划。21世纪能力会帮助唤醒和提升人的本真性的高贵和尊严，提升社会的人道水平和全球竞争力。但大自然使人类的全部禀赋得以发展所采用的手段就是人类在社会中的对抗性。[①] 这种“非社会性的对抗”，实际上也就是马克思主义所说的“矛盾”，它才是事物发展的根本动力，同时也是个体高阶能力得以磨炼和发展的关键。没有矛盾的和谐，并不利于社会及个体的智力发展。

基于这种认识，怀着比较教育“借他人酒杯，浇自己块垒”的基本使命，本丛书力图在全球知识经济时代“21世纪能力改革运动”的国际视野下，尝试探讨中国新时代教育高质量发展的基本路径与对策，以帮助实现中华民族的伟大复兴，建设人类命运共同体。

于华东师范大学丽娃河畔
2019年6月12日

① ［德］康德.康德论教育［M］.李其龙，彭正梅，译.北京：人民教育出版社，2017：61－77.

Contents

目录

译者前言

21 世纪以来,世界多国的教育改革形成了一场能力导向的全球性教育改革运动。虽然各国各地区的文件中对“21 世纪应培养的学生能力”有各自不同的表述和分析,但是这些改革所关注的学生能力都指向一种四维结构: 4C 能力——Critical thinking and problem solving, Communication, Collaboration, Creativity,即批判性思维和问题解决、交流、合作和创造能力。[①] 这个能力结构反映出 21 世纪各国教育改革面对全球化进程和社会发展作出的回应,这些能力作为高阶能力,具有跨学科、多维度、复杂性等特点,其本质特征在于创造性地运用知识。在 21 世纪能力中,传统的能力维度(例如读、写、算等)并非失去了其自身价值,而是作为 21 世纪能力的基底继续存在。同样,道德作为教育最古老的关注点,在 21 世纪的能力导向和教育改革中,也作为一种基础性的要求和教育目的继续存在着。虽然有的国家和地区明确将培养人的品德表述为 21 世纪能力培养的要求,有的国家并未这样做,但不可否认的是,在知识爆炸和全球化进程不断推进的今天,如何将知识用于善的目的,如何与不同文化圈的人进行交往,比以往任何一个时代都更具根本性的意义。因而,在探讨 21 世纪应当培养什么样的学生能力时,不可避免地要考虑道德教育的维度。而在中国,以“核心素养”为导向的教育改革,更是在“立德树人”这一“德育为先”的目的引领之下进行的。从自身立场出发,综观西方教育思想史,我们也能看到,作为教育目的的道德和对道德教育的关注,几乎贯穿西方尤其是德国的教育学经典。本书正是以这样一种问题史的视角,重述以德国教育学为重点的道德教育思想史。

自人类社会形成之时起,教育就与道德有着本质上的联系。而当人们对教育事实和道德事实进行反思的时候,教育学和伦理学就产生了一种不可忽视的关联。在西方文明的发展历程中,关于教育和道德的关联及其与

---

① 邓莉,彭正梅.培养具有全球竞争力的人才——基于全球 21 世纪技能运动的考察[J].湖南师范大学教育科学学报,2019,18(02): 88-98.

社会政治生活的相互作用的反思形成了一个漫长的问题史。问题史既是一种视角，也是一种方法。当我们把握住一个问题（problem）并向历史深处进行追溯，对当下的情境进行反思时，是在对这个问题进行问题史的考察。在一部问题史中，会呈现出各种不同的立场和思想，这些不同思想在各自的立场上会提出不同的问题（questions）并作出不同的回答。但问题（problem）并不是一成不变的，它本身就在经历着转化。[①] 这样，对一部问题史的考察就会形成一个聚焦的问题域。以这样一种问题域为线索，我们得以将人类实践和思想的连续性和非连续性进行历史的贯通，从而使古代和近代的问题设置获得一种现实意义，使我们当下面对的问题得到先贤智慧和经验的观照。[②]

本书就是这样一部关于道德教育思想的问题史著作。正如本书第一章开始所点出的，本书是在两个问题域上展开这部问题史的：一个问题域是教育、道德与社会政治活动的区别和关联问题；另一个问题域是对各种事实关系的消极规定与积极规定之间的区别和关联问题。在德国教育学中，存在教育（Erziehung）和教化（Bildung）的区别。尤其是当教育和教化并论的时候，二者对应的概念是截然不同的。教育这个概念着眼于教育者对学习者的教育行动和影响，而教化这个概念着眼于学习者与学习内容（世界）的相互作用，在教化过程中，学习者和所面对的世界都发生改变。教育者的教育行动的目的在于开启和推动学习者的教化过程。[③] 书中所论的内容既涉及教育行动，又涉及教化过程。可以说，在本书展示的问题史中，也贯穿着第三个问题域：教育和教化相互作用的问题。上述各种问题域不是平行的线索，不是可以割裂开来考察的，而是相互关联、互相渗透的，因此本书的行文逻辑并非按照问题域进行排列，而是按照历史发展进行梳理的。下面概括陈述本书中的几个核心主题。

---

① 参见：彭韬，迪特里希·本纳.现代教育自身逻辑的问题史反思[J].北京大学教育评论，2017，15(3)：83－97.

② Benner, Dietrich. Die Pädagogik Herbarts. Eine problemgeschichtliche Einführung in die Systematik neuzeitlicher Pädagogik (2. Korrigierte Auflage)[M]. Weinheim und München: Juventa Verlag, 1993: 15.

③ 参见：Benner, Dietrich. Erziehung und Bildung! Zur Konzeptualisierung eines erziehenden Unterrichts, der bildet [J]. Zeitschrift für Pädagogik, 2015(61): 481－496.

一、未被规定的可塑性

可塑性原则是西方经典教育学理论中奠基性的基本原则。从西方文化史的文献来看,最迟从古希腊神话开始,就已经有对人性本质的反思。在古希腊诗人赫西俄德(Hesiod)的人类起源神话中,第一批人类被厄毗米修斯(Epimetheus)装备为一种缺乏禀赋的生物,后被普罗米修斯赋予开发技术的能力,而仅凭这些能力,人类还是无法存续,因为人类用这些能力来发明相互消灭对方的手段。这时,宙斯授意赋予人类以羞耻心和法(在本书中被解读为感知不公的能力)。这就是说,人性本身就是介于不完善和完善之间的,而且永远介于不完善和完善之间。换言之,人天生就是不完善的,而且永远不可能达到一种终极意义上的完善。但人的天性所决定的是,人是可臻完善的。正是在这个意义上,卢梭(J.-J. Rousseau)认为,人的"可臻完善性"(perfectibilité)是人区别于动物的一个毋庸置疑的特质,可以被理解为一种"形成能力的能力"。然而,人的天性并未给人带来向善的确定性,因为人并非只臻于完善,人作为个人,也作为一个类,都是既可能趋于完善,也可能沦于堕落的。这一点卢梭自己看到了。他在《论人类不平等的起源》中就提出这样的问题:"是不是禽兽之所以永远保持着它的本能,是因为它既毫无所得,也就毫无所失,而人类却由于古老或其他偶然事故丧失了曾因它的可臻完善性所获得的一切,从而堕入比禽兽还不如的状态呢?"更早的文艺复兴代表人物皮克·德拉·米兰多拉(Pico ella Mirandola)也看到了这样一种可塑性。他在《论人的尊严》中以上帝对亚当(Adam)的口吻写道:"你可以向下变成动物一样的,也可以根据自己的意愿重生,向上变成神圣的。"康德(Immanuel Kant)也提出,人同时具有"向善的禀赋"和"致恶的倾向"。这种不确定的可塑性(Bildsamkeit)使人的成长、塑造和开放性的发展(即教化,Bildung)成为可能。从构词上就可以看出,教化"Bildung"与可塑性"Bildsamkeit"拥有相同的词根,前者着眼于人的塑造、成长和发展,而"可塑"表示塑造和发展的可能性。这种向世界和未来开放的、不确定的可塑性为本书所论的问题史奠定了基础。

这种不确定的、开放的可塑性在近代以来的思想中形成了一个新的内涵,即人的使命不再是预先给定的，不再是由人的出身规定的，而是通过人在世界上自主的实践产生的。正是在这个意义上，人文主义者米兰多拉借上帝之口对亚当说："你就能按照你自己的意愿和决心去获得和拥有你想要的位置、外表和所有禀赋。"在西方公民社会诞生之初的那些教育思想家的文字中，已经可以看到对这种可塑性的普遍承认。这正如卢梭在《爱弥儿》中所论："我们不知道我们的天性能让我们成为什么样的人。"他对儿童的"发现"其实也是发现成年人对儿童的未来的无知。当封建等级社会面临崩塌，倡导平等的公民社会逐步崛起之时，儿童未来将要面对的是一个所有人有权参与整个社会所有事业的世界，他们将不再受制于自己的出身和等级，因此他们的父母和老师都不再能预先规定自己的孩子将来只能做什么，对儿童的教育，必须是在对儿童的未来的无知，在承认儿童的开放的可塑性中进行的。承认人的可塑性是教育的根本原则。正是在这个意义上，赫尔巴特（Johann Friedrich Herbart）作出了这样的论断："教育学的基本概念就是学生的可塑性。"①赫尔巴特、洪堡（Alexander von Humboldt）、施莱尔马赫（Friedrich Daniel Ernst Schleiermacher）和后来的杜威（John Dewey）等，都是在这个基础上发展他们的教育思想的。在当代，可塑性原则仍然受到以迪特里希·本纳（Dietrich Benner）为代表的教育学家的肯定，本纳在其《普通教育学》中将可塑性原则视为教育思想与行动的"构成性原则"②。

二、教育行动的逻辑

对可塑的人的教育行动在柏拉图（Plato）的"洞喻"中就已经有所涉及。在对这个"洞喻"的教育学诠释中，我们可以看到教育行动的一种根本逻辑。人的可塑性存在于人"受教育"和"未受教育"之间的地带，而教育者就需要开启受教育者的教化过程，使受教育者发生改变。但教育行动的核心不在于像"把自己的所见放入瞎的眼中"那样将自己的经验传递给受教育者，而在于使

---

① ［德］赫尔巴特.教育学讲授纲要［M］. 李其龙，译. 北京：人民教育出版社，2015：3.

② Benner, Dietrich. Allgemeine Pädagogik（8. Auflage）［M］. Weinheim und München：Juventa Verlag, 2015：74－81.

受教育者的目光发生转向,从而看到其尚未看到的东西。当这种目光转向开启了学习者的一种教化过程之后,学习者将通过自己获得的经验去认识世界,掌握世界,在与世界的相互作用中,学习者自身发生了改变,得以塑造,而世界对学习者而言也不再是原来那个世界。但这个学习者自己获得的经验却无法直接传输给另一个学习者。在这种诠释中,不仅可以看到"对可塑性的承认"这一原则,还可以看到后来被表述为"对自由的自我活动的激发"的教育原则。①

这样一种教育逻辑在卢梭的教育思想中得到了一种现代的重建。也就是,教育应当在承认受教育者的可塑天性的前提下,使之在学习对象上和人际交往中进行自发的学习,从而得到智性和德性的塑造。他为此提出了三个教育原则:通过"自然"来教育,通过"事物"来教育,通过"人"来教育。通过"自然"来教育,可以被理解为在承认未成年人的未受规定的可塑性的前提下进行教育。通过"事物"来教育,可以被理解为,教育要通过激发学习者与世界的相互作用,即促使学习者自己在作为学习对象的事物上进行学习活动,从而获得经验。通过"人"来进行教育,是让学习者在交往中学习。教育者始终进行的是"消极教育",即不像亚里士多德主张的那样对未成年人一味地培养其习惯,以使其适应现有秩序。

康德则在启蒙思想的背景下进一步提出了教育行动理论的根本问题——"如何通过强制培养自由",并提出了建立科学的教育学的呼吁。康德将教育视为一种对人的基本存在方式具有创造意义的事业,认为人就是教育从受教育者身上造就出来的东西;教育要使人适应未来更好的世界,而不是适应当下的世界和现存的秩序;可是教育又依赖于人,取决于人的见识。因此,要通过教育使人性越来越好,就必然要赋予教育这样的使命:使儿童学会思考、判断和自由行动。为此,教育学也必须相应地发展成一种判断性的科学,而不是机械地对偶然经验进行反应、没有科学规划的经验之谈。

在康德之后,赫尔巴特为现代教育建立了一套具有自身逻辑的行动理论体系。他从"教育的目的"出发,提出了三种基本的教育行动形式:成年人对

① Benner, Dietrich. Allgemeine Pädagogik (8. Auflage) [M]. Weinheim und München: Juventa Verlag, 2015: 82-95.

未成年人的“管理”的教育，通过教学进行的教育，在向自我负责的行为过渡的阶段中的咨询式教育（“训育”）。第一种，儿童的管理是一种为了避免伤害发生的消极保障性措施，它不追求任何积极的目的，只是“真正的教育”的一种预备和保障手段。第二种，教育性教学是对平衡的多方面兴趣的培养，通过对受教育者“经验”和“交往”的拓展，使受教育者进入到科学、审美、社会、宗教等方面的视野中，从而建设受教育者的“思想范围”。第三种，训育旨在通过咨询性的教育措施，在学生的行动中推动道德对学生性格的塑造和强化，从而在性格中培养起一种道德的坚定性，形成道德性格。这也是教育行动的最终阶段。

施莱尔马赫从新型的代际关系出发，在教育理论的出发点这个意义上谈到了人的可塑性，认为上一辈的教育者必须在对下一代的使命的未知之中开展对下一代的教育，而教育理论正应以此为出发点。继而，施莱尔马赫从个人和社会这两方面的相互关系角度提出了保持和改善、阻止和支持这两对辩证关系，从而在此基础上建构起教育行动形式的理论。教育的社会方面涉及保持和改善的辩证关系。在现代社会的语境中，以保持和传承为主的发展方式已经被扬弃，而纯粹以改变现状为目的的教育方式难免走向极端，因而教育就应当“既让青少年能干地加入他们所面对的世界，又让他们有力地参与到正在兴起的各项改善中去”。这样，下一代才能在将来有能力在传承和改善的辩证运动中发展自身，并参与到对未来的建设中去。教育的个人方面涉及阻止和支持的辩证关系。这首先涉及人作为独特个体和人作为共同体的成员的问题。当现代教育不再以传承和保持为主时，教育也就不能一味强调让未成年人适应当今现有的秩序。因而，对个性的支持是培养共同体的成员不可忽视的部分。这就涉及什么应当支持，什么应当阻止的问题。施莱尔马赫认为，支持的行动对于培养个人特质和培养共同体的成员都是不可或缺的，而阻止的措施仅适用于后者。

杜威从经验的积极环节和消极环节入手，论述了教育行动和教化过程的机制。杜威区分出了经验的积极部分和经验的消极部分，他不仅认识到经验的消极因素，而且突出了经验的消极因素的教育意义。也正是在这个意义上，杜威在反省经验的一般特征的基础上划分出五个具有必然性的环节，即著名的“五步法”。对教育工作者而言，对消极经验或者说经验中的非连续性的教育意义需要有一种明确的意识,而教学的一个重要环节也就在于有计划地、恰当地引发这种消极因素,从而完成一种柏拉图意义上的“目光转向”,使学生看到之前看不到的事物。

三、教育与道德

人的可塑性为教育的行动和效果留下了空间,也为道德的形成和发展奠定了基础。由这种不确定的可塑性带来的学习能力,个人以及共同体得以发展自己的生活方式和行动方式,得以开发、形成和试验各种积极的准则,以及由于这种不确定的可塑性带来的堕落的可能性,那些消极的、形式的法则所进行的审查及其带来的反思成为可能和必然。本书的一个理论前设就在于人类存在和共在的实验属性,即人类的实践和行动无法按照一个预先给定的完美秩序或积极的要求绝对地照做,而总是在对具体对象的判断中探求善。因而,对道德行动和德性的形成而言,消极性在道德教化、德性形成中的意义是更加值得注意的。

早在古埃及文明的《亡灵书》中,就已经记载消极的道德审查的不同维度,亡灵的自白以及冥界的判定标准具有一种消极的形式,《圣经》中的“摩西十诫”也可以被理解为这样一种消极的道德审查。到苏格拉底这里,这种消极道德性则被明确提出:他听到自己内心的一个声音劝阻他做某些事,但这个声音从未劝他去做什么特定的事。联系到苏格拉底与普罗泰戈拉(Protagoras)关于“美德是否可教”这个话题的辩论,这个内心的声音就暗示出一种道德形成的意义和道德教育的意义:来自良知的心声劝阻人为恶,但是从不告诉人应怎样为善;人在自己的实践中寻求善,但从来不知道什么是绝对的善。从普罗泰戈拉讲述的神话中可以知道,在道德方面的人性论基础预设是神赋予了人天生的羞耻心和对不公的感知能力,人在具体事物上通过这种天赋能力能够知道什么不是善的,这是一种消极的道德性。但人并不天生拥有一种美德,而是拥有形成美德的能力。人能够凭借自己的羞耻心和对不公的感知能力,在行动中形成自己的德性,能够在对绝对的善的无知中去寻求善,在自知其对善的无知时为善去恶,并能够在代际关系中将成长中的下一代引入到这样一种对善的寻求中去。这就意味着,人的良知总是在形成和发展之中,对现有的积极的道德规定做着反思和考察,而无法完全将现有的积极道德规定视为终极的善加以无条件服从,因而良知是作判断的。既然人并非生而具有美德,那么引人向善的教育也就有了必要性。这样的教育在对柏拉图"洞喻"的教育学诠释中得到了阐发,教育者通过使受教育者的"目光"改变方向而开启其教化过程,使之逐步迈向善的理念。这种善的理念并不是一种确定的、给定的东西,只有那种探寻对自身及城邦都好的那种善的公民,才能决定政治上的事。

这样一种消极的道德性在康德那里经历了一种哥白尼式的实践哲学革命。康德将道德审查的规定根据提升到了一个超验的、彼岸的物自体的世界,表述为一个纯粹形式性的绝对命令:"你要这样行动,使你的意志的准则在任何时候都能同时作为一个普遍立法的原则。"这个唯一的绝对命令去除了一切质料的、感性的因素,而仅仅是纯粹实践理性的。通过从有条件者向无条件者的先验批判过程,康德最终在绝对命令上将人视为无条件的目的:"你要这样行动,把无论是你人格中的人性还是每个他人的人格中的人性,在任何时候都同时当作目的,而绝不只是当作手段。"而人的道德必然地以这样一个前提为基础:每个意志都是自我立法的意志。这样,自由就和自我立法的实践理性在本质上结合在一起。而教育的"最大问题"正在于"如何通过强制培养自由"。康德同时看到,虽然"强制"是当下的教育行动必需的,但"自由"却是受教育者作为未来成年公民的自由。这就意味着,教育的根本使命是培养未来的、更好的社会成员,因而培养受教育者的思考能力才是发展这种自由的途径。"学会思考"不仅具有教育目的论的意义,而且具有道德意义。为此,康德设计了一套教育行动的理论方案:"训诫"在于管制儿童身上的野蛮状态;"培养"在于传授基本技能,比如读、写;"文明化"的目的是培养儿童符合社会规范的行为,培养聪明而机敏的人;"道德化"则要培养儿童选择善的目的,也就是那种将人视为目的的、可以作为所有人目的的目的,即要使下一代拥有善的意志。

赫尔巴特批判地继承了康德的伦理学,他没有否定绝对命令,但是消解了感官世界与理知世界的二元对立。道德在赫尔巴特这里不再是由彼岸自由的原因性所直接规定的东西,而是现实世界中的一种"事件"。道德性本身取决于、产生于人对意志和行为的明智判断。这种明智判断的规定根据不是在一个超验的、彼岸的理知世界,而在于人对意志关系的感性表象。根据意志关系的表象可划分出的五种类型,赫尔巴特提出了五种对应的道德基本判断的理念,即"内心自由""完善""善意""法"和"公正"。这五种道德基本判断及其对应的意志关系的表象的必然联系并不是康德式的道德原因性,而是一种审美(感知)的必然性,其根据在于人的"共通感"。这样一种必然性使得道德法则和道德行动得以统一在同一主体中,从而使真正的意志自律成为可能。也就是,人是否做出道德的行动,根本上取决于内心明智的判断和行动中形成的性格。而人是可塑的,于是教育就在人通往道德的可能性中有了用武之地。教育和道德在赫尔巴特这里开始形成了一种富有活力的相互作用,赫尔巴特在这种相互作用中建立起了现代教育的自身逻辑。在赫尔巴特这里,作出道德判断的是人的良知(Gewissen)。良知得以作出道德判断的前提是"内心自由",即道德判断不受制于任何质料性的意志追求(如爱好、感官需求等)。而良知的形成有赖于一种健全知性的形成,这有赖于教育行动对学生的思想范围进行建设,即一种教育性教学对经验和交往的拓展。这种拓展旨在培养学生多方面的兴趣,也就是对学生进行"完善",以期促成学生有能力作出明智的判断。但无论学生学习了多少,作出道德判断的依然是形成和发展中的良知,而绝非某种代替他作判断的伦理学或其他规则。这是一种基于"内心自由"的道德判断,它不受制于任何他律的因素,而只由内心的明智对意志关系作出判断。然而仅仅有明智的判断并不足以实现个人的道德。个人的道德还必须通过自我负责的行动来实现。这就需要行为主体形成一种持续的对明智判断的服从和在不同的具体实践情境中一贯的性格。这有赖于教育者通过训育来支持学生形成性格。由于性格的形成不可能是教育行动的直接结果,而只能是在自身行动中逐渐完成的,因而教育者有责任在这一过程中对学生进行"咨询",通过"咨询"这一教育行动形式,教育者促使学生在行动中不断地对自身的现有性格(包括欲望、态度、行动方式等)进行道德反思和评判,从而在实践中不断调整、塑造自身性格。这就是赫尔巴特所说的"真正的教育"——教育性教学和训育,其目的就在于学生的性格形成(Charakter bildung),而这种性格形成正是在教育和道德的交互作用中进行的。

可以看出,教育行动的影响和教化过程在一种交互作用中推动着德性的形成。无论是通过教育者的教育行动推动学习者的教化过程，还是依据道德法则对自己的行为方式进行改变，消极经验或者说经验中的消极性都起着塑造作用。这也是本书关于教育领域的积极性与消极性的问题史中的一条基本线索。柏拉图“洞喻”中那个被解放的穴居人正是在一次次消极经验带来的目光转向中展开他的教化过程，在每一次目光转向之后，他所认识的、熟知的世界在崩塌，他自己的认知在发生改变，世界相对于他也在发生改变。正是在这一逻辑中，卢梭笔下的雅克和爱弥儿也在通过消极经验开展教育行动和教化过程；赫尔巴特的性格形成过程是通过消极道德对性格不断发生影响而实现的；杜威的“五步教学法”也是从消极经验出发的。因而，从本书的立场来说，教育者的任务在于有计划地以一定的技巧引发学习者的消极经验，从而支持学习者通过消极经验看到未知和未能的事物，进而去学习。

四、道德发展与道德教育研究

在教育与道德关系的问题史之后，本书将目光转向对道德发展和道德教育的研究。第四章第三部分阐述了科尔伯格（Lawrence Kohlberg）道德发展心理学的理论和实证研究，然后梳理了对这一研究逻辑的批判，并介绍了其他心理学家对科尔伯格研究的发展和改进；第四部分则介绍了对科尔伯格道德发展心理学研究的另一种发展，即弗里茨·奥瑟对消极道德经验的重新重视和基于此而进行的道德心理学研究。这个研究由于对消极道德经验的塑造作用的论证，而与本书之前梳理的基于消极性与积极性的区分的问题史形成了联系。

在这样一部问题史的基础上，本书的研究引向了这样一个主题：既然现代教育的任务是让孩子学会思考，并有能力参与公共生活，那么现代公共学校教育中的教育过程和教化过程有着怎样的基本结构？通过现代学校教学进行的学习必然要推动三种能力的形成和发展：知识、判断力、行动能力。当人学会某种知识的时候，必然要能够将知识用于形成判断，进而将其运用于实践活动。这种纯粹形式上的对学生能力的建模，必须在具体的科目上得到专门的解释。聚焦到道德教育的教学中，这种能力就是道德基础知识、道德判断能力和道德行动设计能力。这样一种道德教育所传授的知识,应当是一种开放的、反思的系统。本书并不尊奉一种道德判断形式,而是主张道德教育应当将学生引入多种判断形式当中,让学生看到各种思维方式的可能性和局限性。本书介绍的多种道德判断形式,如苏格拉底的辩难、柏拉图的目光转向、亚里士多德的目的论、康德的绝对命令的义务论、马克思的意识形态批判、尼采的道德谱系理论等,并不处在一种等级性的关系中。苏格拉底的辩难术和柏拉图的目光转向理论,在所有判断形式中具有一种方法论的意义。也就是说,对每种判断形式保留质疑和诘问的可能性,并能够在面对道德问题时,从一种判断形式转换到另一种判断形式,以获得对问题的多角度理解。

本书的作者开展了道德教育研究项目:ETiK[①] 以及 ETiK-国际项目。这个系列项目可以看作本书所讨论的问题史上最新的研究。这个项目首先致力于构建一个能够对不同文化的学生的道德能力进行对话性比较研究的平台,因而该项目以教育理论和教化理论的学生能力模型作为基础的理论建模,同时照顾到对自己的道德、陌生的道德和公共道德三者之间的区别和联系,以赫尔巴特"五个道德理念"为框架性的实践哲学依据,并纳入多种道德判断形式。项目组在这四个理论基石的基础上开发测试工具,通过严格的实证研究方法测量十年级学生在道德基础知识、判断能力和行为设计能力诸维度上的水平(见本书第五章第三节、第四节)。而这个项目的测试并非纯粹从理论和思想史出发去考察学生的道德思辨能力,而是以学生在实际的学校德育中形成和塑造的道德能力(知识、判断、行为设计)为对象。这就是说,该项目不是在一般性的输出导向层面测量学生的道德能力(如 PISA),也不是从发展心理学的角度测量学生的道德发展状况(如科尔伯格),而是从项目研究设计开始就密切联系学生在学校德育的教学活动中的知识取向投入(课程标准)。因而,在将测试工具运用于不同的国家和地区时,要先考察当地受试学生的学校德育

① ETiK(Entwicklung eines Testinstruments zu einer didaktisch und bildungstheoretisch ausgewiesenen Erfassung ethisch-moralischer Kompetenzen im Ethik-Unterricht an öffentlichen Schulen),中文全名是"开发一种对公共学校伦理学课中的道德能力进行符合教学论和教育理论的鉴定的测试工具"。这个项目由迪特里希·本纳、雅娜·斯维德斯基和鲁米安娜·尼科洛娃设计,并由迪特里希·本纳和鲁米安娜·尼科洛娃共同领导。参与项目的学术工作者,ETiK 第一阶段有萨比娜·克劳泽、斯坦尼斯拉夫·伊万诺夫和雅娜·斯维德斯基,第二阶段有玛蒂娜·冯·海尼茨,斯坦尼斯拉夫·伊万诺夫和玛丽娜·车尔尼亚耶夫;学生助理有丹尼尔·哥德史密斯、克劳迪亚·博尔曼、克劳迪亚·雷姆斯和玛丽娜·车尔尼亚耶夫。

情况(教育目标、教学内容、课程设置等),并在研究中考虑这些因素的影响。

ETiK 项目并不止于在德国开展,也不止于欧洲,它被推向国际,并在上海得以进行。ETiK 国际项目并非旨在考察别国的学生能力和道德教育水平是否符合德国的标准,而是希望通过项目研究去寻找不同的德育之间对话交流的可能性,看到用不同的德育理念和方法培养的学生道德能力有哪些共同性,有哪些文化个性。

我作为本书的译者有幸参与了 ETiK-上海项目的全过程。本书的翻译工作也随着该项目的开展而同步进行。在此过程中,我深切感受到,该项目由于有这样一部深厚的教育和道德的问题史作为理论基础和思想资源,而与一般的教育实证研究颇有不同。本书中文版出版时,上海项目已经结题。一种令人期待的对话性的比较研究正在展开。

彭　韬
华东师范大学教育学部
国际与比较教育研究所

Preface

作者前言

本书主要论及三个概念——教育、道德、政治。它们涉及一种错综复杂的关系,这种关系可以追溯到古代的埃及神话、犹太神话和希腊神话。这些神话中已经形成一些有关教育问题、道德秩序和伦理学原理的论证问题,以及政治形式和国家形态之间各种关系的思想。在这三个概念中,“教育”可以追溯到古希腊时期的“Paideia”这个概念,它主要指对成年人的教育,而且还没有区分教育(Erziehung)与教化(Bildung)的事实。“道德”这个概念则与对人类共同生活至关重要的“善恶”之分紧密相关,而善恶之分自古就是伦理学的原理体系、理论和反思的主题。“政治”这一概念涉及的是特定的统治形式与参与性的生活方式之间的关联,这种统治形式和生活方式在古希腊是自由民和有教养者阶层在法制纲领上讨论的主题,它直到现代才成为关乎所有人,涉及对所谓人权的诠释和理解的一个概念。

当“教育可以从道德和政治上得到论证和合法化”的观点在现代社会形成之初的语境中变得陈旧落伍时,一些新的思想代替了它,这些新思想把教育上的道德和政治的前提与道德和政治上的教育的前提区分开来了。这时,这三个概念就有了一种新的意义。这些新思想对人的关系复杂性的阐释表明,对教育、道德和政治进行普遍等级化的做法在今天已经不再适用,可以抛弃了。

本书将对一个问题史进行梳理,在这个问题史上,教育、道德和政治的问题和事实之间的关联得到了各种不同的讨论。我们梳理的内容将限定在较为集中的主题上,并聚焦于少数几个立场。之所以选择教育、道德、政治这几个范畴,是因为本书的主题既涉及古代偏重从政治上阐释代际关系的思想模式,又涉及近代和现代区分教育、道德和政治的自身逻辑的传统。

这种按时间顺序进行的分析并不提出任何一种完结的系统性观点,而是探讨在教育-教化理论、道德-伦理学和政治-民主理论的讨论中的连续性和非连续性。这里的连续性会令我们看到,我们今天面对的问题其实可以追溯到古希腊的神话中;而非连续性会让我们看到,教育学、伦理学和政治学的问题设置在问题史上不断改变，越来越泾渭分明，也一直在不断变化的相互依赖关系中得到研究。

本书的思想产生于各种不同的机缘和背景，而且本书是在不同的地方以各自不同的方式完成的。回顾起来，本书的写作可以回溯到德国研究协会(Deutsche Forschungsgemeinschaft，简称 DFG)资助的一个研究项目的申请和启动阶段。在这个项目中，柏林洪堡大学的教育科学学者和教育实证研究者[①]开发了一个模型和工具，用以描述和测量 15 岁中学生的道德能力。早在 2007 年的项目前期申请中，公共学校中伦理学课进行的道德教育就已经从三个维度得到描述，即伦理学-道德的基础知识、伦理学-道德的判断能力和伦理学-道德的行动(设计)能力。这一划分依据的就是本书所研究的从苏格拉底、柏拉图到杜威和马克思、尼采、科尔伯格的各种传统和论争。这些思想的现实性在于，它们提出了辩难术的、目的论的、绝对命令的、先验批判的、社会批判的、意识形态批判的、实用主义的判断形式和纲领，它们在今天对于澄清教育、道德和政治之间的关系是有奠基性意义的。

上面说的这个项目名为 ETiK，在得到德国研究协会批准之后，德国研究协会于 2008 年 3 月至 2010 年 2 月以及 2011 年 7 月至 2013 年 12 月对该项目给予了两个阶段的资助。为了保障项目进行的条件，需要训练有素的大学生参与项目工作，而且需要连续在读的教育科学的本科生和硕士生来参与处理项目的各项主题。为此，迪特里希·本纳(Dietrich Benner)和萨比娜·克劳泽(Sabine Krause)在 2008—2009 学年冬季学期开设了一门每次四课时的主题讨论课。这门课介绍了该项目的理论基础和工作方式。学生们不仅认识了项目的基本理论，而且参与了道德能力测试题的研发。我们对课上编写的题目进行了测试，然后再将其放到课上进行讨论，并分组进行改善。这门讨论课达到了原先设定的目标，课上产生了本科论文和硕士论文的主题，而且我们在参与者中招到了新的项目工作人员。

在迪特里希·本纳从柏林洪堡大学退休前的几个月，他收到了华沙维申斯基红衣主教大学(UKSW)的邀请，与该校的达留兹·史蒂科夫斯基(Dariusz

① Erziehungswissenschaftler 和 Bildungsforscher，前者指的是教育理论研究者，后者指的是教育经验研究者。——译者注

Stępkowski）一同创建普通教育学和教育科学专业。这时，他们在华沙有了这样一个想法，就是将柏林的这个专题讨论课做成讲座课（Vorlesungen），并在洪堡大学的德国研究协会项目中再加上一个更偏重于与应用相关的华沙项目。于是2008—2009学年在维申斯基红衣主教大学举行了这个主题的讲座课，该课的讲稿形成了本书的第一稿。这份书稿在接下来的几个学年继续得到了扩充，并成了后来几次讲座课的基础，即本纳在上海华东师范大学与彭正梅一同举办的讲座课，以及本纳在位于欧登塞的南丹麦大学与亚历山大·冯·欧廷根共同举办的讲座课。

本来华沙的讲座并不只集中讨论教育、道德和政治的关系，还要讨论宗教和神学的观点。例如：摩西十诫，柏拉图和亚里士多德在宗教的基础预设上对伦理学思维方式和政治学思想方式的区分，文艺复兴时期的道德自律，卢梭的《爱弥儿》第四卷中萨伏伊牧师的信仰宣誓所体现的道德和宗教的关联，康德对宗教的批判和施莱尔马赫关于宗教的论述，以及尼采对新宗教的设想与他在《快乐的知识》第125节（“厉害的人”）中提出的消极神学之间的矛盾。

但在维申斯基红衣主教大学的讲座课没有讲这些章节，这个讲座课还是紧扣教育、道德和政治之间关系这一思路。2010年10月在上海的讲座课也是这样，上海的讲稿成为2012年夏季学期在南丹麦大学讲课的基础。这几次讲座课的讲稿最终形成了本书的结构，而本书的结构又是本纳作为客座教授在2014年夏季学期于维也纳大学开设的讲座课的基础。维也纳讲座的特殊之处在于，讲座不再需要翻译（德语翻译成波兰语、汉语、丹麦语）。本书的成文再一次经过了各位作者的讨论，因而本书呈现的是在柏林、华沙、上海、欧登塞和维也纳经年积累形成，最终统合而成的思想。

在华沙、上海和欧登塞进行的讲座不是对维也纳讲座的翻译。这些讲座的完成有赖于深入的探讨和对讲座所涉及的文献的深入研究，而每次研究都会得出一些新的东西来讲给学生听。在波兰、中国和丹麦的听众面前对一种思想进行的阐发和诠释，都是在一种解释、转化和理解的过程中进行的，这一过程使得所讲的内容是在当时当地的文化视野中重新形成的。在此过程中，翻译的耗时有时比德语讲课的时间还长。在丹麦，听众能大概听懂德文原文；在华沙和上海则完全依靠翻译。在华沙的讲座上，有少数学日耳曼语的波兰人和学波兰语言文学的德国人也来听讲，因而讲座内容得以用双语理解。在上海的讲座不同于在欧洲国家的讲座，在上海的讲座偶尔会中断，因为中国的同事们会讨论如何为某个德文的、希腊文的、拉丁文的、法文的或英文的概念寻求一个恰当的中文译法。

在华沙、上海、欧登塞和维也纳举行的讲座在此整合成书出版，所有参与本书思想建设和表述的人共同作为本书的作者。同时，本书还将推出波兰文、丹麦文和中文版本，为此，在当地举行讲座课的合作双方要负责做好准备。在这些版本中，要更多地联系各国的特殊语境。本书作者希望，丹麦文、中文和波兰文版的讲座能不仅有助于深入研究道德教育问题的国内和国际的论争，而且能够有助于 ETiK 项目的国际化和在当地的开展。

本书虽然是在德国研究学会项目 ETiK 的语境中产生的，但是该项目只在前言和最后一章出现。现在的计划是，柏林的 ETiK 团队与各 ETiK -国际项目团队合作，共同将本书写成一本讨论该项目国际化的经验和认识的著作。[①]

本书作者感谢在柏林洪堡大学、华沙维申斯基红衣主教大学、上海华东师范大学、欧登塞南丹麦大学和维也纳大学聆听讲座和参与讨论课的师生，他们在课上表现出兴趣并提出批判性的问题，没有他们的参与，就不会有本书的成稿。

[德]迪特里希·本纳于柏林
[中]彭正梅于上海
[丹]亚历山大·冯·欧廷根于欧登塞
[波]达留兹·史蒂科夫斯基于华沙
2014 年 12 月

① 目前在进行的有：ETiK -华沙（负责人：达留兹·史蒂科夫斯基）、ETiK -维也纳（负责人：格奥尔格·李策）、ETiK -上海（负责人：彭正梅）。ETiK -奥尔胡斯/欧登塞（负责人：亚历山大·冯·欧廷根）、ETiK -伯尔尼（负责人：艾尔玛·安哈尔特）和 ETiK -爱丁堡（负责人：安德里亚·因格利世）尚在准备阶段。我们期待 ETiK 的国际项目能够让我们看到道德的普遍结构和文化特征，让我们看到各国学生在道德各分支能力上的水平情况，这些情况的信息将有助于对道德教育和德育课程的理念和纲领的改善。

21st

Education Reform for
the 21st Century Skills:
China and World

第一章

古代神话和古希腊教育理论中的积极道德性和消极道德性

教育（Erziehung）和教化（Bildung）、道德和伦理学的指向、政治和国家法制，人类对这些方面的问题和事实之间关系的反思已经形成了一个悠久的问题史。在欧洲文化圈，这一问题史的开端可以追溯到古希腊的神话和哲学，在其他文化里甚至可以追溯到更远，例如古埃及文化和犹太文化。在近代和现代，教化理论、伦理学和政治学受到公民社会改革、社会子系统的进一步分化和横贯这二者的公共讨论的影响，因而在这些方面进行的问题史反思又加入了新型的问题设置和视角。

在整个反思的历史上一直固存着、扩散着而且随着时间的推移越来越显著的一个要素存在于两种区别之中：第一种是教育行动对教化过程的支持、道德的规范观念、政治-法律的秩序这三者之间的区别；第二种是对各种事实关系的消极规定和积极规定之间的区别。我们以这两种区别的形式在这里展开一幅从古希腊思想到当下各种问题的长卷。

本章分析在古希腊教育思想语境中就被作为主题探讨的积极道德性和消极道德性的现象。本章从理解古埃及《亡灵书》和犹太教—基督教“十诫”中的消极道德性开始，继而以对厄毗米修斯、普罗米修斯和宙斯装备人的神话进行教化理论的诠释，然后解释苏格拉底关于自我对话中的消极“精灵”（Daimonion）的论述（一种针对单纯培养习惯的教育和社会化的早期质疑），接着谈柏拉图对作为一种目光转向技艺的教育（Paideia）的理解，最后讨论亚里士多德就实践科学和理论科学、古希腊城邦中各种生活方式的等级以及教育、道德和政治之间关系提出的那种目的论的总体秩序。

一、古埃及《亡灵书》和犹太教—基督教“十诫”中的消极道德性

对规范性问题进行反思的问题史上最早的文献，就已经在以积极和消极

的笔法来描述那些被视为有教育意义的或没有教育意义的、道德的或不道德的以及政治上正确的或不正确的事情了。古希腊神话中和经典文本及其诠释中出现的问题的已经得到一致或不同的回答，这些答案体现出的一种经验深度（Erfahrungstiefe），即便在今天也会有助于我们理解历史上流传下来的问题，更加有层次地评判当下的问题，并使我们能够认识和运用新的理解和鉴别的可能性。

这些被讨论的难题中涉及这样一个问题：教育、道德和政治是属于一种封闭的、统一的意义和功能关联，还是作为彼此相区别的人类思想和行动领域而各有自身的行动逻辑？即便古希腊的秩序观念原则上是将道德和政治凌驾于教育和教育实践之上，那时的先贤也已经知道，他们试图使教育达到的积极效果在其之前的教化[①]过程中就已经存在，而在教化过程中，除了积极经验之外，消极经验也具有重要意义。

在古希腊的神话和传说中，对善的认知和对恶的认知之间存在一种不平衡：人对恶与不公的认知方式和对善与公正的认知方式是不同的，而且对恶与不公的认知有时甚至比对善和公正的认知更准确。表达这层意思的概念是“羞耻心”（Scham）。当人违反了道德而受到谴责和训斥时，就会产生羞耻心。当人想要做或已经做了某些事时，即使之前没有接受某种道德关于善的教导，也会为此感到羞耻。

这种羞耻心在圣经的《创世记》中就已经出现。当亚当和夏娃违背伊甸园里唯一的禁令偷吃了智慧之树的果实后，他们就开始产生羞耻心——这时他们仍然在天堂，但此前他们并不知道这种感觉，一直都没有羞耻心。从这一刻起，他们开始区分善和恶，并不是已经认识了善从而能够从关于善的知识中推导出关于恶的知识，而是由于触犯禁令，吃了智慧之果，从中获得了之前所没有的判断能力，而这项能力使他们必须学会用羞耻心来区分善和恶。

在“摩西五经”中，禁止吃智慧之树的果实这条禁令的意义在于，让人们这

① 教育（Erziehung）这个概念的核心在于教育者的行动和对受教育者作用；教化（Bildung）这个概念的核心在于人与世界之间的交互作用，在这种交互作用中，人学习世界的内容并发生改变。因而人的教化过程更多地指人的形成、发展、转变，是一个终身的过程，故教化过程不仅限于教育行动发生的时候。——译者注

样来想创世之初:在创世之初,还不存在神义论[1]的问题。违背天堂禁令在《圣经》里并没有被描写成违反一种预先确定的积极道德的罪恶,而是被描写成羞耻心的产生和区分善恶的开端。《圣经》里这两个最早的人类,无父无母、无儿无女,既不会劳作,也不懂道德和宗教,似乎只有打破了戒律,他们才能变成会死的人,才会开始劳作、生儿育女并教育他们,才开始形成道德的习俗和政治的统治秩序,才开始富有审美地展示世界,才开始反思有限的生命对绝对的神明的依赖。

如果这样来理解犹太教—基督教理论中的原罪,那么就是说,人是在有了羞耻心和正义感之后才有的历史(参见 Kant,1786)。所谓原罪的事实就在于,羞耻心虽然不比人类更早,但是某种意义上比道德更早。人从来没有带着某种确定的道德降生到这个世界,好像道德可以遗传似的。人与生俱来的是一种不确定的非道德,也就是形成羞耻心,在尚未认识善的情况下也会感到羞耻的能力[2]。

消极道德性中形成的羞耻心的观念不仅在《圣经》中关于伊甸园的叙述中出现,而且也出现在摩西在锡安山上刻写的"十诫"中。这种戒律不仅在犹太人的文献中有记载,在古埃及的道德观念和宗教中也有。这种观念与对一种亡灵法庭的想象有密切关系,这个法庭在中王国时期由法老负责,后来贵族也参与执掌,再后来则是由所有亡灵一起掌管(参见 Assmann,2006)。

这幅画反映的就是 Hunefer 接受亡灵法庭审判的情景,它分为三个画面:上面画的是亡灵法官,他们按照画面下方写的程序来进行审判。这里,死神阿努比斯(Anubis)将身着白衣的死者引到一杆秤旁,并用秤称量其心,这颗心中

---

① 神义论(Theodizee)的问题主要是指:既然上帝是全知、全能、全善的,为什么人间还有那么多疾苦和罪恶?虽然这个问题很早就被提出,但"神义论"这个术语是由德国哲学家莱布尼茨(Gottfried Wilhelm Leibniz)在其神学著作《神义论》中提出的。——译者注

② 在这个解释中没有澄清的是,当人类尚未具备我们所熟知的结群方式时,人这种生物怎样能够从动物界发展出来。进化论的文化理论认为,在人类起源之初,认知、情感和社会性的基本形式是同时出现的,而它们的初始形式可以追溯到动物界。动物学和人类学的比较研究也是很有意义的,人类历史的开端已经过去太久,只能在假设的意义上来解释,能如何来思考这个开端,但不能解释,这个开端实际上是怎样的。参见托马塞洛(Tomasello,2011)。也可参见康德对可允许的和不可允许的对"人类历史开端"的推测的区分(Kant,1786)。在其中,康德完全没有禁止假设性的推测,而是允许这种推测,并将其合法性联系到这样一个标准:这种推测的假设特性要经过反思,而且人类历史中才出现的事物不可以被说成早期进化的产物。关于自然科学、社会科学和哲学关于规范性问题的研究之间的关系参见戈泽帕特(Gosepath,2014),关于羞耻心的教化性意义参见霍尔茨海-昆茨(Holzhey-Kunz,A.,2014)。

Hunefer 的亡灵书
新王国时期,约公元前 1300 年
藏于大英博物馆

包藏着亡灵的善行和恶行。心被放在一个盒中,置于秤的右盘上,左盘则放了一根玛特(Maat)的羽毛。玛特是日神拉(Ra)的一个女儿,她代表着审判亡灵的标准。秤的左边蹲着阿比努斯,右边是阿姆尼特(Amnit),他们注视着秤,只要心重于玛特的羽毛,该亡灵就要接受"第二次死亡",被阿姆尼特吃掉。审判会被站在秤右边的神托特(Thoth)记录下来,他被尊为智慧、学问和尺度之神,且发明了古埃及象形文字。在这幅画中,亡灵通过了审判,被鹰头神荷鲁斯(Horus)带到了冥界大神奥西里斯(Osiris)那里。奥西里斯和他的女儿们守护亡灵在死后得到永生。

在我们的讨论中,特别要关注的是审判所依据的标准。公元前 1500 年法老墓穴中的"消极的自白"提供了这种标准,这里包含 80 句"我没有"的表述(参见 Assmann,1996/2005: 178ff.)。下面这个例子就是《亡灵书》中记载的自白(第十八王朝):

我没有致使人遭受苦难,
也不曾对我的亲属逼迫和暴虐。
我没有正邪不分,
也不曾为虎作伥。
我没有作奸犯科,

也不曾出钱令人为我卖力，
我没有虐待我的仆人。
我没有亵渎众神。
我没有剥夺穷人的食物。
神厌恶的行为，我不曾靠近。
我从不允许人虐待仆人。
我从未造成任何一种苦难。
我从未造成任何一次饥荒。
我不曾令我周围的人哭泣。
我没有杀过人，也没有为任何一次谋杀帮凶。
我没有传播过疾病。
神庙中的祭品，我没有偷过。①

古王国时期的法老被赋予了神性，那时还没有亡灵法庭的概念。对亡灵法庭的想象产生于中王国时期，那时人们想象的是，法老必须在死后到亡灵法庭前为自己辩护，以获得永生。这种想象在新王国时期得到了发展：不仅法老，还有上层人士，后来甚至所有人在死后都要经过亡灵法庭的审判。对亡灵法庭的想象在古埃及宗教中引入了一种道德的机构，它使人的思想和行为合于戒律，而这些戒律又是基于认识而被想到并表述出来的（参见 Assmann，2006）。这些消极自白的文字不像基督教的忏悔那样，基督教的忏悔是祈求上帝饶恕罪恶，而古埃及的自白是陈明，死者自己无可忏悔。从这方面说，使人获得永生的权力不在神，而在依据人从关于不善的知识中所能认识和理解的道德原则进行判决的那个机构。

古埃及的消极自白在一种多神宗教语境中体现出来的那种消极的律令形式，在后来的变成一神教的犹太教“十诫”中也出现了。即使犹太教版本的“十诫”有了一种神的旨意而不同于古埃及的消极的信仰自白，它也还是与那种消极的赎罪自白有相似的形式。它并不言明什么是善，而是说出那些在道

① 《亡灵书》第 125 节，摘自霍农（Hornung，1998）。

德上不应该做的事情。这也体现在只能信仰一个神的要求和尊敬父母的要求上。前一条并未说明该怎样崇拜一个神,而只是说除他之外不可崇拜其他神,尤其是埃及的神。同样,第三条戒律也没有说该怎样尊敬父母,而是以寿命可能缩短来进行威胁。从禁止宗教性的偶像到禁止贪恋人的房屋、妻子、仆人等,都是以一种消极的命令来表述的。

“十诫”绝没有无视一种道德秩序绝不可能只建立在消极戒律上的道理,从它的表述中可以明确看出,积极的律令也是可以形成法则的,只不过这样的法则规定的不是什么不该做,而是什么该做。除了“十诫”,犹太教法典中还有很多种律令和禁令。但凡善和恶之间出现镜像式的对称相反(spiegelbildlich)关系,积极的规定和消极的规定就可以直接相互转化。但从“十诫”所强调的戒律中无法推知应该积极地做什么。因此,有意思的地方正在于“十诫”的消极命令和其他律令的积极命令之间那种开放的关系。禁止杀人的这条消极命令尤其如此。马丁·布贝尔(Matin Buber)和弗朗茨·罗森茨魏格(Franz Rosenzweig)将其翻译成“不可杀人”(Morde nicht)不是没有原因的。如果用普遍主义的观点来阐释这一律令,那么这种阐释就不符合《申命记》中的“十诫”了。在“十诫”之后,紧接着提出的规定和法则说明,在违反某些律令之后应该积极地做什么。

这说明,将如今的那些将旧约中“不可杀人”的戒律理解为一种普遍禁杀令的观点,并不是来自犹太教,而是来自基督教,来源于现代启蒙运动(也包括犹太启蒙运动)和现代国家宪法对普遍人权的确定,而时至今日,人权也尚未在全世界得到承认。反正在犹太教法典中是有对禁止杀人和死刑的说法的,这种说法主张禁止出于较低级动机的杀人行为,而同时也主张个人和集体有责任将杀人犯、行邪术的女人和其他一些人处死。

消极禁令和积极律令之间的空间可以用各种不同的方式进行确定。在禁止杀人和被视为合法的死刑方面,“十诫”不允许个人动用私刑来杀人,而其他律令则要国家来运用死刑作为法律的根本。在不涉及人的生命不可侵害和人格尊严不受侵犯,而涉及言论自由、结社自由和集会自由以及选择自己生活方式和职业的自由等几项人权中,消极命令和积极命令之间则存在着另一种不这么戏剧性的关系。这几项人权应该得到公共的支持,并防止国家的干预。

死刑使国家有权禁止个人做的事情,而积极的或消极的宗教自由、言论自由、集会自由和选择职业及居住地自由这些基本的自由权利却禁止国家去做个人可以做的事情:信仰或不信仰某个宗教,形成个人的观点并与他人交流,从事一项职业以及选择自己的生活方式。

可是,积极的道德性和消极的道德性怎样发生联系呢?是不是像"十诫"中的禁止杀人戒律那样,禁止个人做的事情就是集体及其机构根据法律可以做甚至应该做的事情?还是说个人有权建立一种特定的积极规定(Positivität),而国家则不可以作规范性的规定?抑或是积极道德性和消极道德性的关系表明,道德性的这两种属性不是自明的,而是依赖于教化过程和已有法权秩序,而且在这种法权秩序中,教育、道德和政治相互渗透,以至于在解释这种秩序时必须考虑到不同的方面?对这些问题,我们将在另一个古希腊神话中找到一个惊人的回答。

二、苏格拉底的"精灵"和古希腊的神话①

关于苏格拉底(Socrates,前469—前399),我们所知不多。他述而不作,在对话中阐发思想。他在雅典召集了一群年轻人,其中就有柏拉图。他被自己祖国的公民以毒害青年和否定神灵的罪名起诉,被判处服毒酒自尽。他虽然认为这个判决是个错误,但还是服从雅典法律,接受了审判。

苏格拉底像
公元前4世纪古罗马仿制品

柏拉图的对话录反思了积极知识和消极知识之间的关系,也反思了教育、道德和政治之间的关系。在《申辩篇》中关于苏格拉底的辩护的对话里,苏格拉底说他偶尔会听到一个声音劝阻他做出某些行为,但不会积极地去规定他做什么。消极道德和积极道德之间关系的问题在《普罗泰戈拉篇》中有一个答案,

① 原文标题为 Das negative Daimonion des Sokrates und der Mythos von der Ausstattung des Menschen durch Epimetheus,Prometheus und Zeus。——译者注

这个答案接在一个神话故事后面，并从哲学和伦理学上阐释了厄毗米修斯、普罗米修斯和宙斯对人进行装备的传说。

苏格拉底是柏拉图的老师，柏拉图将苏格拉底的谈话记录下来，形成一篇篇对话形式的文字，其中苏格拉底是谈话的主角。《申辩篇》也是这样，它记录了对苏格拉底的控告、苏格拉底的辩护和雅典法庭的判决。对苏格拉底的指控说他毒害青年，否定神明。苏格拉底申辩自己是信神的，但不信那些流传于世的关于神的说法；自己也没有毒害青年，是一个无论在哪儿都不宣扬完结性学说的人，只是想要或能够传播这些学说。因此，他“不曾为任何人之师”（Platon：Apologie，33a）[①]。

在他的申辩中，最核心的一个论点就是，他从未在公共事务中作为教师出现。为此，苏格拉底用一个从他儿时起就听到的一个声音所带来的消极经验来支持自己的观点：

> 也许有人会觉得奇怪，我到处奔走忙碌，私下给人们出主意，却不敢去公共场合当众讨论国事，发表政见。这里的缘由，你们在很多地方多次听我说过：有精灵的声音出现，这就是麦雷托斯在讼词中所讽刺的：从儿时起，就有一种声音出现，每次都阻止我做想做的事，却从不鼓励我做什么。它反对我从事政治，我认为反对得极好。雅典人啊，你们要知道，我要是从事政治，早就丧命了，那样于己于世皆无益处。别怪我说实话，那些勇于对你们或其他民众表达不同意见同时在城邦里维护法纪、主持公道的人，没有谁能自保。其实，真心要为正义而困斗的人，即使仅仅想要保全性命一时，过一种低调的生活，也必不能当公众人物。（Platon：Apologie，31c－32a）

我们不能把苏格拉底这里说的“精灵”（Daimonion）[②]的意义局限于其辩

① 根据沃尔夫冈·费舍尔（Wolfgang Fischer）的观点，苏格拉底“不是教师”的陈词并不是一种反教育的自白，而是要说明，他在那个“在申辩中被视为最重要的生存问题”的领域不是教师（Fischer，1987：80－81；2004）。下文的阐释会联系到这一观点，并将从基础理论方面在教和学总的可能性上解释费舍尔的推论：苏格拉底建立起了“一种质疑-助产术的哲学讨论”（Fischer，1987：81）。

② Daimonion 是古希腊文化中介于天和人之间的一种精灵，每个人各自有一个精灵，类似于每个人的守护神。它不同于一般的神话传说形象，已经融入古希腊哲学的讨论之中。——译者注

护陈词的功能，因为如果这样，在这里指出他从小就听到的一种声音就没有意义了。这种声音包含着各种不同的意义。下面我们就进一步分析其中的三种意义。

苏格拉底提出这种"精灵"是为了论证自己为什么远离政治（Fischer，1985），从未竞选和担任过公共职务。苏格拉底为自己选择的是一种可以让他追寻真理并考察那些被信以为真的观点、看法和信念的生活方式，他认为这种理论上的实践和担任公职是格格不入的。这倒不是因为他看轻政治，而是因为他觉得，教育和政治并不是可以无缝对接的，因而二者无法直接地相互联系。在他的对话中所形成的批判性的、问题化的"理性运用"（Ruhloff，1996）中，苏格拉底认为自己有责任进行这样一种反思（当然他也清楚这种反思的界限），这种反思的质疑之力能摧毁确定的事情，促进新问题的形成，但没有能力做政治上的决定或促成政治上的决定。

因而，提出这种"精灵"的声音的第一个意义就在于，使苏格拉底远离政治的做法合法化。这是能够引起共鸣的，因为在古希腊，被选为公职人员的人在上任之后就不再是一个私人的个体了。这个情况直到近现代关于三权分立的讨论和三权分立在国家法制体系中得到实行之后才有所改变。这样的法制体系如今允许知识分子作为人和公民参与公共意见的形成过程，并在苏格拉底思想的继续影响下，避免让知识分子在其智力活动中扮演民众或国家的教师，避免把启蒙和监护联系在一起，避免把自身影响和权力联系在一起①。

苏格拉底的"精灵"的另一个功能在于其道德塑造的意义和教育的意义。而在后世对苏格拉底的解读中，至今为止，除了一个例外（参见 Weiß，2004：31ff.），这两个意义都没有得到重视和承认。即使在《申辩篇》中，柏拉图也没有明确地谈到苏格拉底的"精灵"的这两个意义，苏格拉底在自己的辩护中也已经提到了。因为，只有那些在审判中宣判的人才会偶尔听到这样一种来自内心的劝阻之声，苏格拉底提出这种声音来做证词才有望引起共鸣。他提出自己"精灵"的最后一个意义就是要借以说明，内心的那个声音并没有反对他的辩护词，根据他之前对这个声音的经验来看，他的陈词是诚实可信的。而对

① 此句的意思是，知识分子就应该仅仅作为公民参与公共事务，而不可以民众的教师自居，更不可自以为是地干预行政。——译者注

苏格拉底的判决说明,雅典人并没有把苏格拉底所说的这种声音理解为每个人都能自己听到的良心的声音,而是认为,听到这种声音的人是站在城邦共同体之外的人。苏格拉底提出它的"精灵",并不能反驳别人对他进行的指控,反倒像是证实了这种指控。因此,这种消极表达的内心声音的道德塑造功能在柏拉图的《申辩篇》中没有得到彰显,但似乎在另一篇对话录《普罗泰戈拉篇》中显现了出来。在这一篇对话中,美德的产生和可教性被当作一个对个人生活和对国家政治生活同样重要的问题进行探讨。下面,我们就来研读这篇对话中的几个观点,从中解读苏格拉底的"精灵"所含有的道德塑造和道德教育意义。

《普罗泰戈拉篇》中,普罗泰戈拉对苏格拉底说自己是一个有能力让年轻人在"自己的事务"上变得聪明并"在城邦中成为强大的人"的游走的教师(Platon: Protagoras, 319a)。苏格拉底在对话的开始就提出了"美德不可教"的观点,并援引了两个论据:一是受人尊敬的雅典人也会教出不肖的儿子;二是不论在雅典还是其他地方,不论是议论自己的事情还是公共的事务,都不需要专业化,每个人都能参加,而不需要先受培训。随着对话的进行,普罗泰戈拉和苏格拉底交换了立场。最后,普罗泰戈拉怀疑起美德是否真的可教来,而苏格拉底倾向于认同,美德可以通过教学和传授正确的知识而形成。

这篇对话有好几个高潮。第一个高潮出现在普罗泰戈拉试图说服苏格拉底相信"美德可教、可学"的论述中。普罗泰戈拉援引了赫西俄德所讲的关于装备人的神话和雅典人的教育实践。他对那个神话进行了哲学的阐释,他说,众神之神宙斯在生命和人类应该出现在大地上之时,交给神之子厄毗米修斯和普罗米修斯一个任务:为动物和人类装备天赋。在执行这项任务的时候,什么事都预先安排好的普罗米修斯把这个任务交给了总是事后才反思的厄毗米修斯。厄毗米修斯果然没有事先安排好就直接开始工作,他先装备了动物界的生灵:强壮的动物子嗣较少,弱小的动物产仔较多;有的有皮毛、有带尖角的足,有的有蹼或鳍,这样,每种动物都能生存。当他最后装备人的时候,所有天赋都已经分配完了,于是人成了唯一没有特殊天赋的物种:裸露着体表没有毛皮,光着脚没有爪或蹄,繁殖的后代少,而且跑不快,跑不远。

厄毗米修斯创造的天性被柏拉图称为"akosmeton",意思相当于"未装饰的"(ungeschmückt)、"未经很好整理的"(nicht wohl geordnet)。19 世纪初参与建立现代教育学的弗里德里希·施莱尔马赫在他的《教育学讲座》中将柏拉图的这个“akosmeton”翻译为“未经装备的”(unausgestattet)、“缺乏天赋的”(unbegabt)(Platon：Protagoras，321c 1－2)。他这个译法是想说明，与其他动物不同，人由于厄毗米修斯所赋予的天性而不具有与生俱来的特殊禀赋。这就产生了厄毗米修斯没有意识到的危险，而后来的普罗米修斯立刻就认识到：人因其第一天性而根本不能存活，因而人需要一种装备，以便用另一种方式保障自己存活的可能性，那就是学和自己做。

为了弥补厄毗米修斯未完成的对人的装备，普罗米修斯从赫淮斯托斯的工坊里偷来了火和冶铁术带给人类，并给予人类发明和发展技术的能力。而之后，人类却不仅由于其第一天性，而且也因为有了普罗米修斯赋予的第二天性，仍然没有生存能力——人类发展出了武器并相互发动战争，他们向神灵献祭以获取利益。宙斯认识到，人这个物种会面临灭绝，他担心神坛会消失，无人再供奉神灵。于是他命令信使神赫尔墨斯用第三种天性对人已经拥有的两种天性进行修补：

> 宙斯担心整个人类会因此而毁灭，于是派遣赫尔墨斯，把羞耻心和正义带给人类，以此建立我们城市的秩序，让城市成为友爱的纽带。赫尔墨斯问宙斯他应当以什么样的方式在人类中分配公正和羞耻心：“我是否应该像过去分配技艺那样分配它们？也就是说，让一个人成为训练有素的医生，而他足以为许多不懂医术的人服务；其他技艺也是如此。我是否也应该这样分配正义和羞耻心，还是应该将其分配给全部人？”宙斯说：“分配给所有人。让他们每人都有一份。如果只有少数人分有道德，就像分享技艺那样，那么国家就无法存在。此外，你必须替我立下一条法律，如果有人不能获得羞耻心和正义，那么应当把他当作国家的祸害处死。”(Platon：Protagoras，322c－d)

厄毗米修斯给予人的天性是未受装备和没有天赋，普罗米修斯给人带来了开发技术的能力，而宙斯在此基础上加上了形成道德和正义的能力。宙斯原封不动地保留了厄毗米修斯和普罗米修斯给人带来的两种天性，直到赋予人羞耻心和对不公的感知，才完成了对人的装备。

为了理解柏拉图对这个神话的哲学阐释，我们必须考虑到，“正义”(dike)和“羞耻感”(aisthos)指的不是积极的“法”(nomos)和积极的良知(syneidesis)，而是作为分辨并理解正义与不公的能力的“正义感”和“有耻性”——人在寻求善和公正而尚未知何为善和公正时，自为地担负起来的责任，表现为这种耻感。在柏拉图的阐释中，这个神话就表现出，美德、法制和成形的良知都不是人与生俱来的。人没有与生俱来的美德，而是具有形成正义的能力，能够在自己和别人面前感到羞耻并寻求善。而又由于人出生时没有被装备美德，且美德并不会在人身上自己形成，因此人就必须被教以美德。从这点上来理解，古希腊文中“Paideia”这个概念就涉及那种必须由人来培养的分辨善恶的能力，而这种能力是必须由人自己生成的。这种能力必须通过判断和行动而形成，而不能在一种完结性的意义上完成培养，因为发展这种能力的任务在具体的不同情境中总是要一再被提出的。

从普罗泰戈拉对这个神话的评论中可以看到，普罗泰戈拉自己以及跟他对话的苏格拉底、柏拉图都是这样理解这个神话的：

> 事情就是这样，苏格拉底，由于这个原因……当谈及建筑师的德行或其他某个行业的手艺人的德行时，雅典人和其他人一样，相信只有极少数人能够提供建议……但若他们寻求的建议是关于公民美德的，而美德总是遵循正义和节制的原则，那么他们会听取所有人的意见，因为每个人都拥有一份这种美德，否则国家就无法存在。苏格拉底，这里的原因就在于此。(Platon：Protagoras，322d－323a)

在接下来的论述中，普罗泰戈拉向苏格拉底指出，雅典人是认同这个神话的，他们也认为，人的美德既不是自然而然拥有的，也不是天生的，而是每个人通过勤奋获得的(Platon：Protagoras，323c)。在这一部分之后，普罗泰戈拉便驳倒了苏格拉底的观点“美德既不可学，也不可教，因为连高尚的父亲都无法把美德教给自己的儿子”。关于雅典人的教育实践，普罗泰戈拉说道：

> 他们从孩子最幼小的时候就开始进行教育和训诫，并且持续终生。一旦孩子能够明白事理，保姆、母亲、老师和父亲就教导他的一言一行，向他指出这是对的，那是错的，这是光荣的，那是可耻的，这是神圣的，那是亵渎的，要这样做，不要那样做——总之就是竭力使孩子变得尽可能好。……以后，他们把孩子送去上学，向教师强调对孩子德性的培养，甚于关注对阅读和演奏技能的培养。教师也注重这一方面，在孩子们学会了阅读，能像以前理解口语那样理解书上的话时，老师就会把好诗人的作品放在孩子们的桌上让他们阅读和背诵，诗歌中包含着许多训诫、故事、赞歌，对古代善人的颂扬，这样，孩子们就会受到鼓舞而去模仿他们，希望成为他们那样的人。音乐教师也同样重视德性，使孩子不敢胡作非为。当孩子们学习弹竖琴时，音乐教师教给他们另一类杰出诗人的诗——配乐诗。诗的吟咏对孩子会产生影响，节奏和乐音会使孩子的灵魂清明灵动，从而使他们变得温和；而通过把握节律和声音，他们也会练就更加灵巧熟练的言谈举止。（Platon：Protagoras，325c－326b）

在接下来的对话中，普罗泰戈拉补充了更多证据。他指出，“身体训练的教师”也会参与进来，使孩子不仅“在身体上得到更好的训练”，而且“能够侍奉正确的思想”。在他论述的最后，他赞赏了那些不遗余力为孩子们寻找合适的教师并自己出资的富人：

> 能做到最好的人会将这些事做到最好，而能做到最好的人是那些有钱人，他们的孩子最早开始接受教育，受教育的时间也最长。当他们结束了跟随老师的学习，城邦就需要他们学习法律，按法律去生活，以免他们恣意妄为。……国家设立的法律是古代优秀立法家的发明，法律迫使公民依法统治和接受统治。谁逾越了界限，法律就惩罚，你们这里和其他许多地方也把惩罚称为矫正。由此可见，无论是在家还是在国，这么多事情都指向了美德，你怎么还会对美德可教感到惊讶和困惑？这其实一点儿都不奇怪。如果美德不可教，那才奇怪。（Platon：Protagoras，326c－e）

普罗泰戈拉这里所说的，与不久之后亚里士多德在他的《政治学》中所说的美德和作为个人任务的教育大体一致，他只是没说到儿童的习惯问题。但苏格拉底没有简单地接受普罗泰戈拉的观点，而是把对话引向了另一个高潮。他揭示，即便普罗泰戈拉提出美德可教的论据，美德也不是像他援引的神话和雅典人的教育那样来教和学的。

苏格拉底在质疑普罗泰戈拉的观点时，也援引了神装备人的神话。他先赞赏了普罗泰戈拉的引证和论证，然后提出，人虽然寻求善，并试图对下一代进行道德教育，但是在此过程中，人自己并不知道美德真正在哪里。为了证明这一点，苏格拉底问普罗泰戈拉，美德跟“正义、节制和虔诚”是什么关系：是如同脸上的眼、耳、口、鼻，还是像“一块金的几部分”，每一部分都是无差别的同一种东西（Platon：Protagoras，329d）？在对此作出回应时，普罗泰戈拉陷入了矛盾。他将美德的多样性与各种器官和感官相联系，然后又用金子的各部分来类比美德的统一性。在这部分对话的结尾，他承认自己不知道美德是什么，也无法对美德的统一性和多样性问题给出令人满意的答案。普罗泰戈拉于是非常尴尬，向别人介绍自己是美德教师，却不知道自己声称能教的美德何在（参见 Benner，1988）。当有责任进行教育的人自己都不知道美德的统一性在哪里时，何以可能教给人道德的行为？这就是普罗泰戈拉和苏格拉底的这篇对话中形成的问题，在这个问题上可以再次解释苏格拉底的“精灵”的那三个意义。

苏格拉底试图用那种劝阻他不做某些行为的声音来论证自己不从政的合法性，这种政治上的节制只解释了他为何不从政，可没有说明如何在政治圈中建设性地运用这个声音的消极指令。这个声音也给那些在道德方面的事情上听到它的人带来了类似的困境，因为这个声音并没有说不做它所劝阻的行为之后该做什么。鉴于这种困境，成年人对善和美德的“无知”不可以再被视为道德教育和社会化的阻碍。即使教育未成年人的人在政治、道德和教育方面的理性和善的问题上不是专家，只是业余爱好者，道德教育也不一定会失败（参见 Reichenbach，2001）。

大约在苏格拉底和柏拉图之后两千年，施莱尔马赫在他关于教育理论的讲座中论述道，教育不必等到道德在社会发展中完成并经由哲学伦理学形成一种完结性的观念之后再开始，教育是一种代际实践，教育者在教育过程中自己就在寻求善。由此推断，教育者既不能向下一代传播关于善的完全知识，也不能向下一代传播美德本身，而必须将他们引入对善的寻求：使他们能参与善的形成。因此，所需的既不是一种完善的政治秩序，也不是一种终极道德，也不是一种完美的教育。如果人的天性仅仅停留在厄毗米修斯所塑造的没有与生俱来的积极道德的状态上，这是不行的；人不但必须在对一种完善的道德秩序的无知中教育下一代，还必须在塑造自身道德的过程中自己生成道德，并通过教育将道德传承下去，这种道德是人天生缺乏而在政治上又不能以确定的意义预备好的。

厄毗米修斯、普罗米修斯和宙斯给予人的天性并没有明确人的自然禀赋中的缺陷，因为这个神话不只是说，人必须在没有天生道德的情况下生活并寻求善和正义，它还反映出，人是一种依赖于教育、教化、道德和政治的生物。羞耻心和对不公的感知就是一种形成道德和正义并能对现有的道德和正义不断进行质疑和反思的能力。

这样看来，苏格拉底的“精灵”的消极表达方式体现出来的，是它的道德塑造和道德质疑功能。在这个消极声音和人寻求并实验的积极道德性之间，存在一种在这声音里就已呼之欲出的不对称性。它体现在，这个劝阻的声音没有将善和正义定义为它劝人勿做之事的反面。是否能够找到善和正义？如果能找到，善和正义会在什么内容中出现？这些问题它都没回答。

在苏格拉底的“精灵”中体现出一种消极道德性和积极道德性之间存在的不对称性。正如问题史所显示的那样，这种不对称性可以拓展到消极教育和积极教育之间的不对称性以及消极政治和积极政治之间的不对称性上。虽然只有在存在消极道德的地方才有积极道德，反之亦然，但是二者并非处于一种镜像式的对称相反关系中。这样看来，苏格拉底所说的消极道德经验——一个从他儿时起就一直劝阻他做出某些判断和行为，但从不鼓励他做什么确定事情的声音——说明，即便知道这个声音劝阻自己做什么，自己也无法由此推知应该以什么来取代这些不该做的事情。

可以说，苏格拉底的“精灵”表现出人的存在和共存的一种试验性结构，在苏格拉底的经验和反思视野中，这种试验性结构体现为积极道德经验和消极道德经验的一种无法最终阐明的并存状态。积极的道德经验在传统和道德的框架中赋予行为某种确定性,而消极的道德经验为一种尽可能超越道德中已有的或固化的善的新探索提供了动力。苏格拉底的伟大之处在于,他在面对他人的时候没有以立法者自居,而是反思教育、道德和政治的共同作用中的各种疑难(Aporien),并坚持尊重自己城邦的法律,接受了雅典法庭对他的错误判决。

苏格拉底的"精灵"在今天也给我们带来了许多问题。第一个问题是,怎样理解这样一种良知的形成(Gewissensbildung):在良知的形成过程中,良知不是按照一种预先被设定为规范性标杆的、预先给定的积极道德形成的,而是作为一种作判断的良知形成的,这种良知不在一种封闭的意义上认识善,而能够质疑各种积极的导向,劝阻出于某些特定动因的行为,它能按照道德来设计行动,也能质疑和反思该行动。第二个问题超越了狭义的良知形成的问题,进而涉及道德和良知的关系:如果一种道德秩序不仅允许成年人的判断性良知,而且也允许青少年儿童对道德和习俗进行考察,并允许在个别情况下不遵循道德的指令,那么这种道德秩序是怎样的?第三个问题来自这样一个背景:在柏拉图的《申辩篇》中,当苏格拉底被指控毒害青年和不信神明时,他提出了那个劝阻的声音。他为自己辩护时说的理由是,他长年以来所熟悉的那个声音默许了他的陈述,至少是没有表示反对。他试图以此来洗脱自己的罪名。这对于审判他的法官而言就像是拿一种个人的良知来说事,这无异于一种挑衅。苏格拉底因质疑整个国家的秩序而被告,而他却援引一个只有他自己才听得见的内心的声音来辩护。

苏格拉底并不想挑衅,他的这个消极的"精灵"另有所指。苏格拉底是要借它来说明,他来雅典绝无颠覆之意,而是要培养一种疑问精神,一种检验现有确定知识和信念的正确性但不宣告新的真理的精神。下一节我们将在柏拉图的"洞喻"所讨论的教育、道德和政治间的关系上解释这种精神。

三、柏拉图的目光转向之术和对教育、道德与政治之间关系的探求

柏拉图(Platon,前 427—前 347)在许多方面都是哲学史上最重要的思想家。柏拉图将他老师苏格拉底的对话转化为"对话录"的文字艺术形式。他的

对话原则上也不是因为传递了什么完结性的结论而有意义，而是因为形成了各种理论关系并对其进行了考察而有意义。

柏拉图肖像
公元前3世纪古罗马复制品
原作作于古希腊
藏于梵蒂冈博物馆

柏拉图的《理想国》中有一个著名的名为“洞喻”的故事，柏拉图写这个故事是用来解释如何培养有能力统治国家的哲学家。今天如果深入研究“洞喻”，就会在其中发现对后世解释教育事实至关重要的那些观点和思想动机，它们使得对“洞喻”的解释超越柏拉图在《理想国》中赋予这个故事的意义。尤其是，承接着厄毗米修斯、普罗米修斯和宙斯装备人的神话的那些关于人的可塑天性的表述，柏拉图在《普罗泰戈拉篇》中并没有在培养统治国家的哲学家阶层的方面来解释这个神话，而是在城邦自由民的教育方面进行解读，而正是这些关于人的可塑天性的表述让我们得以这样来解读“洞喻”：人普遍地、不受制于其在国家中的使命地拥有一种可塑的天性，这种可塑天性的各种可能性就存在于未受教育（apaideusia）和受教育（paideia）之间。在故事开头，苏格拉底要求他的对话者格劳孔（Glaukon）在听寓言的同时，考虑以下问题：

> 我说，接下来，请你把我们的本性，就受到教育和未受到教育①这个问题而言，和下面这种情形作一个比较。设想看，有一些人，他们就像是住在一个洞穴式的地下住所中，这个住所对着光亮敞开着，沿着整个洞穴，形成了一条通道。在这个住所中，这些人从儿时起，腿脚和脖子就被捆绑，因而只能坐在同一个地方直视前方，他们的头因为捆绑而被固定住，不能转动。有一堆火，火光在他们身后从他们的上方和远处照射过来，在火堆和这些囚徒之间，有一条处于较高的水平面上的路，沿着这条路有一道障壁一样的墙，就像演幻影戏时在观众前面横亘的屏障一样，艺人们就可以在这道屏障上表演。

① 需要注意的是，在“洞喻”中并不存在教育者。在本书作者的解读中，这里所谓的“教育”，指的是人自身在与环境和对象的交互作用中进行认知、思考，进而改变自身的过程，即“教化”（Bildung）。但正如本书前言中所述，古希腊文献的概念中尚未区分“教育（Erziehung）和教化（Bildung）的事实”，且《理想国》的许多中译本此处皆译为“教育”，因而在此引文中仍然译为“教育”。——译者注

他说，我看见了。

我说，请你试想，现在有一些人沿着这座小墙，带来很多各式各样的器具，有人像，以及其他一切石制的或木制的动物形象和各种人造的东西，他们将这些东西举到这座墙上方，而且他们当中有的自然地说着话，有的沉默不语。

他说，这可真是一个奇怪的图景、一群奇怪的囚徒啊。

我说，他们和我们是很像的。(Platon：Politeia，514a－515a)

这样的故事结构是柏拉图有意安排的，他让这个故事呈现出多个侧面，并在讲述中以多样的方式环环相扣，好让读者或听者能从不同的角度来感受这个故事：先从苏格拉底的起始视角来看，他要格劳孔想象那个穴居的场景；然后是格劳孔的视角，他按照苏格拉底的要求进行想象并回应说，他看到了苏格拉底要他想象的场景，随后补充说，那是一个“奇怪的图景”，一群“奇怪的囚徒”；接着出现的是苏格拉底评论格劳孔的感受的视角，即他所感到奇怪的“和我们很像”；最后是听这段对话的人的视角，以及《理想国》读者的视角。读者不仅应该理解和体悟对话所呈现的，还应该理解和体悟尚未呈现出来的，也就是在穴居人之间发生的事情，而且读者应该对这些呈现及未呈现内容作这样的诠释，以对柏拉图在“洞喻”末尾所做的结论能有自己的见解。

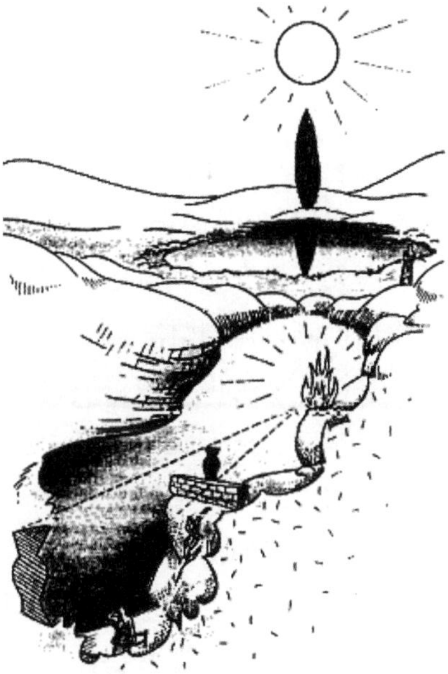
柏拉图的“洞喻”简笔画[①]

对柏拉图的“洞喻”的解读千差万别，以至于似乎不可能将相互冲突的诠释统一起来。下面这幅图是基于一种对柏拉图“洞喻”的认识论解读而作的，这种解读区分了两个世界：被太阳照亮的世界里有真

① http：//p-adamek0912－dc.blogspot.de/2010/10/plato.html；这幅图是处理过的，对两个世界的划分和其中的各个分层都去除了，注释也删除了。

实的物体，它们在水中投下倒影；被火照亮的世界里有人造的物体，它们的影子被受缚之人所感知。

这幅图基于一种受柏拉图理念论启发的观点，它从两个世界的角度来解释“洞喻”，即穴居人能感受到的经验的世界和被太阳呈现的理念的世界。但这幅图没有涉及柏拉图区分的洞中的两种光源，没有涉及在洞中发生的事情，没有涉及苏格拉底、格劳孔、穴居人以及旁观者、听众或读者的不同视角。

下面这种解读试图联系到故事开始时苏格拉底对格劳孔提出的，也就是向读者提出的要求，那就是在对人的“天性”的追问和“受到教育和未受到教育这个问题”上来解读“洞喻”（参见 Fink，1970；Benner／Stępkowski，2012）。就这个观点来看，像这幅画这样的图是不够的，因为它没有反映出那些戏剧性的过程，也没有呈现出讲述者对这些过程的解读。下面我们就来看这两种光源的综合作用以及由此开启的故事。

柏拉图在故事开始时就设定我们是知情者，我们一开始就知道全貌，知道两个光源和它们照亮的世界，而穴居人是不知道这个世界的。他们感知到的是火光照在他们面前那道墙上呈现出来的世界（他们看见了自己的头和一些物体），他们注意到，物体的出现、消失和再次出现都伴随着洞中他们后方发出的语言表达。这些穴居人感知到墙上可见的静止的或运动的世界以及背后的声音，于是认为应该交流他们的经验并谈论他们的感受①。正是从此发端，有的穴居人不仅开始交流他们所熟知的世界，而且开始进行科学观测和思考，并且作出推测，哪个物体会在下一个出现。

在接下来的讲述中，柏拉图让苏格拉底讲了洞穴中发生的事情。这也是在苏格拉底和格劳孔的对话中通过疑问、假设进行的，不是观察或报道。一种没有被明说的力量强制解开了一个穴居人的枷锁，紧接着他被迫转动自己的头颅，于是，我们所熟悉的而穴居人从未接触过的这个世界一点点映入了他的眼帘。由于火光的关系，这个人起初什么也看不到，随后他看清楚了火堆，接着看清了他眼前的那些物体，并通过推理和继续观察最终意识到，穴居人感知到的物体其实是他们背后这些物品器具在墙上的投影。在这个教化过程之

---

① 关于静止的和运动的世界内容之间的紧张关系对世界认识和自我认识的形成的教化意义，参见 Niehues-Pröbsting，1999。

后，紧接着就会开启下一个被强制激发的教化过程。一旦受缚的囚徒习惯了洞中的环境，那么他就必须再一次被迫将其目光转向，去看太阳照进洞穴里来的光。这就重复了他第一次目光转向的经验。这回，由于太阳光的照射，他起初什么都看不清，然后他从洞里向外看，看见了被太阳照亮的那个洞外世界的东西，并最终看见了太阳。太阳“创造了四季和年岁，是可见的世界中一切事物的主宰，而且，他和在洞穴中所谈论的一切，某种程度上说，其原因就是太阳”（Platon：Politeia，516b－c）。这样获得的知识就为第三次目光转向作好了准备，但这一回不是强制性的，而是由这个已经经历两次目光转向的人自愿完成的：这个了解了投影的真相，认识了火光与阳光照亮的世界的曾经的穴居人，决定返回洞穴中，让穴居的同伴们一起来分享他所经历和认识的一切。在实施决定时他第三次惊讶地发现，他所学到的一切又成为有问题的了。他认识到，不仅非自愿的解放，也包括自愿的返回，都意味着改变习惯和改变观念。当他重新适应了洞中昏暗的光线后，他痛苦地发现无法将新学到的东西传递给留在洞中的那些人。那些人认为他是带着“坏了的眼”回来的，甚至要杀他，因为他们无法忍受他质疑他们所熟悉的观念和习惯（Platon：Politeia，517a）。

苏格拉底和格劳孔在关于“洞喻”的对话中向读者提出的，首先是这样一种观念：沿着洞穴照射进来的阳光指的是“善的理念”，它在人的思考和行动中生成“真理和理性”，是“一切正确和美好的原因”；其次是对“洞喻”故事开始时所提的问题的回答，即关于对人的天性来说至关重要的“受教育和未受教育”的关系问题。对这个问题的回答由教化过程的五个阶段和另外三个答案组成，这三个答案会从可塑的人的天性、教化过程和国家的领导三方面来阐释教育和未教育的关系。

表1－1　教化过程的阶段

1	从已习得的观念出发
2	被拒斥性的世界所刺激
3	由外界力量推动而进入一个改变习惯和改变观念的过程
4	获得这样的经验：自我和世界都已改变
5	与人交流新的经验

我们可以这样对“洞喻”进行诠释，教化过程就是要历经这五个阶段——而且不是一次性经过这五个阶段，而是不断地重新开始。教化过程从第一阶段中的已有观念开始，学习者通过自己的感知和与别人的经验交流，已经熟悉这些观念了。在这些观念中，之前已经开始的教化不断地同时被保留和忘却①（参见 Meyer-Drawe，2005）。

第二阶段，外界影响和一些出乎意料的事件引发新的教化过程，这些事件令处在教化过程中的人感到恼怒，从而强迫其面对一个拒斥性的世界，进而激发起新的教化过程。在柏拉图的故事中，这个环节是这样进行的：一个穴居人被强迫解开了枷锁，于是他所熟悉的世界变得陌生了，他获得了新的经验。

在第三阶段，这个被去除了枷锁的人并没有离开他的教化的洞穴，而是离开了他迄今为止的旧有经验的原初洞穴，旨在进入一个改变习惯和改变观念的过程，在这个过程中又会有新的经验产生并加工。这个阶段的关键不是把最新的经验视为对的，而是要问，怎样去寻求一个能包罗过去的和未来的经验的真理。柏拉图将这个问题放在了善的理念下。在这个问题中，善的理念可以是前提，人们可以在这个问题中寻求善的理念，但善的理念是无法作为一种理念寻得，也无法被完全认识的。

因为真理既不显现在被动遭遇的或自行获得的经验之内，也不显现在其外，所以在第四阶段就会有一个回归——回到经验的原初洞穴。在这里，进行着自我教化的人会认识到，他已经不再是原来那个自己，他回到的那个世界已经不再是原来那个世界了。

这样的经验在第五阶段就导致返回者失望地认识到，他的新经验既不能只为自己保存，也不能传递给那些曾经跟他有过共同经验的人。

在苏格拉底和格劳孔的对话中，柏拉图从教化过程的问题性的流程中得出三个相互依存的推论。

第一个推论讲的是格劳孔对穴居人的初始印象“奇怪的图景”以及苏格拉底对此的回应：“洞喻”故事中描写的经验跟日常共同生活中的经验很像（Platon：Politeia，515a）。这个推论表明，人的天性赋予进行着自我教化的人

① 例如学走路，孩子长大后就忘了是怎么学会走路的，但是他现在会走路。也就是说，他忘却了早先的（作为过程的）教化，但是自身保留着一种（作为结果的）教化。——译者注

一种介于未教化(apaideusia)和教化(paideia)之间的状态,这种状态不仅决定了学习的开端,而且决定了人的一生。因此,我们不将"apaideusia"翻译为"非教化"(Unbildung),而是像芬克(Fink,1970,p.40)在他对柏拉图的诠释中那样,翻译为"未教化"(Bildungslosigkeit)。他明确指出,人必须自己找寻并生成其确定性和使命(Bestimmung)[①],而且没有人能宣称,自己在一种完结的意义上完成了教化。找寻和形成自己的使命是一项从生到死的长期任务。就像"洞喻"故事里被释放的穴居人所感受到的那样,教化过程对于经历过它的人是危险而痛苦的,而对于那些不是在自己的学习中而是通过别人的学习过程去面对教化性(bildend)经验的人,又是稀奇古怪的——就像那些继续被绑在洞里的穴居人那样(Platon: Politeia,517b－518b)。

在第二个推论中,柏拉图解释了教育(Paideia)的意义:教育不是像那些错误的认识所说的"将所见灌入盲的眼睛里",而是"转变目光方向"的技艺。教育作为"目光转向"的技艺,使学习者"更易于"产生新的经验和形成新的观点(Platon: Politeia,518c－d)。柏拉图的教育理论并没有被今天的理论教育学和实践教育学局限在成年人学习的方面,它也在未成年人的教育和教化方面得到了阐发。柏拉图的洞穴里没有孩子——这与犹太教-基督教的天堂一样;但与后者不同的是,柏拉图的洞穴没有远离教育。跟《圣经》里讲的上帝伊甸园里的亚当和夏娃不同,柏拉图的"洞喻"里穴居人的"原罪"在一种对事物进行区分的思想活动中已经"犯下了"[②]。柏拉图所谓的教化性的交往是一种交流:在这种交流里没有人占有终极真理,(成年)人总是在不断地探求真理,并形成提问和呈现的技巧,用这种技巧相互推动对方进行教化性的目光转向。

第三个推论讲的是教育对国家政治领袖的意义。柏拉图问道,既然人的天性是介于未教化和教化之间的,而教育过程和教化过程的基础是目光转向,那么谁能够担负起人的共同生活的政治观照任务?他在解释这个问题时先排除了几个答案,然后给出了与人性和教育、教化事实相符的答案。他说,国家领导既不能是"忍饥挨饿的人"——他们只关心生存问题,其目光是不转向的——也不

① "Bestimmung"(意为规定性、确定性、使命、命运等),在这里是一个人类学的概念,兼指人的确定性(Bestimmtheit)和使命(Aufgabe)。——译者注

② 此句意为,柏拉图"洞喻"中的穴居人虽然被捆绑,但是他们早已开始对自己看到的影像进行认知、讨论、记忆和分辨了,因此,尽管洞中没有教师,但他们早已开始了教化的进程(Bildungsprozesse)。——译者注

能是“贪图享乐的人”——他们依仗自己的财富和知识过着无忧无虑的生活——更不能是“贪恋权力的人”——他们对统治别人过于感兴趣。适合管理国家的只有这种人：他们通过自己的反思追寻善，不仅能做到使自己的目光转向，而且有能力支持别人去尝试完成目光转向（Platon：Politeia，520a－521b）。

柏拉图这篇关于国家的著作中还通过“洞喻”进一步反思了有能力将国家引向善的理念的哲学家的教育。但“洞喻”的意义远远不止于那种为哲学家掌权提供理据的意图。它跟苏格拉底也有关系——苏格拉底用探寻和诘问的方法质疑并讨论雅典公民的教育、道德和政治视野，而雅典公民却无人珍视他的智慧，反而判处他喝毒酒自尽。在《哲学史讲演录》中，黑格尔这样解释了这件事情：当雅典将自己最著名、最智慧的公民判处死刑时，它就从根本上使自身及其秩序成为问题。黑格尔说，苏格拉底承认城邦法律，但他试图重新规定公正、羞耻心和对真理的追求，他被判处死刑就已经证明，古希腊城邦的秩序已经被历史抛弃。雅典人因此而承担的责任就是要超越古希腊的城邦秩序。（参见 Hegel，1833，Band 2，S. 119ff.）

对善的追寻是苏格拉底重新推动的，柏拉图则将其提升到一个不确定的“善的理念”的概念上。对善的追寻将古希腊教育理论建立在这样一种观念上：善不是与生俱来的，也不是自发形成的，而是需要教育、道德和政治的关心的。其中，教育的关心旨在培养一种目光转向的技艺，这种技艺不是简单地给成长中的一代套上预先确定的道德（Sitte），而是将其引到对善的寻求上来，以使道德不再被误解为对这种寻求的一种终结性的答案。对道德的讨论是公民在伦理—道德方面的关心对象，他们认清现有道德秩序中的矛盾，并对新的答案的有效范围进行实验。此二者对应于一种政治：只关注基本需求满足的那种挨饿的人是不能决定这种政治的，贪恋权力或贪图享乐的人误以为达到了自己的善，也不能决定这种政治，只有那种探寻和追求对自身及城邦都好的善的公民才能决定这种政治。

教育/教化、道德和政治在柏拉图那里通过一种教育的理念而紧密地联系在一起，这种理念较少针对儿童的教育，而较多地针对人的教化，针对通过目光转向以及那种不仅转动自己的目光，还促使别人进行目光转向的技艺而进行的对善的寻求。以这样的理念在教育、道德和政治上进行的教化不会主要去传承已有的答案，而是会用辩难术进行讨论，并且将教化与对真理的追求联系起来。

四、亚里士多德的目的论秩序思想中教育和教化的地位

亚里士多德(Aristoteles，前384—前322)不再将自己的思想写成对话形式，而是就综合的哲学主题或特殊的某一学科的主题写成理论专著。他将苏格拉底和柏拉图的辩难的和问题化的论述形式转变为一种科学的观察方式。这种观察方式按照用目的论建立起来的诸范畴和一种为所有知识领域建立等级性目的秩序和诸善秩序的思维方式来考察所有观点。

亚里士多德肖像
公元前4世纪古罗马仿制品
藏于维也纳艺术史博物馆
原作为古希腊时期作品

柏拉图是苏格拉底最重要的学生，而亚里士多德是柏拉图最著名的学生(参见 Derbolav，1955)。我们不必从他的老师或老师的老师来走近亚里士多德，而可以将他的作品放到其效果历史(Wirkungsgeschichte)以及哲学上新的、方法论的和系统的思想背景下来研究。举一个例子来说，君特·布克就是这样做的(Buck，1969)，他凸显了亚里士多德思想跟黑格尔哲学以及伽达默尔解释学的相近之处。但是，亚里士多德的目的论系统思想及其与苏格拉底的辩难术(Aporetik)、柏拉图的对问题开放的辩证法之间的区别，很大程度上被排除在这种解读之外。如果从苏格拉底开始，经过柏拉图来接近亚里士多德的科学工具论，那就最好不要对在亚里士多德几乎所有留传下来的文字中都能找到的目的论基本论述进行语言分析式的、现象学或解释学式的转述，而是明确地将目的论引入到分析中来。

论亚里士多德的目的论系统思想

亚里士多德认为，是诸目的和诸善使宇宙和道德—政治世界形成秩序，引导运动的方向，引导人的理性行动。认识它们是所有理论科学的最高目标，他

的方法论也与此相应。与苏格拉底的辩难术和柏拉图的对话式问题处理法不同，亚里士多德形成了一种系统性的论述，直到近代发端时，它一直对所有学科的科学思维方式具有权威性的影响。善的理念，即苏格拉底所寻求的，柏拉图在对话中力图澄清的那个善的理念，在亚里士多德这里被融入各种不同的目的秩序和诸善秩序中，这些秩序是自然界的基础，也规定着城邦中的理性生活。于是，教育、道德和政治不再主要存在于一种由疑难建构的，通过形成问题去探究的秩序中，而是进入一种建立在经验和认识之上的秩序中。

亚里士多德区分了亘古不变的自然的秩序和公民所讨论的道德、教育和政治的秩序。通过商讨而能相互形成理解的那种对象与自然的秩序不同，它们的区别就在于：人商讨的对象不必是其现在的样子，也可以是别样的。他在《尼各马可伦理学》中也说到，没有人会去商讨"不能有其他做法的事情"(Nikomachische Ethik，1139a 14－15)。当流传下来的秩序观念已经显出错误的时候，各种实践性和理论性的学科中总是会出现理解难题，这时就必须寻求其他更好的秩序观念。但自然研究领域的"其他"与政治、道德和教育领域研究的"其他"不是一回事。在自然研究中，内在合目的的、旨在自我存续的自然秩序被视为一种终极原因，它使认识接近真理。亚里士多德认为，自然的秩序是不会改变的。而政治、道德和教育的科学基础不是一个永远相同的秩序中的那些目的和原因，而是一再被重新阐释的那些目标设定、诸善和社会问题，在必要和可能的时候，它们还会继续发展(参见 Spaemann/Löw，1985)。

亚里士多德认为，建立在永恒原因上的合目的性秩序原则对自然科学领域有着根本性的意义，实践学科中跟这一原则相对应的就是由经济、道德、政治和教育的目标设定所确定的、可变的秩序。自然的秩序在理论科学中被视为给定(gegeben)的，而社会秩序在实践科学中则被视为被赋予(aufgegeben)的。亚里士多德认为，自然的秩序和社会的秩序都可以用目的论来解释，二者就是这样连接起来的。正是在这个意义上，他的《物理学》就是在这个涉及理论知识领域和实践知识领域的观点上开始的：

如果一种研究的对象具有本原、原因或元素，那么只有认识了这些本原、原因和元素，才知道或者说了解了这门科学——因为我们只有在认识

> 了它的本因、本原直至元素时，我们才认为了解了这一事物——那么，显然，在对自然的研究中首要的课题也必须是确定其本原。[①]（Aristoteles：Physik，184a 1－7）

亚里士多德关于国家的著作开头是这样的：

> 既然每个国家都是一种共同体，而人所建立的每个共同体都追寻某种善——因为，所有人的一切行为都是为了他们所认为的某种善——那么就很明白了：虽然所有的共同体都追求某种善，但最主要的还是追求那个最高的善，这种善是诸善之中最为崇高者，它包含着其他所有善。这就是所谓国家和国家性质的共同体的目的。（Aristoteles：Politik，1252a 1－7）

《尼各马可伦理学》的开头也非常相似：

> 每种技艺和学说，每种行为和每个决定，都表现出一种对善的追求，因为人把善作为一切事物所追求的目的。然而目的各有不同。一种是活动，一种是活动之外的产品。当特定的目标外在于行为时，其产品自然就比活动更好。（Aristoteles：Nikomachische Ethik，1094a 1－7）

在亚里士多德看来，行为是由于自然的内在目的和诸善的目的而被设计和完成的，自然的内在目的和诸善的目的既是起源（Anfänge），又是原因（Ursachen），还是根据（Gründe）：它是各种对象自身的起源和起因，又是各理论科学和实践科学所认识并用于论证的根据。在对自然的认识和研究中，人们可以从自然的运动和变化中去研究自然的形成，而自然的形成为科学指出了一条从经验（Erfahrung）到根据（Grund）的道路。在道德、教育和政治的世界中，对于单个活动有奠基意义的部分的秩序和整体的秩序，在等级性的诸善

① 译文参见：亚里士多德.物理学[M].张竹明，译.北京：商务印书馆，1982：15.

序列上是可见的，这个序列从由人产生的各种善延伸到各种最高的善；最高的善不是为更高级行为服务的手段，而是它本身就是目的。

亚里士多德不仅将自然世界的运动和发展以及实践世界中的行为及其关联进行了目的论的整理，而且也将一切其他范畴——从现实事物的量、质和关系到其空间和时间——进行了目的论的归纳。空间和时间在亚里士多德那里不是康德意义上的直观形式，而是由目的贯穿的范畴。这一点，接下来将以亚里士多德在物理学、伦理学、政治学和教育学上所论的秩序关系为例来呈现。

亚里士多德的物理学系统思想阐释

亚里士多德物理学的运动理论认为，一切自身进行运动的和在一定时间内发生位移的事物都由运动的目的控制着（参见 Spaemann / Löw，1985，S. 57ff.）。要理解一种运动，必须将目光从对运动的感知和观察转向运动的原因，尤其是转向作为运动目的论根据的目的因。运动中的各个物体是通过诸如质料、形式、关系、地点、时间以及运动的起因和目的等方面相互区分开来的。例如人的胚胎由液体和薄膜组成，它由一名男子而产生，而后存于一名女性体内，女性怀胎十月，然后生产。胎儿的质料、形式、动力因和地点、时间以及目的因是在一种由目的规定的关系中相互关联的。亚里士多德认为，当一个胚胎开始在母体中运动时，它就显示出一种内在于其中的目的了——脱离母亲变成一个人，这个人在母体中就已经开始活动，但直到出生后才凭借自身的动力而活动。亚里士多德从中得出结论：一个运动着的胎儿自身含有一个目的，因而是不可以再被打掉的。要是问亚里士多德试管里的胎儿是不是将会成为一个人，那么他一定会说，一个形成人的合目的的地方不是人造的容器，而是女性的身体，在女性的身体中，人从形成到出生都是由目的引导的。

在亚里士多德那里，合目的的运动、位移、时间尺度和关系到处都存在，如在水里、地上甚至满天星辰的夜空中。因而，年是由月组成的；太阳最高的时候是中午；太阳在四季各有不同的位置，也就有不同的生长功能，而这些功能都是合目的地前后相继的。一年是什么、意味着什么，只有从目的的方面对四季进行区分的人才会了解。花朵变成果实，然后产生种子，再生出植物，长出花朵，产生果实和种子。这就是大地的节律。要想理解这种运动，就必须认识质料与形式、地点和时间以及其关系中的动力因和目的因。

在亚里士多德看来，石头无论是保持静止还是运动，不管是在河里还是在其他地方，总是处于下方，这是因为石头的目的就是放在地上。我们捡起一块石头扔出去，它只要离开了我们的手，就会自然地运动然后落到地上。对于鱼、陆生动物、植物和人的生命来说，要是石头在地面上方或在水中沿水平方向运动，这就是不合目的的，对整个自然界来说，石头在运动中朝下寻找一个安身之地，就是好的、合目的的。

而较轻的物质的运动则完全不同。花粉不向下运动，而是水平地从一株植物运动到另一株植物。这个运动也是由目的引导的，因为花粉是为了植物的自我存续才运动的。而星辰的运动又不同了，星星不像石头那样向下落，而是跟随其目的：照亮宇宙，并用它们的光给人类指明方向。

亚里士多德所推崇的自然目的论的思维方式早先联结了全世界所有被称为科学的研究。这种思维方式同样是古埃及和古希腊科学的基础，中国的中医也是基于这种思维方式。如今，这种思维方式已经被淡忘。我们对鸟的迁徙或鲑鱼回到出生地的现象还是感到惊奇，近代科学对此尚未给出令人满意的解释。所有在因果关系上（kausal）无法解释或者有地方不能得到完全解释的，亚里士多德都解释为是由目的“引起的”（verursacht）。例如，鲑鱼在加拿大弗雷泽河上游产卵，沿着河一直游到入海口，然后横穿整个大洋，以期数年之后回到同一条河的上游，这一切都是由自我存续这个目的引导的。如今，这种目的论的解释有了一种生态学的意义：人们可以任意介入自然的运动周期，例如捕鱼，但是同时要注意不可破坏了鲑鱼的生态系统，否则鲑鱼的生存受到威胁，鲑鱼的捕捞业也就岌岌可危了。

亚里士多德在所有地方都区分了四种原因，即质料因、形式因、动力因和目的因。四者之中，目的因具有一种本体论的和道德方面的显著意义。海德格尔在《关于技术的追问》一文中以祭碗为例解释了这种秩序：祭碗的质料因就是诸如大理石毛块一类的石料，形式因就是将其做成可以装盛祭品的形状，动力因就是石匠凿琢器形的劳作，而目的因则在神职人员的行为中才显露出来。神职人员用祭碗为众神奉上贡品，以求神的保佑，这才赋予它意义。表 1－2 以亚里士多德《物理学》中的例子来解释四因说，这里不止一个例子，而是每种原因举了一个不同的例子，以此彰明亚里士多德四因说的覆盖广度和普遍意义。

表 1-2 亚里士多德的四因说

a）质料因	"矿石"是"塑像的因"
b）形式因	音程关系是"八度音"的因
c）动力因	"父亲"是"因他而生的那个孩子的因"
d）目的因	"健康"是"散步"的因

引自：Aristoteles：Physik，1946

亚里士多德的《物理学》中不止有物理学或生物学的例子，还有伦理学和实践哲学的例子。比如下面这个例子就完全遵循了四因说的解释。亚里士多德将这个例子写在《物理学》中（Aristoteles：Physik，196a－197b），是为了在这件事情上解答这个问题：是否还存在他所总结的四种原因之外的原因？是否在某个事情上存在偶然的和命运注定的事情？

这个例子讲的是，某人去市场买食物，遇到另一个人，这个人之前借给了他钱，一直想找他还钱，不想在菜市场不期而遇。亚里士多德问，这次相遇是出于什么原因而发生的？这里面是不是产生了一个偶然事件（Zufall）？还是说本就存在欠债的人和借钱的人自己并未预料到的天意注定的巧合（schicksalhafte Fügung）？亚里士多德对此的回答是：这场相遇的"原因"是"出发去市场购物的打算"，不是什么偶然事件，因为欠债人也不是去市场碰债主的。但如果债主不是去采购，而是为了要账才找去市场的，而又在那里找到了欠债人，那又怎么解释？即便如此，答案也还是一样，在亚里士多德看来，相遇的原因在于相遇之人的意图，而不在什么偶然或天意注定的巧合中。他由此推论，巧合（Fügung）不属于原因，也不能解释为什么某事会发生；它只不过是一种意料之外的"附属效应"，是某个要做的事情和被视为合目的的事情的"附属效应"。因此，它不可能让人觉得有必要对四种原因的秩序做什么补充和扩展。

> 那些可能是由于巧合而发生的事情的原因肯定是无法确定的。……

> 由于巧合而发生的事情是作为附属效应而出现的，而一种作为附属效应出现的原因就是巧合。只是，在本来的意义上，巧合不是任何事情的原因。例如……，一个人去收到了债，但他并不是为此去的那里……（Aristoteles：Physik，197a）

巧合不是理论知识和实践知识领域里的原因，这个答案不仅有一种认识论的含义，还有一种重要的实践内涵。也就是说，它涉及一种目的论，这种目的论不仅在质料因、形式因、动力因和目的因之间显露出来，而且对于对相互冲突的目的因的评判也至关重要。在上面引述的这个例子中，就涉及两种目的的秩序：去市场是为了要账还是为了采购。

亚里士多德的目的论不仅用于认识自然的秩序，而且用于澄清和评判实践的问题，这也是亚里士多德目的论系统思想的统一性决定的。目的论的基本思想可以区别在市场上合目的地发生的和偶然发生的相遇事件，因而对事件的实践—目的论的分析也有根本性意义。这一思想不仅解释了债主和欠债人在市场上的“偶然”相遇是源于两个相交错的意图的共同作用，还能同时对这些活动的意图进行道德评判。

伦理—道德的判断必须对相遇事件的目的因进行理性的阐发，并且要考虑到，债主和欠债人去市场是为了买食物，为此，他们必然带着钱。这时欠债人碰到债主，这个事件并不是“去市场”的目的之内的事；如果债主和欠债人来市场就是要来“两清”的，那么这个事件就属于“去市场”的目的。从伦理-目的论的角度来看，讨债是一种收回所借出钱财的方法，而这与市场这个买卖食物的地方的目的因并不直接一致。在市场上讨债是完全不符合市场的目的功能的，而且从亚里士多德关于诸善的目的论秩序的学说来看，这是违背目的和违背理性的行为①。

在这之前，亚里士多德在《物理学》中还用了一个例子来解释四因说。因

① 沃尔夫冈·维兰德（Wolfgang Wieland，1992）在他从话语分析的角度对亚里士多德《物理学》的研究中对这个市场的例子进行了阐释，他的阐释忽视了目的因的范畴。他甚至认为，在这里所引的文字中，目的因是后来加进去的，而且没有什么重要意义。这种解释用原文即可驳倒。维兰德可取的意见是，要是没有其他因，就不可能有目的因。而在亚里士多德那里，目的因才是根本，是目的因赋予了其他原因意义。维兰德的这种看法使得他在对市场相遇事件的解读中无法看到亚里士多德在实践哲学作品中提出的实践观点。

为在亚里士多德那里，自然界中的偶然事件也“不是任何事情的原因”。比如，一个鸟蛋从鸟巢中掉落，摔到地上破了，这样它就不能在这个新地点完成它在巢里的目的了。如果我们用四因说来解释这个事件，那么我们会发现，鸟蛋掉出鸟巢无法归结于四因中的任何一种原因。从鸟的生命的目的因来说，鸟蛋在巢中孵化，是为了该物种的延续，让幼鸟出生，而幼鸟又将在未来参与到自己物种的自我存续中。在这一秩序中，鸟蛋掉出鸟巢这个偶然事件既不是预先安排的，又没有根据，也不符合孵化的时间和空间的秩序——对于孵化来说，需要一个适合的地点（鸟巢），还需要一段适合的时间（从下蛋到孵出幼鸟）。鸟蛋掉落的路径和时间都完全不符合孵化的合目的的地点和时间。与此类似，目的因也是这个道理，因为没有什么鸟会为了孵出小鸟而把蛋扔出鸟巢，它们只会在巢中将鸟孵出来。因此，从四因说的视角来看，鸟蛋掉出巢的事件只是一个意料之外的“附属效应”，而这样一种附属效应不是理性的，而是不确定的、无法确定的。

在市场这个例子中蕴藏的和用鸟蛋的掉落来解释的目的论观点即便在今天，仍然在很多方面是可信的。近代科学能用数学解释亚里士多德证明是副产品的那些事情，还能计算出诸如把鸟蛋挤出鸟巢的力的大小、鸟蛋下落至地面的时间；这种计算不用亚里士多德的运动学说所区分的四个原因来论述，四因说是将动力因与孵蛋相联系，却不与下落运动相联系。因此，不看所有从亚里士多德以来的科学已经达到的认识进步的话，亚里士多德对运动和目的原理的解释与那种不看四因对落体运动进行数学计算的解释之间存在的视角差异仍然是有深远而重大的意义的。亚里士多德形容为偶然的、违背目的的附属效应的落体运动，从近代自然法则的角度看却是带着必然性发生的。在近代科学中，空间和时间以及亚里士多德所区分的质料因和形式因不再是范畴了，亚里士多德目的论的各范畴中，只有动力因还存在于近代自然科学的知识中。

亚里士多德伦理学系统思想阐释

在伦理学方面，亚里士多德区分了由特定行为产生的诸善和目的就在行为自身之中的目的，由此阐明了他的目的论系统思想。第一类行为产生的善会被第二类行为继续加工成更高的善，这种更高的善的目的不再处于自身之外，而在自身之内。两种行为类型能构成行为链条，这种行为链条的秩序不是任意的，也不是偶然的。在这个行为链条顶端的行为与一种“至善”相联系，那就是亚里士多德所谓的整个城邦的“幸福”，即“Eudaimonie”。

较低的善和较高的善的秩序不仅确定了由行为链条中不同等级的行为的共同作用，而且也确定了城邦中的三种生活方式的秩序（参见 Aristoteles：Nikomachische Ethik，1095b 13－1096a 11）。这里面最低级的生活方式就是“一般人”的，亚里士多德形容为“奴性的”生活方式，因为这种生活方式就是以快乐原则来生活——这个原则同时也是“动物式的生活”的根本——追求“赚钱”和“财富”。而那些“有品位的人和爱活动的人”的生活方式则比这种要高级一些，他们把“荣誉”和“美德”的生活方式置于“动物式的生活”之上，他们的目标在于参与“公共生活”。在实践的生活方式之上，亚里士多德还有一个最高级的“理论的”或“观察的”生活方式，这是一种有关认识和求真的美德。科学和哲学思考就存在其中，其任务是认识自然界和城邦中的目的论的秩序，并形成诸善和诸目的的一种总体等级。

在这个语境中，亚里士多德反对柏拉图的善的理念的思想。他认为，不仅要区分“自在的善”（Gute an sich）和“为了某事的善”（Guten für etwas），还要把“自身即善的事物同有用的事物区分开”。总之，诸善的秩序不能按照“一种理念”[①]来认识。柏拉图的善的理念被他批判为“一种无内容的形式”，这种形式误认为，它试图要归于一个理念之下的东西，如“荣誉、智慧和快乐……总是每每各不相同的”。因此，“善不是产生于一个单独的型的”。（参见 Aristoteles：Nikomachische Ethik，1096b 13－26）

亚里士多德以这样的推论指出了这三种生活方式的某种不相容性。他将每一种行为都配以特定的善，例如，“健康之于医术”“胜利之于战术”“房屋之于建筑术”等等（Aristoteles：Nikomachische Ethik，1097a 19－21），然后将这些善放入一个等级分明道德秩序之中：从给养和喜悦到美德和谨慎，再到理论的生活。这样一来，他最后就能得出结论：完全的幸福只能在理论的生活方式中

① 德文为“eine Idee”，廖申白先生译为“一个单独的型”（参见：廖申白译《尼各马可伦理学》第 16 页，商务印书馆，2001 年）。——译者注

获得，而实践的生活只能达到"第二等的幸福"（Aristoteles：Nikomachische Ethik，1177a 11－1178a 8）。

下面这个行动链条（见表1－3）用一个例子展示了这种诸目的和诸善的目的论秩序。这个链条不存在于古典文献中，而是来自约瑟夫·德博拉夫（Josef Derbolav），他在课上一直用这个表来解释亚里士多德的思想体系。

表1－3　目的论秩序的行动链条

行动链条	为了某事的善	自 在 的 善
哲学家		知道各种价值和诸善的等级
政治家		创造一种目的在自身之中的正义的和平
统　帅	通晓战术，军团以此能够战胜敌军	
骑　士	掌握马上作战的技能	
马鞍匠	制造马鞍，使马便于骑乘	
养马人	养出强健、跑得快、便于驾驭的马	

要是较低的善被评为较高的善——比如将财富和权力视为自在的善——则亚里士多德将认为这是违反目的论的目的秩序的。这种行为的一个典型例子就是古希腊传说中米达斯王的命运，他触摸过的所有东西都会变成金子。这种能力在今天的资本时代是受欢迎的，在古希腊却被视为使灵魂误入歧途的行为。被米达斯王触碰过的美食、美酒或美女，都变成了金子，不再能够为其享用，所以有教养的希腊人不是赞叹他，而是可怜他。

当然，亚里士多德是知道的，自身为目的的善和工具性的善不是泾渭分明的，而是可以有交集的——而且不必非得有一个善遭受损害。比如，他把友谊按照三种生活方式进行了划分，分出了快乐的友谊、实利的友谊和美德的友谊，这三种友谊既可分属不同的生活方式，又偶尔在相同的人之间出现（Aristoteles：Nikomachische Ethik，1155a－1172a）。美德的友谊在他看来是最有价值的，因为这种友谊只产生于平等的自由民之间，而且它的目的就在其自身之中，不在于某种短暂的快乐或眼前的利益。美德的友谊是由朋友间相互的善意（Wohlwollen）决定的，这种善意使朋友得以不考虑快乐和利益而彼此联系在一起。但超越这个层面的对陌生人或对以其他方式生活的人的善意,亚里士多德还没有认识到。

亚里士多德政治学思想阐释

亚里士多德区分了在友谊、家庭中的个人生活方式和在国家、社会中的公共生活方式,他将前者放在其伦理学著作中,将后者放在关于国家的论著中。关于从这些思想向教育学过渡的论述,则在《尼各马可伦理学》和《政治学》中都有。这些论述表明,亚里士多德不仅区分了个人的、与家庭和友谊相关的存在形式和政治的存在形式,而且区分了私人的或家庭的教育和有待建立的公共教育。在他看来,道德、政治和教育共同的关键都在于城邦。城邦包含了所有的生活方式,并让每个人获得自己的位置,在城邦中,教育、道德和政治并存,互为基础、相互协作。

亚里士多德在他的《政治学》开篇就阐释了这样一个问题:是否所有国家都有一个相同的结构?是否在"共和国"(Freistaat)和"王国"(Königreich)之间存在根本性的区别?在解答这个问题时,亚里士多德再次运用了他的《物理学》中的基本方法。

> 恰好像在其他学术方面一样,应该分析一个组合物为非组合的单纯元素(这就得把它分析到无可再分析的最小分子),我们在政治学的研究中,也要分析出每一城邦所由组成的各个要素而一一考察。由于这种分析,我们就能比较清楚地阐明上述各社会团体及其任务之间的差异,并由此辨明,对于上述题旨,是否可以得出一些有条理的论断。(Aristoteles: Politik, 1252a 18 – 24)①

他通过男和女、自由民和奴隶、成年人和孩子这几种二元关系以及通过对家庭、村庄和城市国家的不同集体形式的区分来描述国家的组成部分。从这几对二元关系来说,第一对涉及繁殖功能,第二对涉及对带着自由天性的人和

① 译文参见:亚里士多德.政治学[M].吴寿彭,译.北京:商务印书馆,1965:4.

带着奴隶天性的人的区分，第三对涉及管理和被管理的区别，最后一对涉及互为基础的、互有交集的共同体生活方式。在这些区分的基础上，亚里士多德给出了答案："共和国"和"王国"的区别在于，在王国中只有一个自由人——王，而其他人都是奴隶；在共和国中则有天生的自由民和天生的奴隶的区分，而且自由民在法律面前一律平等，奴隶则是那些在战争中不保卫自由，而仅仅把生存看得比死亡更重的人。

接下来，亚里士多德阐释了一种理性的政治秩序不能像区分自由民和奴隶那样区分男女：

> 女人和奴隶天然有别。……可是，在野蛮民族中，女人处于和奴隶相同的地位——实际上那里并没有真正够得上主治的人物，男女结合只是一个女奴配上了另一个男奴而已。(Aristoteles：Politik，1252b 1－7)①

在自由民的共同体中，男人和女人互相承认对方是自由民并生育孩子，且这些孩子也是自由民，那么这种共同体就是亚里士多德所说的家庭。许多家庭组成村落，许多村落最后组成城市。与此相对应，他将法律分为婚姻法、父母法、自由民对奴隶的法权和国家法。但共和国的目的是《伦理学》中确定的最高的善"幸福"。

就个人而言，亚里士多德认为，没人属于自己，所有人都属于共同体。国家不可出于自己的意志而介入个人的家庭和交友，而必须将其职权集中于所有公民公共的、共同的事务上。如果国家是唯一的共同体形式，那么它也就会作为一种特殊的、最高的结群形式而消解(参见 Aristoteles：Politik，1261a 18－23)。

亚里士多德意识到了什么会对古希腊城邦文化的继续存在带来危害。他在其实利学说(Chrestomathie)中提出了可能使城邦没落的原因。当利益不服务于好的生活，而经济和政治行动将利益的增长提升为原则时，当一个城市试图不断扩大其权力和影响范围时，这个城市就违反了目的，违反了共同的善。

---

① 译文参见：亚里士多德.政治学[M].吴寿彭，译.北京：商务印书馆，1965：5.

如果这个城市追求政治统治地位，那么它只能使其他城市屈服，让奴隶的数量超过合理的程度，并以此破坏掉自己的和其他共和国的秩序，才能达到目的。

权力增长和版图扩张在亚里士多德看来不会带来好的生活，而会导致共和国的衰落和毁灭，这是古希腊共和国的秩序系统的界限。而古希腊的诸共和国的历史悲剧就在于，它们在无数的战争中互相将其公民拖入奴隶的行列，直到亚历山大大帝建立的东抵印度的大帝国才迎来较为长久的和平，从而使有秩序的公民生活得以持续发展。

亚里士多德认为，共和国应该高度重视教育。王国着重在教育未来执政者的方面看教育问题，而共和国则有赖于一种人和公民的公共教育。不过，对每一种政治秩序普遍有效的是：

> 立法者首先要考虑的是青少年的教育，这一点毋庸置疑。因为如果国家不这样做，其政体必将受损，而国家的治理必与其当时的政体相一致。这种政体的性质会维护政体，就像这种性质最初使这种政体诞生那样，使其存续。民主性质之于民主制，寡头性质之于寡头政治，皆是此理。而更好的性质永远是一种更好政体的原因。（Aristoteles：Politik，1337a 7－18）

在《政治学》中，亚里士多德区分了不同的政体：一种政体旨在追求好的生活和“共同利益”，将国家设立为“自由人的共同体”；另一种政体只迎合统治者的好处和利益（Aristoteles：Politik，1279a 17－21）。在亚里士多德看来，君主政体、贵族政体、共和政体（由自由且有理性的人进行统治）是好的政体，而与这三者对应的错误形式，即独裁政体、寡头政体和平民政体是坏的政体。亚里士多德不是仅从国家政体上推导出教育的秩序，他同时也在平民政体和共和政体方面对教育的法则做了这样的细化：在这些政治制度下，教育的功能不止于存续国家，还具有一种塑造性的、参与建立国家秩序的功能：

> 因为每个国家共同体都是由统治者和被统治者组成的，所以就产生了这样一个问题：统治者和被统治者是必须终身有别，还是必须集于一身？

> 因为教育显然是依据这个问题的答案来开展的。（Aristoteles：Politik，1332b 11－15）

对国家政体问题的政治性答案在这里却牵扯到教育。统治和被统治的交替仅仅因为人的德性就不可避免，这种交替不仅可以在政治上是合法的，而且必须在教育上是合法的。亚里士多德认为，一方面，统治者和被统治者从某种角度来看是同一群人，因为统治者死后由被统治者接替其职位；另一方面，二者又必须区别开，因为统治和被统治不是一样的，二者呈现出人不同的存在方式。为什么对统治者与被统治者之间关系的政治问题作出这种回答？亚里士多德综合各种政体而又不依赖于各种政体，以此在教育代际关系中找到了一个有自然目的论色彩的原因，这个原因不仅限制了而且预先决定了各种不同模式之间的选择：

> 自然所作青壮和老人的分别恰正符合政体中统治者和被统治者的分别。青年们都不会妄自认为才德胜于前辈而不甘受人治理；他们如果明知自己达到适当年岁就要接替统治的职司，就更加不必怨望了。（Aristoteles：Politik，1332 b 36－42）[①]

如果要问，亚里士多德到底让政治去统治谁，那么他的回答是，成年人统治自己和下一代。柏拉图谈的那种疑难的、形成问题的、反思的理论和目光转向技艺的实践，到亚里士多德这里已经演变为一种虽然还跟成年人的教化过程有关，但已经更注重对后代的教育的目的论的、科学的分支学科和行动形式了。

对亚里士多德教育学系统思考的阐发

在目的王国中，亚里士多德如何给教育定位？在科学体系中，又如何给教育学这门科学的学科定位？他是把教育看作达到更高目的的手段呢，还是看

① 译文参见：亚里士多德.政治学[M].吴寿彭，译.北京：商务印书馆，1965：386－387.

作自身即目的的自在的善呢?

对于那些属于最低级生活方式的人、奴隶和那些天生就不适合过道德的生活的人,亚里士多德是不主张给他们什么教育的。他在《尼各马可伦理学》中向教育学过渡的那些段落里说到,多数人"不喜欢节制和忍耐的生活",他们"只知恐惧而不顾及荣誉"。因而,这些"天资较低"的人必须受到"戒律和惩罚"的强制,去劳动和生产有用的物品,只有这样,才能让那些有着高贵的、理论的天性的人免于去做那些不合适他们做的苦力(Aristoteles: Nikomachische Ethik, 1179b 21 - 36)。

有德公民和注定要过理论型生活的人的教育,被亚里士多德分为两种:一种是培养习惯(gewöhnende)的教育,另一种是指导(unterweisende)的教育,指导的教育一部分与培养习惯同时进行,另一部分在培养习惯之后开展。让下一代适应城邦的道德和法制之所以在理论学科和实践学科的教导之前,是因为教学只可能对那些在现实生活中已经培养起良好习惯并固定了一种生活方式的人有教益,且这种固定了的生活方式不是以快乐为原则,而是由"自我节制"决定的。亚里士多德对那些中等和高等生活方式的人开发的共同学校课程规定,"青少年在那些有用的东西里(只)学必要的内容"。需要注意的是,学生不能被教育成"庸俗的人"或"平庸的技工",在学校里也不能被当作"日工"或"奴隶"那样对待,而是要学习读、写、算、画的基本技能,并接受体操训练和特定形式的音乐教育,这些科目都是有助于过一种静思的生活的[Politik. Achtes Buch(《政治学》第八卷)]。像物理学、形而上学、哲学和历史、伦理学和政治学这样的科目,则不属于亚里士多德的学校课程,这些课是那些过最高级生活方式的人在大一些的年龄才能在学园(Akademie)里学习的。为什么伦理学和政治学不在学校课程里?亚里士多德在《尼各马可伦理学》开始的一个段落里解释道:"每个人都是只在他所熟悉的事务中才能作出正确的判断。"因而少年不适合"听政治学",因为他们"缺乏实际生活的经验",而这正是"所有政治智慧的对象和前提"(Aristoteles: Nikomachische Ethik, 1095a 1 - 11)。

尽管低级生活方式和中、高级生活方式之间的界限是明显的,但要准确划分两种较高级的生活方式是很难的。两者都要依靠一种培养遵守道德和法律的习惯的教育。这里面尚不包括对自然秩序和政治秩序的目的因的深入研究，但这种深入研究应该是第二种和第三种生活方式中审慎的生活根本上所必要的。可是，从天性来说，并不是所有自由公民都能够达到这个层次。所以，亚里士多德主张通过惩戒来进行培养习惯的教育，但同时又指出，审慎的实践判断要求一种超越于习惯的对伦理科学和政治科学的深入研究，但这并不是所有过第二种生活方式的人都可以做到的。

在《形而上学》开头，亚里士多德区分了第二种生活方式里的那种“仅凭经验的人”和过着第三种生活方式的“知其所以然者”（Wissenden）[①]。他说，仅有经验的人在行动上并不落后于知其所以然者，甚至在像医疗这样的事业中显得更有能力，更能正确地识别具体病例，对症下药。而过第三种生活的人从更高的层面观察事物，进而获得一种相对于仅有经验的、仅止于习惯于道德行为的人更高的见解，因为有经验的、习惯好的人仅仅知道“是什么”，而不知道“为什么”，而知其所以然者和进入了理论的生活方式的人则在此基础上还知道原因，并能够区分各种原因，因为他们认识到了目的因的意义：

> 知其所以然者和不知其所以然者的一个根本标志就在于，是否能进行教授，因而我们认为技艺比经验更是科学，因为技艺专家能教人，而仅凭经验的人不能。（Aristoteles：Metaphysik，981b 5－10）。

亚里士多德认为，只有那些对要教的东西有概念的人才能在理论意义上教别人。教师必须认识原因的根据和秩序，因为原因的根据和秩序方能使一种理论性地表述的思想有可能得以系统结构化。因此，对过最高层次生活的城邦成员的教育不仅要超越学校教学，而且要超越一种仅仅培养习惯的教育。这种教育在实践-美德的生活中尚不适合，而在第三种生活方式的“智性”（dianoetisch）美德中才有用武之地。

除了教育的内在秩序之外，亚里士多德还为了合目的地开展教育作出了某些规定（参见 Aristoteles：Politik，1334b 29－1336a 2，1337a 10－27），其中涉

① 德文“Wissende”意为“知道的人”，吴寿彭先生译为“知其所以然者”。参见：亚里士多德.形而上学[M].吴寿彭，译.北京：商务印书馆，1995：3.

及男女婚恋、结婚年龄、生育问题和对违背道德和法律的行为的惩罚。例如：

> 女性在身体和精神发展到18岁左右时，与男人大约37岁或更小些时相合，那时适合结婚；
>
> 当面临人口压力时——比如经过了长期的和平年代——较低的出生率是合目的的，应该提倡，而在战后则反之；
>
> 只要在孩子尚未在母亲体内自己运动，堕胎就适用于控制人口，但在面临人口不足的危险时，堕胎必受惩罚；
>
> 原则上说，只要孩子通过自身运动表现出其内在的目的性，就不允许再堕胎；
>
> 如果孩子是先天畸形的，则应该生下来就立即处死，因为这样的孩子无益于城邦的目的；
>
> 与整个国家的目的有关的事情，不应在家庭中私相授受，而应该在公共学校中共同传习。

教育的秩序也包括对“夫妻生活”的规定以及因婚姻破裂要受到的惩罚。年龄达到54岁或55岁的男人应该“放弃生养为公众所承认的孩子”，而“夫妻生活”从此只是“为了健康或因为某个理性的原因”。在“生育年龄”内发生婚外情的，要受到“剥夺公民荣誉权”的惩罚；如果婚外情没有导致怀孕，则可免于惩罚。

第二章

近现代米兰多拉、卢梭、康德关于教育、道德和政治的讨论选辑

我们现在来看近代开端和欧洲启蒙运动时期教育、道德和政治的关系有什么样的新变化。亚里士多德认为他已经看清诸善、诸目的的正确秩序了，已经在他的思想里为道德教育建立了以培养习惯为基础的美德教育学——这种美德教育区分了城邦的中级和高级生活方式的实践美德和智性的美德。而这时新的思想发展出了良知形成（Gewissensbildung）的设想，这种设想更多的是承接苏格拉底和柏拉图的思想，而不是依照一种积极的美德观念来指导良知。它强调的是，美德不是教出来的，而是在自我负责的行动中产生出来的，因此，良知的形成必在美德之前，而良知的形成和发展并不是靠培养习惯来把控的，而是建立在判断形成（Urteilsbildung）的基础上。有两个原因使得我们至今还觉得，一种判断性良知的培养无论在反思的方面还是在建构的方面，都优于一种培养习惯的、随后也能进行反思的美德教育。一方面，良知不一定联系到美德，而美德却很大程度上取决于良知；另一方面，良知的形成很早就可以得到教育（Erziehung）的支持，而美德却在相对较迟的生活中才会产生。

良知不是可教的，也不是可灌输的，良知充其量只会进行自我纠正。在接下来的两章中我们会看到，在苏格拉底的“精灵”言论、康德的良知概念、赫尔巴特和施莱尔马赫的消极道德性概念中，良知都被赋予了一种“消极审查”的角色，而并不包含一种对善的积极知识。良知的培养甚至有这样一个前提，正在形成中的良知并非就是有德之人的良知。就像赫尔巴特所写的，青少年无法通过教育达到品行端正，而必须为了防止形成坏的或恶的性格，偶尔甚至保持“有益的无性格”状态。狭隘的美德教育能从培养习惯开始，良知培养不从培养习惯出发，如果要说是培养习惯，那么除非将这种习惯培养理解为一种特殊的代际讨论意义上的消极的习惯培养——也就是那种在教育上在较早的阶段即可开展的代际讨论，它讨论的是鉴于恶的经验而要去追寻的善。我们能在对恶的认识中寻求善，又必须在对完全的善的无知中寻求善，这种观点在古希腊传说中已经出现。在近代和现代，由于其代际关系方面的讨论，这种观点显得更加尖锐和犀利,从而使得良知培养的纲领亟待形成,而使美德教育的纲领变得越来越有问题。

这样我们就触及了一些与苏格拉底、柏拉图的联系相比跟亚里士多德的联系更紧密的问题。因此,在这一章开头介绍关于教育、道德和政治的一些近现代讨论时,我们先着重展示古希腊教育理论中的分歧,从这里再过渡到皮克·德拉·米兰多拉(Pico della Mirandola)对消极道德性的教化意义的重新发现。

一、古希腊教育理论中的分歧和消极道德性的重新发现

前一章讲到,所有文献里讨论的都是成年人的积极道德性与消极道德性的关系,但没有说到未成年人教育中的这些关系。只有苏格拉底所说的那个消极的、劝诫他不要有某些想法和行为的那种"精灵",是可以追溯到他的童年时代的。

从这些文献讲到的关于未成年人道德教育的内容来看,未成年人道德教育既没有借鉴苏格拉底的"精灵"的理论,也没有参考厄毗米修斯、普罗米修斯和宙斯装备人的神话中所指的缺乏天赋-可塑的人之天性,也没有按照柏拉图在"洞喻"中定义为目光转向技艺的教育来进行,而是按柏拉图在《普罗泰戈拉篇》中用普罗泰戈拉的话描述的雅典人的那种实践来进行的——将善与恶、有礼与无礼、高尚和低俗、虔敬与不信神进行镜像对称式的划分并进行对照,以此方式及早地教育、告诫和惩罚未成年人。亚里士多德在试图论证一种培养习惯的教育时,正是承接这种实践来写的,而不是承接对教育理念的辩难式的阐述来写的。他所论证的这种教育应由成年人用管理式的教育活动来操作,由未成年人将其作为道德方面的社会化(Sozialisation)而全盘接受。

亚里士多德谈到,美德的形成取决于个体的天性,取决于个人对道德的适应,还取决于人对诸善和诸目的的目的论等级关系的认识能力(而只有少数人能够有这个能力)。当他这样谈的时候,他其实在很多层面上都没有说到神话中的教化(Bildung)和柏拉图的教育(Paideia)的内涵。亚里士多德讲的天性已经不是厄毗米修斯、普罗米修斯和宙斯那种缺乏天赋的、可塑的天性,而是从他用目的论来分析的城邦的三种生活方式推导出来的天性。亚里士多德总是将"惊奇"及其自身的消极性——某事不符合预期——作为思想和科学的出

发点；但是，人从其天性来说就是应该完全按照他所设计的目的论的城邦统治秩序那样被区别，他对这一点却从不表示“惊奇”；因为若非如此，他就不得不对“有生而为奴的人”这个预设产生怀疑，而由这种城邦秩序所定义的奴隶也就必须被赋予一种缺乏天赋-可塑的天性了。

他对培养习惯式的教育的鼓吹也比柏拉图的教育理念落后。在柏拉图的“洞喻”中，穴居人应该像那个获得自由的人的尝试所证实的那样，摆脱捆绑，改变习惯，将目光转向善的理念——而善并不就是习惯的基础，而是只有在他们以自己的习惯获得的消极经验上才看得出来。即使有人认为，柏拉图对城邦中各种地位的划分与亚里士多德对三种生活方式的划分在很大程度上相一致，我们也可以确定，柏拉图在论述哲学家阶层的教育和教化时，是将目光的转向视为可能和必要的，而目光转向在亚里士多德的教育设想中却没有出现：因为过第二种生活的人应该通过培养习惯和接受惩罚来受教育，而过最高级生活的人在追溯现有秩序的目的论根据时已经达到自己的使命了。

这里就体现出亚里士多德目的论及建立在其基础上的三种生活方式的秩序体系的局限了。亚里士多德好像不知道，他的“奴隶天性”概念是由意识形态和目的论提供根据的，而恰恰不是以天性为根据的。在亚里士多德的体系内，古希腊神话中含有的、柏拉图在理论上强调的那种普遍的缺乏天赋-可塑的人性没有再出现。教育学、伦理学和政治学作为形成问题的反思性学科在亚里士多德那里变成积极的目的论的科学。

但回过头来看，只要带着问题意识去看待亚里士多德建立的目的论思维方式，并且不在一种自然主义的错误结论的意义上去看待它，我们还是可以给这种思维方式赋予一种现实意义的。这里的根据不在亚里士多德那里，而在于柏拉图关于目光转向的技艺的学说中。柏拉图承接着苏格拉底，以这种理论设计了他的教化设想，这种设想不是在一种确定的范式上定型的，从而可以发展出远远超越亚里士多德教育设想的各种教育纲领。我们现在回看，或许可以把柏拉图称为一位早期教育理论家和教化理论家，他建立了一种对神话中已经存在的洞见进行解释的实用形式，但并不要求形成一种系统。而亚里士多德则可以算是第一位建立系统的思想家，他开创了一种研究范式，并将其用于所有已知的经验领域和对世界进行科学解释的领域，同时也以这种方式在范式上将目光转向的运用范围具体化，并以一种不利于教化的方式将其窄化。因而，他创立的目的论范式的意义在今天不能再以亚里士多德的方式去论证，而只能在与其他范式的比较中显现出来，这种比较能让人看到，不同的范式是如何在方法和系统上将目光转向的运用范围专门化和局限化的。

对未成年人的教育和与此不同的城邦中最高地位的成年人的教化的区别，对消极经验的生产性意义的忽视，都可以追溯到亚里士多德。他的目的论范式为一种曾经风靡世界的科学形式提供了根据，而这种科学的问题设置直至今日也无法转化为近代科学。

伽达默尔（Hans-Georg Gadamer）曾经说过，亚里士多德曾尝试将学习、知识和教授能力这些概念建立在一个广阔的本体论-目的论的秩序结构中。从经验到所要认识的事物所基于的秩序这个上升过程，就是亚里士多德所理解的学习，通过这样的理解，他建立了一个体系，这个体系是从那些已经知道这个秩序或相信能知道这个秩序的人的角度来提出观点的，而不是从那些尚未认识秩序和尚在寻找秩序的人的经验的观点出发的。既然亚里士多德是从那些自以为已经获得有效知识的人的视角来解释学习和经验的，那么人类经验的过程在他这里“显然是不清楚的”，因为对于这个过程而言，亚里士多德强加的前提恰好是不重要的（Gadamer, 1975, S. 333）：

> 亚里士多德对经验感兴趣的，只是经验对建立概念的贡献。如果我们就这样从经验的结果来观察经验，那么经验原本的过程就被忽略了。这个过程也就是一种本质上消极的东西。但这个过程不能被简单地描写为典型普遍性的不间断的形成。这种典型普遍性毋宁说是这样形成的：错误的普遍化被经验反驳，被认为典型的事物同时变得不典型了。这从语言上就可以看出来：我们说到经验，总是有两层意思，一是说，经验是我们所期待的，它证实我们的期待；二是说我们所获得的经验。而后者，即本来意义上的经验，总是消极的。（Gadamer, 1975, S. 335f.）

那么，伽达默尔反对亚里士多德而说到的应当重新获得用武之地的消极经验的生产性在哪里？伽达默尔的答案是，消极经验总是将经历它的人引向一种“确定的否定”（bestimmten Negation）。这个答案在君特·布克关于“学习和经验”的研究中同样出现了，但这个答案最终是没有说服力的。因为这种由经验的消极性得来的否定，仅仅对那些已经意识到答案的人是确定的；学习者和寻求答案的人并不在这种情况中。他们遭受一种消极经验，这令他们感到失望，于是他们处在问题和答案之间，在这种情况中，原来确信的事情变得有问题了，但答案还未找到。

柏拉图在“洞喻”中描写过这种存在于不确定的否定和确定的否定之间的缝隙，他没有用确定的否定去弥合这个缝隙。要了解这种缝隙，就要了解教育技艺的恰当概念的先决条件，这种教育技艺不仅要能完成目光转向，还要能支持别人也进行目光转向。谁要是反其道而行之，试图从已经解决的疑难和确定的答案来建构教-学的过程，就会将柏拉图“洞喻”里那种“将所见灌入盲的眼睛里”的失败尝试提升为积极的做法。亚里士多德在关于国家的那部著作中就建立了这样一个纲领，这里面，柏拉图教育思想中的消极经验再没出现过。对它的重新发现要归功于近代的理论家，比如米兰多拉、卢梭和康德。

二、古希腊神话的近代转化和米兰多拉的教化理念①

皮克·德拉·米兰多拉（Pico della Mirandola）生活在1463—1494年。他是第一个阅读犹太古典文献原文的基督教学者。他的名作《论人的尊严》出版于1496年。

米兰多拉像
藏于铜版画图书馆
（Bibliotheca Chalcographica）

米兰多拉不仅熟读古希腊、古罗马的文献，而且熟悉犹太古典文献。他在各种古典传统间建立了联系，并进行了近代的阐释，因此被怀疑为异端邪说之人。他在各种论题中都试图说明，所有重要的哲学和

① 原文标题为 Die neuzeitliche Transformation des antiken Mythos und die Idee der Bildung in Pico della Mirandolas Abhandlung “Über die Würde des Menschen”。——译者注

宗教学说及智慧都汇集在基督教里。他的900个论题中的13个论题——有几个可能还是合理的——被教皇依诺增爵八世设立的委员会判定为异端邪说,1487年教皇下令惩罚他,但这次惩罚他可以借贵族的权势来避免。米兰多拉死前一年,依诺增爵八世的继任者,教皇亚历山大六世就任,又开始迫害他。他的名著《论人的尊严》于他死后的1496年出版。这本书原本是他为自己被污蔑为异端而写的辩护词的序言。

在米兰多拉的著作中,古希腊的思想仍然存在,但同时也发生了很大的转型。在《论人的尊严》开头(Pico della Mirandola, 1496/ 1997, S. 5-7),他写道,他研读了古代文献,针对"为什么人比一切奇迹都更有价值"这个问题找到了各种答案。像"人是万物的中心"、人是永恒和过去之间的"中间环节"这样的论点并不能使他信服,因为这些言论中没说到人的"关键的优越性"。最后他说,"人的奇迹"其实是在于,当"最高的天父和造物神""让天上的东西有了灵魂,用不死的灵魂让天上的东西苏醒,用一大堆各种生物填满肮脏的、不纯净的下界"之后,为了完成他的杰作,他创造了人。这个"最好的工匠"当时的想法是,在这个已经"满了"的宇宙中,把人创造成"没有异常特征"的形象,这个形象"什么都有一点"。米兰多拉自己在科学研究中发现的答案,他让基督教的造物神来呈现,于是有了下面这段造物神对人说的话:

> 我没有赋予你特定的位置,没有赋予你特定的外表和任何特殊禀赋([厄毗米修斯式的天赋)][①],亚当,这样你就能按照你自己的意愿和决心去获得和拥有你想要的位置、外表和所有禀赋[(近代的人)]。其他造物确定的天性都是由我原先制定的法则决定的。你将不受任何限制,按照我留给你自己的自由的意愿,决定你的本性。我把你放在世界的中心,让你更方便环视四周,观察世界。你既不是天国的,也不是俗世的,既不是会死的,也不是不朽的,这样你就能像一个铸工和雕塑家那样,随着你的意愿,根据自己的力量来塑造自己喜欢的形象。你可以向下变成动物一样的,也可以根据自己的意愿重生,向上变成神圣的。(Pico della Mirandola:

① [()]中的文字皆来自本书作者,且涉及接下来的解释。

Über die Würde des Menschen, S. 9f.)

上文的第一句有两层意思,第一层意思既不是源于犹太教,也不是源于基督教,而是来自希腊神话;第二层意思则表达出文艺复兴时期人们的生命体验,这种生活感悟是古希腊人所没有的。造物神没有赋予人确定的位置,没有赋予人确定的外表,也没有赋予人特殊禀赋,这反映的都是赫西奥德的神谱里所说的那种厄毗米修斯式的缺乏天赋-可塑的天性。在古希腊人看来,人必须劳动,必须有羞耻心和正义感,必须建立共同体;而米兰多拉对人的未完成性和天赋缺失所作的解释,则远远超越了古希腊人对人的天性的解释。米兰多拉让犹太教-基督教的神对亚当说,人的这种缺乏天赋的可塑性的目的正在于,人应该按照自己的意愿和决心去憧憬、创造,然后占有自己在世界的地位以及自己的外表和禀赋。

这里不仅讲到了近代人的生命体验,还讲到了他们对上帝的观念。这样对亚当说话的上帝把自己的力量限制在了其创造自然界时所颁定的法则中,而近代人已经开始破解这套法则了。在赫西奥德神谱中无可比拟的动物的天性,在米兰多拉这里变成"其他造物确定的天性"。于是人相对于这些造物就不再是缺乏天赋-可塑的存在者(必须自己发明技术、道德和法律),而是"不受任何限制"地存在的、按照自己的"自由意愿"来确定自己本性的存在者。

古希腊人的无禀赋的可塑性在近代已经变成近代人自由造就自己本性的可塑性,近代人站在所有目的论-宇宙论的世界秩序之外,已经能够借助近代计算性的科学来认识自然规律,征服世界。近代的世界概念不同于古希腊时代的宇宙之处在于,无禀赋-可塑的人面对宇宙不再是"akosmeton",不再是无能的,而是成为主观的世界中心。米兰多拉借上帝之口对亚当说的话"我把你放在世界的中心,让你更方便环视四周,观察世界"可以这样理解,每个人都是一个世界中心,教化就是人和世界之间自由的交互作用。

米兰多拉所讲的人,不再是古希腊时代那种属于定型的城邦秩序的人,而是近代的人,近代人虽然与古希腊的人有共同点,但是已经脱离亚里士多德的宇宙目的秩序,而且必须自己建立人类的知识、教育、道德和社会的秩序。

近代人:

- 跟古希腊的厄毗米修斯式的人一样缺乏禀赋,他们的确定性和使命不是由自然天性中来的；

- 并不是在现有城邦中找到其确定性和使命的，而是在整个世界中形成其确定性，寻求其使命的；
- 以一种自由的、改造世界的意愿来面对世界；
- 站在世界的中央，在与世界的交互作用中形成其本性，塑造其形象，生成其确定性，获得其使命；
- 不只是世界的塑造者，而且是自己的改造者和塑造者；
- 存在于双重可能性中：向下退变为动物，向上在神性中重生。

近代人是厄毗米修斯式的缺乏禀赋、需要学习的人，但并没有从神那里获得普罗米修斯式的技术，而是将自己升级为自然法则的颁定者和自然的立法者。在某些拉丁概念的内涵变迁上我们可以看出这一点，而这些概念在当今世界的许多语言中都是有相关词汇的（见表 2－1）。

表 2－1　主体与客体的意义对比

概　念	古 希 腊 意 义	近　代　意　义
主体（subjectum）	臣服者：人服从于自然法则	主动的主体：人征服世界，从而统治世界
客体（objectum）	面对者：人面对的世界在其给定的秩序中是一个完成的世界	被统治的对象：世界变成一个被人用技术和科学统治、征服了的世界

这种变迁的结果影响深远。对人而言，再也没有预先确定的，建立在永恒目的之上的秩序了。人不再生活在目的论秩序的宇宙中，而是必须自己设立自己在世界中的位置，并确定和保障这个位置。

古希腊时期服从于自然规律的人，在近代变成借助新科学统治世界的人。古希腊时期的科学不适合用来统治世界，它模拟一种假定的目的结构，增强自然的自愈力，而且尚不能借助机器来改造自然。近代科学则不再用目的论来思考，而是用因果关系的逻辑来考虑问题。近代科学使人得以制造机器，通过使用机器来使工作科学化。近代科学把亚里士多德曾经视为有助于生产合目的的物品的动力因完全提升为核心的原因。形式和质料、质和量、空间与时间现在不再是合目的的规则体系的范畴和尺度了，而是对世界进行因果规律阐释和统治的辅助性尺度。亚里士多德认为,一切运动的物体都是在自己的相对时间的运动中寻找其合目的的地点,因而只有从其目的因才能恰当地认识其运动;近代科学将所有自然界的运动和过程都归结于规律,在这种规律中,时间和空间不再是跟目的有关的尺度,而是一种无限可分的、空无一物的数学上的空间以及一种可以随意分割的数学上的时间。质料和形式在这种规律中的意义跟目的、动机和目标一样,没什么价值。伽利略提出的自由落体定律中就没有出现亚里士多德理论中的任何一个范畴。近代的科学和技术无限提高着人对客体化了的那些过程的掌控力。近代科技知识带来了力量,同时,人们检验着科技知识是否确实能带来力量,并将那些不可控的偶然因素排除出去。

这样的科学认识和社会发展不再认同宇宙和人类实践的总体目的论,在这种情况下,人们如何看待教育、道德和政治之间的关系呢?近代思想的成果会涉及代际关系,但米兰多拉还没详尽地论述代际关系,因为他的《论人的尊严》主要讲的是成年人,尚未涉及未成年人。如果孩子也被赋予了自主和自我创造的尊严,并且新生儿也由于其未被规定的未来而从那种他们直至现代发端前一直所处的不自主的关系中解脱出来,又会发生什么?

三、从古典目的论思想到卢梭的批判①

让·雅克·卢梭(Jean Jacques Rousseau,1712—1778)于1762年出版了其代表作《社会契约论》《爱弥儿》。这两部作品曾经被禁,他也一度被通缉。当时普鲁士飞地纳沙泰尔(Neuchâtel)把他当难民保护了起来。此后他就免于国家和天主教教会的追捕。右图是41岁的卢梭,那时他因1750年的论文《论科学与艺术的复兴是否有助于敦风化俗》而名声大震。

让·雅克·卢梭
莫里斯·昆廷·德拉图(Maurice Quentin de La Tour)的彩色粉笔画,作于1753年
藏于日内瓦艺术与历史博物馆

卢梭生活在法国的"旧制度"(Ancien Régime)时

① 原文标题为 Die Transformationen des teleologischen Ordnungsdenkens der Antike in Rousseaus Kritiken der Ökonomie, der Politik, der Erziehung und der Moral。——译者注

期，那是封建集权专制统治秩序的时代，人按出身分为天主教教士、贵族和第三等级（如不自由的农民、商贩和从事自由职业的公民），其中只有教士和贵族能在极权的皇帝治下行使领导职能。当法国大革命摧毁这个制度的时候，卢梭已经去世十多年。他预感到革命将会发生，但在作品中并没有提出革命。革命者将他视为思想先锋，掘出了他的遗骨放到巴黎先贤祠的木棺里，棺材板上雕刻着一些未开化的自然人，他们守护着卢梭，而卢梭通过头边打开的一条门缝将革命火炬传给革命者。

卢梭对人和历史的观察视角显示出与米兰多拉的《论人的尊严》的连接点，但又与之大不相同。米兰多拉提出了近代人的觉醒——人统治整个世界，并开始意识到自己是独特的个体，卢梭对此又加进了对进步的两面性的经验以及对现代人的分裂状态的意识。

因此，弗里德里希·尼采（Friedrich Nietzsche）称卢梭是第一个现代人。我们首先来看他提出的人的"可臻完善性"（perfectibilité）的概念，然后讲他对不同的公民概念的区分，以及对人-公民-问题的论述。接着我们介绍四个答案，卢梭试图用这四个答案在经济、政治、教育和道德上为人与公民之间尚未达成的和解理出余地，并尝试重新整理教育、道德和政治之间的关系。

卢梭关于人的"可臻完善性"和人-公民-问题的观点

卢梭因其"第一论"而一夜走红。他在1750年就第戎科学院（Universite de Dijon）征文讨论的主题"文艺复兴以来的艺术和科学进步是否促进了敦风化俗"明确地给出了"不"的答案，他的作品后来得了奖。五年后，在同一个主办单位举行的探讨人类不平等的起源的征文比赛上，卢梭再次投稿。在这篇文章中，卢梭区分了自然的不平等和社会的不平等，并将人类中存在的不平等归结于封建主义和专制主义的社会秩序。这次，卢梭没有得奖。

卢梭的"第二论"《论人类不平等的起源和基础》（1755）讲的是人的天性，人的天性体现在一种"可臻完善性"上，这种能力个人具有，整个物种也具有，它指的是人形成能力的能力：

> 尽管围绕着所有这些问题的种种疑难之点，使我们在人与禽兽之间

> 的区别上有争论的余地，然而另外有一种区分二者的非常明显的特质则是无可争辩的，这种特质就是可臻完善的能力。这种能力，借助环境的影响，继续不断地促进所有其他能力的发展，而且这种能力既存在于个人身上，也存在于整个种类之中。至于禽兽，则几个月后就长成它终身不变的那个样子，而且它的种类，即使再过一千年也仍然和这一千年开始的时候完全一样。为什么只有人类易于衰颓下去呢？是不是人类因此又返还到它的原始状态呢？是不是禽兽之所以永远保持着它的本能，是因为它既毫无所得，也就毫无所失，而人类却由于古老或由于其他偶然事故丧失了曾因它的可臻完善性所获得的一切，从而堕入比禽兽还不如的状态呢？(Rousseau, 1755/1984, S. 102f./103f.①)

我们在这里又看到米兰多拉提出的对世界开放的、不确定的人的学习能力的概念，这种能力是有两面性的，是不指向任何终极目的的。人从出生时就必须学习所有东西，人无法遗传自己学会的东西，这在卢梭看来就是对历史开端唯一可行的推测。这种可臻完善性或学习能力是人类发端的关键，正是这种可臻完善性或学习能力开启了人类历史，而对人类历史而言，在人性中是没有预先确定的目的的。

根据米兰多拉的人的尊严的概念，人可能退变为动物，也可能升华到神性；卢梭的可臻完善性概念则将这个概念联系到一种对有限性和历史的反思，这种反思将文艺复兴的乐观主义和即将兴起的公民社会的经验对立起来。卢梭看到了人的差异性，并将这种差异性归结于人在历史上的各种社会形态中的共同生活，而不是归结于人的自然天性。历史上的社会形态虽然是通过人在历史中的行动形成的，但这些社会形态损害了人的可臻完善性或可塑性。在卢梭看来，人在有的方面自古就不如动物：动物只在饥饿时杀死其他动物；动物只要得到其他同类的承认，就不再争斗了。而摆脱了所有目的导向的现代人，在卢梭看来却是一种无节制的生物。卢梭没有文艺复兴的进步乐观主义，而是秉持一种即使不是无望的也可以说是怀疑的历史观。两百年后霍克海默(Horkheimer)和

① 译文参见：卢梭.论人类不平等的起源和基础[M].李常山，译.北京：商务印书馆，1997：83.

阿多诺(Adorno)提出的“启蒙的辩证法”,已经在卢梭的历史观中出现了:启蒙和进步在历史中可能转变为野蛮。卢梭认为,在历史的发展进程中,人不仅越来越多地征服了自然,同时也在这种征服中使自己屈服于一种统治,而这种统治是会削弱人的可臻完善性的。虽然人仍然未被确定有能力进行学习,但是人经常将这种学习能力用于一种相反的用途(参见 Reitemeyer,2013)。

卢梭在《爱弥儿》第一卷的开篇就说,“退化”和人的可塑性是密不可分的:

> 出自造物主之手的东西都是好的,而一到了人的手里,就全变坏了。他要强使一种土地滋生另一种土地上的东西,强使一种树木结出另一种树木的果实;他将气候、风雨、季节搞得混乱不清;他残害他的狗、他的马和他的奴仆;他扰乱一切,毁伤一切东西的本来面目;他喜爱丑陋和奇形怪状的东西;他不愿意事物天然的那个样子,甚至对人也是如此,必须把人像练马场的马那样加以训练;必须把人像花园中的树木那样,照他喜爱的样子弄得歪歪扭扭。(Rousseau, 1762b/1979, S. 9)①

这里“自然的好”(bonté naturelle)指的并不是米兰多拉和卢梭认为的人通过自身的思想和行动所应产生的那种历史开放状态,而更多地是指一种使人得以进入历史的状态,凭借这种状态,人从造物主的手中获得了形成能力的能力。

人必须自己产生善,这在卢梭看来也不是人之存在的缺陷,而是证明了,人的天性是可塑的存在者的天性:人的确定性和使命不是由天性预先决定的,而是开放的。卢梭说,一切东西到人手上就变坏了,他的意思是,不仅人,就连世界也都是可完善、可塑造的。在人与世界的互动中,具体化的可塑性具有两面性,卢梭是这样来论述这种两面性的:他不仅提出“出自造物主之手的东西都是好的”“一到了人的手里,就全变坏了”,而且之后又添加了第三个观点,这是在大多数解读卢梭的著作中被忽视了的:

① 译文参见:卢梭.爱弥儿·上卷[M].李平沤,译.北京:商务印书馆,1996:5.

> 要是没有这些（可臻完善性或可塑性——作者注），一切还会变得更糟，而我们人类不愿在发展的道路上半途而废。（Rousseau, 1762b/1979, S. 9）

人的自然的好就是其未被规定的可塑性，这种好不是指道德品质，而是说，人天生就有一种具有两面性的可塑性，这是一件好事。而一切东西在人手上变坏和变形，正好说明人不是以任何目的论的方式被导向永恒目的的。在卢梭看来，人必须在与世界的交互作用中对其可塑性进行进一步的规定，这也属于未被规定的可塑的人性。只有将上面引述的三个观点合在一起，才组成一个对厄毗米修斯、普罗米修斯、宙斯所装备的可完善的人类天性的现代表述，而卢梭和古希腊神话都没有将这种天性联系到一种预先确定的目的秩序上。

卢梭并没有带着那种近乎超自然的对内在合目的秩序的导向，他对人类在历史中所创造的社会形态进行了广泛的批判，并从这样一个问题中提取出这些社会形态的内在标准：在这些社会形态中，人的可臻完善性是否与一种历史的、确定的社会性（Sozialität）相一致？

是否可能存在可用于回答这个问题的标准，这就已经是一个基本理论的难题，卢梭对此进行了系统的、历史的研究。这个基本理论问题是：是否可能从可完善的人类天性推导出，哪些历史-社会的确定性是比较符合天性的，哪些是较为违反天性的？是否可以从未被规定的可塑性这个概念——这个概念尤其说明了，可塑性不是什么——来区分人符合自然的存在方式和违背自然的存在方式？相应的区分不是必须更多地在梳理历史-社会的各种形态时进行吗？更进一步说，这种区分不都无可避免地会产生这样的结论吗：这些历史-社会的形态自身就是历史-社会的，而不能被称为“天然的”？[①]

卢梭在《论科学与艺术》中就霍布斯的研究对这个问题给出了自然法的（naturrechtliche）和先验哲学-前提批判的（transzendentalphilosophisch-voraussetzungskritisch）答案：如果要避免循环论证[②]，就不可以在人的本性中

① 此处参见阿尔弗雷德·谢弗尔（Alfred Schäfer）（Schäfer, 2009, S. 237ff.）对将卢梭的自然性和社会性之间的关系进行戏剧化描绘的批判。

② Zirkelschluss，意为，将待证明的论点当作了论证的前提。——译者注

加入历史-社会的内容。他相应地指出了霍布斯的一个循环论证错误。霍布斯的这个循环论证就是从他那个时代的人的一种确定的社会性状态去推断人的原初天性：霍布斯控诉同时代的宗教战争，并要求建立强有力的国家作为集体；人的天性是像狼一样对待别人（homo homini lupus），而这样的国家可以用国法来驯服人的天性。卢梭对此批判道：霍布斯将他那个时候的社会状况以及“一切人对一切人的战争”都放到人的自然天性中去了，因而他是从一种特定的社会经验来确定人的自然天性的，不是由人的天性本身来确定的。一个类似的错误也出现在玛格丽特·米德（Margret Mead）对南太平洋人生活的研究中。她将通过实证调研得出的这些人生活方式的特定特征推演到人的一种原初天性上去，并且认为，可以证明，人的天性就决定了要致力于和平共存。这里也出现了一个循环论证，而且，他们的调查是选择性的，且没有恰当地考虑到被访问者行为的两面性，这就更增加了米德的这个循环论证的错误（参见Freeman，1983）。

从对霍布斯的批判中，卢梭得出了这样一个基础理论的推论：不可以将在社会中产生的特征转加到天性状态上，而且要防止在人的天性中添加那些在历史和社会上形成的非自然的成分。“人的天性”这一概念不是一个经验性的概念，而是一个假设性的概念，它指的是那种去除了在社会中产生的特征的自然天性。这个概念作为一种构想，从实用的方面来说能够避免亚里士多德、霍布斯等人的那一类循环论证。

据此，只有这样一些天性概念是能用的：这些概念带有先验的性质，是通过从一切历史-社会的特征中抽离而得来，它们因而不会表述出，在经验可验证方面人的天性“是”什么或关键是什么；而是告诉我们，既然从社会形态反推自然形态的循环论证应该被避免，而且历史-社会的事实应该在有效性方面通过分析和反思得到检验，那么我们能够怎样思考人的天性：

> 我们首先要把一切事实撇开，因为这些事实是与我所研究的问题毫不相干的。不应当把我们在这个主题上所能着手进行的一些研究认为是历史真相，而只应认为是一些假定的和有条件的推理。这些推理与其说适于说明事物的真实来源，不如说是适于阐明事物的性质，正如我们的物

> 理学家，每天对宇宙形成所做的那些推理一样。（Rousseau，1755/1984，S. 61）[①]

从历史-社会事实推导人的天性的循环论证必须避免但又很难避免，意识到这一点之后，卢梭在第二论正文之前放了被译为拉丁文的亚里士多德《政治学》里的一个观点，以此说明为什么亚里士多德的认识论总是有问题，而且在现代不再可行。

> Non in depravatis，sed in his quae bene secundum naturam se habent，considerandum est quid sit naturale.我们绝对不可拿那些处于腐坏状态而丧失本性的人作为例子，那些确是腐坏了的或暂时腐坏了的人。（Aristoteles：Politik，1254a 35ff.）[②]

关于对政治事实的研究，亚里士多德认为，只有在好的社会条件下才能研究什么是来自天性的；而卢梭对此提出了反对意见：按照这种方法，来自天性的东西既不可能作为天性被认识，也不可能在其社会状态中被认识。要避免亚里士多德和霍布斯的循环论证，就必须从其他的前提出发。那就是：来自天性的事物在社会条件下是不能被重建的。这个论点在《爱弥儿》有关人类可臻完善性和可塑性的观点中发生了积极的转变：

> 我们不知道我们的天性能让我们成为什么样的人。（Rousseau，1762b/1979，S. 46）

在这个前提下，卢梭在他的论述中历史地重建了之前几个时代的人的不同社会状态，这些社会状态让我们看到的不是人的天性，而是人的天性的退变。在退变过程中，社会性形态替代了人的未被规定的、开放的天性，把人消减为一种社会性生物，而不是变成一种塑造社会的存在者。卢梭在《爱弥儿》

① 译文参见：卢梭.论人类不平等的起源和基础[M].李常山，译.北京：商务印书馆，1997：71.
② 译文参见：亚里士多德.政治学[M].吴寿彭，译.北京：商务印书馆，1965：14.

中对人性退变的过程进行了分析，其中区分了古希腊时期、法国旧制度时期的人性退变和在即将到来的公民社会中的人性堕落。

他这样写道，在古代，人退变为国家公民，而在国家公民的使命中，个人不属于个人自己，而是属于国家。退变为国家公民的人，他的使命是由城邦赋予的，自己毫无尊严可言。卢梭用古代国家公民的美德观念来解释这一点，这种美德观念在普鲁塔克对古代生活方式的重构中有所体现：一个斯巴达的母亲从一个奴隶那里被告知，她的五个儿子在战场上战死了，她于是骂这个奴隶道，她没有问儿子们是否生还，而是问本国是否取胜，奴隶说"我们胜利了"，于是这位母亲就立刻跑到神庙去感谢神明。在卢梭看来，普鲁塔克在这番叙述中刻画出一个退变了的母亲的形象，她已经不是作为母亲去关心自己儿子的生死了，她仅仅是国家的一个公民。

法国旧制度下的人的天性的退变在于，整个国家都在为一个极权君主服务。卢梭认为，在这种秩序中，既不存在古代意义上的公民，也不存在米兰多拉所说的那种有着个人尊严的人。

卢梭批判的第三种社会性形态是现代有产者（Bourgeois）的社会形态，现代有产者只想着自己和自身需求，为了获得财富、名望和权力而与所有人竞争。他们的生活方式的格言可以概括为："每个人都想着自己，只有我想着我。"卢梭说，有产者是一种"两性人"。这种人过量地拥有古代公民所没有的主体性。他们缺少的，是融入更大整体的能力。如果说古希腊时代的城邦公民没有个人的特性，那么现代有产公民就是缺乏社会性品格的利己主义者。卢梭认为，这两种人都没做到既是人又是公民：古代公民只是公民，但不是个人性的人；现代有产者既不是人也不是公民，因为他总是跟别人攀比，所以他既不能在自身中求得安宁，也不能在共同体中求得安宁。古代公民缺少作为人的个人性，而现代有产者不仅缺乏社会性，而且缺乏个人的、非比较性的存在方式（参见 Rousseau，1762b/1979，S. 13ff.；关于它的解释，参见 Benner，1973/2001，S. 20ff；2001，S. 19ff.；Göstemeyer，1991/1992）。

卢梭所寻求的生活方式和社会形式，则是要能让个体既做人又做公民，既做个人又做整体的一部分。他将这种生活方式的可能性与现代人-公民-问题在经济、政治、教育和伦理方面的改变联系在一起，对"现代人何以可能既是个人又是公民”的问题给出了四个答案：一个经济的、一个政治的、一个教育的、一个道德的。下面我们就简要介绍卢梭的这四个答案。

经济的答案

卢梭撰写的《论政治经济学》1755 年收录于狄德罗和朗达贝尔编著的《百科全书》第五卷，后于 1758 年独立发表。卡尔·马克思曾深入研究此文。这篇论著已经非常接近《社会契约论》了（参见 Bolle，2012）。卢梭在这篇论著中区分了为统治者牟利的经济和遵照共同意志的“公共经济”，他称前者为“暴君经济”，认为后者“以民众的福祉为目标”（Rousseau，1755/1758/1981，S. 233f.）。卢梭认为，公共经济的原则是：

- 公共经济不试图提高人的需求，但试图保障国家必要收入，以使国家在危急时期能提供足够的物资保障人的生活。
- 因而公共经济不从农业和生活必需品的销售中抽税，而是从富人的奢侈品中抽税，以保持生活必需品的低价位。

卢梭的设想是基于这样一种自然法观点：土地不属于任何人，但土地上的产物则属于所有人，而且，财产只能依法通过付出自己的劳动而获得（Rousseau，1755/1984，S. 173－219；Rousseau，1762b/1979，S. 94－97）。

卢梭并不是要用这几条原则来否定所有形式的个人财产，而是赞成将劳动提升到自由的人类实践上。劳动，在古希腊时代或近代，是欧洲的殖民地上的人做的事情，是美国的黑奴做的事情，是封建社会里的农奴做的事情，而在未来，劳动是由自由人去进行的人类实践。

卢梭的思想如今仍然在非工业化的手工业生产方式和前工业时代的农业生产方式中有生命力。但工业生产不仅是为了工人的生计，也是为了市场，这一点并未进入卢梭的视野，要么是他没有看到，要么是他将工业生产视为有产者的意识形态和旨在提升权力的生活方式而拒绝了。

卢梭的答案促进了封建主义的崩塌和农奴制的废除，但没有促进现代生产方式的发展，也没有促进基于工业生产、贸易及自由商品流通的公民财富聚集和社会福利的诞生。

政治的答案

卢梭在1762年的《社会契约论》以及1772年的《论波兰政府》中都论述了当时的国家是如何从君主极权过渡到共和制度的。他在《社会契约论》中这样制定了公正统治的原则:

> 我们每个人共同将其人格及其所有力量都置于公共意志的最高领导之下,我们将每个成员都接纳为整体不可分割的部分。(Rousseau, 1762a/1966, S. 44)

卢梭认为,这样一种社会契约"产生了一个精神的共同体,以代替每个立约者个人:组成共同体的成员是全部参与决议的人。这样,共同体就以这个行为获得了其统一性、其公共的大我、其生命和意志"。对个人而言,这就意味着,个人不再是他人(国家元首)的臣民,而同时既是最高统治权的分有者,又是臣民:

> 这一由全体个人的结合所形成的公共人格,以前称为城邦,现在则称为共和国或政治体;当它是被动时,它的成员就称它为国家;当它是主动时,就称它为主权者。而以之和它的同类相比较时,则称它为政权。至于结合者,它们就集体地称为人民;个别地,作为主权权威的参与者,就叫作公民,作为国家法律的服从者,就叫作臣民。(Rousseau, 1762a/1966, S. 44f.)[①]

根据卢梭的描述,社会契约带来的改变就是,个人放弃自己天性的自由并通过契约获得一种在公共意志下的所有人承认的自由。每个公民都分有主权,这种主权原则上是不能转移的;根据这个原则,公民在决议方面不能被代表,但在执行方面(也就是在管理事务中)是可以被代表的。卢梭虽然区分了立法权和行政权,但没有区分立法权和司法权,而且他说公共意志不可能错,

① 译文参见:卢梭.社会契约论[M].何兆武,译.北京:商务印书馆,2003:21.

这就应该对他的公共意志观念进行两面性的评价了。公民参与立法这一原则不仅保障了公民的主权地位，而且制止了将主权的行使缩减为让渡权力的选举行为。对社会契约原则的承认就意味着，在有着民众代表选举、实行三权分立的共和国，至少要在与公民密切相关的各领域中开展和允许全民公投。但是卢梭完全排除了对民众意志的代表，而要求公共意志具备一种近乎超人的智慧，因而他的社会契约构想含有一种危险，那就是民意表达会变成极权，而缺乏对少数人的保护，民意就会催生暴政。

在卢梭的观点"每个公民都既是君主又是臣民"中，亚里士多德那里的统治者和被统治者的关系不再被用来把代际关系解释成年人对少年儿童的统治，而是统治者自己统治自己。卢梭所定义的政治不再是成年人按照道德来行动和统治儿童的实践，而是一种人自己统治自己的实践。立法与之后对法律的解释在卢梭那里是一种自治的共和实践。

卢梭提出的教育和政治的协调问题替代了亚里士多德提出的被统治和统治之间的目的论关联。卢梭虽然很清楚地意识到了这个协调问题，但是他既无法基于《社会契约论》也无法借助《爱弥儿》来解决它。卢梭的社会契约论的前提是那种能不计自己的个人意志而服从于一个公共意志的人；而《爱弥儿》描绘了在一个"教育专区"中进行的教育过程和教化过程，在这里，作者自己就是书中的教育者、立法者，又是师生形象的塑造者，而他所描述的教育和教化过程只有在真实存在的社会条件下可能进行时，才会实现。《社会契约论》以已经被教育得有理性、能成为共和国公民的人为前提；《爱弥儿》以这样的社会环境为前提：在这种社会环境中，那种人-公民得以成长、受教育并得到发展。这两个前提在卢梭的时代都尚未达到，他只能假设已经达到。

卢梭在18世纪70年代受波兰亲王之请，为这个有被奥地利、普鲁士和俄国这些邻国瓜分危险的国家的政府建言献策。卢梭建议波兰走一种实用主义的道路，一种在教育和政治的关系问题上不进行以原则为指导的推论的实用主义道路：

> 现在应当采取的措施中有一条是不可放弃的，而且实行这条措施需要时间：首要涉及的是那些你们要解放的农奴，你们要让他们觉得自由

是有价值的,而且要让他们有能力承载自由。……你们要想着一件事,你们的农奴像你们一样是人,他们有资质成为你们所成为的一切;你们要先发展这种资质,当你们解放了他们的灵魂以后,再给予他们身体上的自由。要是不完成好这些前期工作,你们就不要想成功。(Rousseau,1772/1981,S. 586)

卢梭在这里建言,先解放“灵魂”,再解放“身体”,并且认为波兰的统治者能够通过统治来开启这种解放过程。他用这种建言来避免从被统治者出发去片面地定义所期望的进步,但是又假定了,统治者和被统治者能够将君主和臣民的那种对不同社会群体产生不同功能的非法关系转化为合法的关系。

教育学的答案

卢梭关于人的不平等、关于社会契约和关于教育的著作呈现了理论的、抽象推论的以及假设的分析和思想实验,它们不能为实践问题提供直接答案和行动指南,但可以为道德、教育和政治的协调问题提供启示。尤其是他的教育理论。卢梭的教育理论不能直接理解为改革教育学,而要将其看作假设的-实验性的。在《爱弥儿》出版数年之后,一位父亲给卢梭写了一封感谢信,这位父亲在信中说,他一直按照卢梭在虚构故事中对爱弥儿所受教育的描绘来教育自己的孩子。卢梭给这位父亲的回信只有一句话:“真是可怜的孩子。”

卢梭没有把他的教育小说看作教育实践指导,而是一篇对教育和教学进行假设性反思的文字,它呈现的绝不是一个试验成功的教育规划。这本小说的受众是成年人,他们应该考察和重新整理自己对未成年人的教育观念。正是在这个意义上,卢梭在前言中说道:

我们对儿童是一点也不理解的:对他们的观念错了,所以愈走就愈入歧途。最明智的人致力于研究成年人应该知道些什么,可是却不考虑孩子们按其能力可以学到些什么,他们总是把小孩子当大人看待,而不想一想他还没有成人。我所钻研的就是这种问题,其目的在于:即使说我提出的方法是很荒谬的,人们还可以从我的见解中得到好处。至于说应

> 该怎样做，也许我的看法是很不对头，然而我相信，我已经清清楚楚地看出人们应该着手解决的问题了。因此，就从你们的学生开始好好地研究一番吧；因为我可以很有把握地说，你对他们是完全不了解的：如果你抱着这种看法来读这本书，那么我不相信它对你没有用处。(Rousseau, 1762b/1979, S. 6)[①]

为什么成年人不理解儿童？原因是多方面的。第一，成年人是从他们已经学到的东西的角度去看孩子的，而孩子还没学过这些东西，所以大人的观点难以正确地对应儿童的处境。第二，成人已经忘却了自己的童年，那个自己还不会走路、不会说话的时期，即便努力去回忆，他们也想不起来了。第三，他们不知道一个孩子将成为什么样的人，因而倾向于在孩子身上看出某种特定的出身或职业的属性，这样，他们就忽视了孩子未被规定的未来和开放的、未被规定的可塑性。总而言之，这些问题表现出一种新的代际关系，在这种代际关系中，成年的一代不能代表成长中一代的未来，而只能面对一个不确定的、偶然的未来。

那个按照卢梭的小说去教育孩子的父亲也许没看到这一点，他不去观察自己的孩子，而是仿照卢梭对教育的描述。如果《爱弥儿》给出的教育学答案不是要人们直接模仿卢梭在想象中发现的童年和教育方法，而是要人们带着实践的目的去研究人们已经不再熟悉的童年，那么真正的教育学答案在哪里？

卢梭的《社会契约论》和《爱弥儿》于 1762 年先后出版，这两本书不是为眼下急迫的问题提供现成的答案，而是提出一些假设性的思考，在两本书的思想之间存在一种奇妙的关系："社会契约"只能由受过符合《爱弥儿》的原则的教育的人来实行，而《爱弥儿》中的教育原则只有在共和制和民主制的前提下才能实行。但这两个条件在卢梭的时代都不具备。所以，就像卢梭在《社会契约论》中所论的"国家权力原则"那样，他在《爱弥儿》中提出了教育行动的原则，来形成整个教育的假设性理论，并用小说的艺术形式，借一个虚构的例子来解释。《爱弥儿》中的假设性现代教育概念看到了现代儿童的"未被规定

---

① 译文参见：卢梭.爱弥儿[M].李平沤，译.北京：商务印书馆，1996：2.

性”,这个教育概念有三个原则:

1. 通过自然来教育的原则;
2. 通过事物来教育的原则;
3. 通过人来教育的原则。

这三个原则乍看起来有点像同义反复,自然的就用自然来解释,经验就用事物来阐发,人的互动就用人的互动来说明;进而自然教育的原则就是“通过自然来教育”,通过经验来学习的原则就是遵从“通过事物来教育”,教育互动的原则就是“通过人来教育”。如果在追溯到柏拉图“洞喻”的问题史的问题设置下来读这些原则,就不会觉得它们是同义反复,反而能提供一种有深度的解读方式,既不会把卢梭尊为现代儿童的发现者,也不会把他推为“返回自然”的领军人物,而是把他理解为一种现代教育学的奠基人之一,一位建立了“消极教育”理论的现代教育学奠基人。卢梭的“消极教育”理论植根于对“消极经验”的生产性的反思,而这种反思从古希腊神话到当代一直在进行着。

卢梭所说的第一个原则“通过自然[①]来教育”,就是柏拉图在“洞喻”中所描述的处于未受教育和受教育的状态之间的人性,只不过,卢梭没有用成年穴居人的虚构故事来阐释人的可塑天性,而是将人的可塑天性追溯到最初的儿童时代;并且,他不是在古希腊教育意义上的人的教化问题下来解释这种可塑的天性的,而是在现代未成年人教育的问题设置下来阐释的。现代教育的问题设置使人性的未被规定性脱离了古希腊那种要承担城邦领导任务、进行哲学思考的公民的社会上层语境,而将这种未被规定性普遍地在人性尤其是未成年人的人性上加以阐发。作为现代教育的互动原则,可追溯到古希腊神话的人的可塑性和可臻完善性概念,这时具有了这样一种意义:无论是自然的教育者(如父母——译者注)还是专业教育工作者,成年人在教育时原则上是不知道未成年人会成为什么人的。亚里士多德等人的培养习惯的教育已经由此变成一种“消极教育”,它不再是带着预先规定的个人的使命来培养习惯和

① 这里的“自然”原文为 Natur,该词也是“天性”一词的原文。——译者注

进行规训，而是拓展经验和拓展交往。

卢梭的第二个教育原则体现出一种类似的转变。“用事物来教育”的原则将教育联系到世界经验上，这些世界经验是学习者在教育活动中通过对象和事物获得的，而不是通过教师获得的。卢梭在提出第二个原则时也注意到了柏拉图所说的，教化过程只能通过学习者的目光转向开始，而教育无法将所见灌入盲的眼睛里（Platon：Politeia，518c 1－2）。卢梭将目光转向的方案首先用于发展幼儿的感官，然后用于发展时间和空间的观念，最后用于解释道德经验，在通过教育而支持的爱弥儿的教化过程接近尾声时还用于对多种不同知识形式的区分。将目光转向的方案用于对不同知识形式的区分，涉及从生活世界到科学和哲学的所有知识形式，这同样适用于解释物理的、道德的和宗教的事实。柏拉图提出的“别人的所见无法被灌入眼睛”的观点，被卢梭扩展到所有感官的发展，他论及触觉、听觉、嗅觉和味觉，最后甚至论及共通感[①]。卢梭认为，感官的发展不是按亚里士多德写的那样沿着从经验到原因的路径进行，而是要经过学习者在解释自己经验时所遭受的消极经验和困惑，而后建构性地、反思性地处理自己的消极经验。

在阐述第三个教育原则时，卢梭也对亚里士多德的那种积极培养习惯的教育方案进行了类似的纠正。在这里，卢梭将柏拉图的教育构想解释为一种普遍的人类实践，而不再是用以培养哲学家的教育了。亚里士多德主张积极地规定未成年人使命的管理性教育，认为仅有那些配过理论型生活的人才能在核心领域通过教学对经验和交往进行拓展；而卢梭则提出一种普通教育的设想，这种设想摒弃了亚里士多德意义上的管理措施，并试图代之以一种“消极教育”的措施。

卢梭用一些在体系上有重要意义但又有问题、带有误导性的观点描述了他的消极教育设想：

> 应当让儿童具有的唯一的习惯，就是不应该染上任何习惯，不要老用这只胳臂却不用另一只胳臂抱他；不要习惯于经常伸这只手却不伸另一

① 这里的“共通感”在《爱弥儿》中体现为一种“慷慨”，或者说分享精神。参见：卢梭.爱弥儿[M].李平沤，译.北京：商务印书馆，1996：177.——译者注

只手,或者总是用那只手;不要到了固定的时间就想吃、想睡、想动;不要白天黑夜全都不能独自留在那儿。应该尽早由他支配他的自由和体力,使他的身体保持自然的习惯,使他可以自己管理自己,他想做什么,就让他做什么。(Rousseau,1762b/1979,S. 47)[①]

容易误解的是卢梭提出的这样一些观点:消极教育就意味着采取“一反常态”的做法,例如“什么都不做”“浪费时间”(Rousseau,1762b/1979,S. 88f.)。但爱弥儿的教育者让·雅克为了能让爱弥儿从消极经验中学到东西所做的安排是直到今天仍值得研究的:让·雅克和爱弥儿在已经被园主种了甜瓜的苗圃里种豆子,借以形成其财产概念(Rousseau,1762b/1979,Zweites Buch,S. 94ff.);在森林里迷路,学习借助太阳的方位来识别方向(Rousseau,1762b/1979,Drittes Buch,S. 213ff.);观察插在水里的“断棍”,研究光的折射,从而得出牛顿在1704年提出的光的折射定律(Rousseau,1762b/1979,Drittes Buch,S. 249ff.);从萨瓦省的牧师的消极经验中学习区分自然科学的和宗教的判断及观点,并学习区分自然宗教、市民宗教和神父的宗教(Rousseau,1762b/1979,Viertes Buch,S. 335ff.);为爱弥儿找一个伴侣——在一个不能很快找到的地方(Rousseau,1762b/1979,Viertes Buch,S. 347ff.),并在找到苏菲之后开始遍游半个欧洲,从而看到,那里没有按照“社会契约”原则建立起来的国家(Rousseau,1762b/1979,Fünftes Buch,S. 599ff.)。这五卷所描述的消极经验在续篇《爱弥儿和苏菲或孤独的人》中还有继续发展。爱弥儿无法忍受苏菲的不忠,与其分手并孤独地生活,他不再拥有苏菲,也不拥有按“社会契约”原则建立起来的祖国(Rousseau,1780/ 1979)。

卢梭并没有将消极经验在教育过程及教化过程中的教育学价值和小说的大团圆结局挂钩,《爱弥儿》也不可能有这种大团圆结局,因为这种结局跟卢梭时代的社会批判是完全相悖的。爱弥儿最终从与妻子的离异中挺了过来并原谅了她,而后孑然一身。这些情节是虚构的,正如卢梭为阐释其现代消极教育的构想而描述的所有情节一样。

---

① 译文参见:卢梭.爱弥儿[M].李平沤,译.北京:商务印书馆,1996:49.

但卢梭在《爱弥儿》第四卷里提出的青春期的理论却并不是虚构的。他把现代青少年的这一年龄段写成童年和成年之间的一个间奏，孩子在这段时间里获得了这种经验：他还不知道自己将来的使命，他必须去寻找和形成其未来的使命。在卢梭看来，恰是在青春期不能实施积极教育。不能在生活和学习的统一体中制定自己的使命，青少年时期的关键不是过早地结束教育，而是延续教育，以为对之后选择自己的生活方式极为重要的情感和认知的发展形成留出余地。

卢梭的消极教育构想不是旨在让教育远离所有可以想到的积极措施，不是要把未成年人教育成怀疑论者，而是强调，现代教育对学习过程的支持必须经过消极经验这条"弯路"。有的消极经验是因自身经验发生断裂而产生的，有的消极经验是因陌生经验带来的困惑而产生的，这种陌生经验可能是直观地出现在未成年人眼前的，也可能是在其专注于文学文本、戏剧和表演时接触到的。

伦理学的答案

卢梭在他的作品中多次指出了古代人的美德教育和在现代国家中按照"社会契约"原则进行美德教育的必要性。在他的教育学作品中，他还提出了一种良知形成的设想，这种良知教育的设想使消极教育的原则在道德教育的领域中也发挥了作用（参见 Weiß，2004）。

卢梭偶尔提到，道德教育要在年龄稍大一些时再开始，但这个观点仅仅涉及道德说教（Belehrung），并不涉及道德判断的形成（moralische Urteilsbildung）。而涉及道德说教的内容，在《爱弥儿》全书中都存在理论判断和道德判断的高度同质性。卢梭所反对的，体现在《爱弥儿》第二卷里的一个课例上，他说，"几乎所有对儿童进行的道德教育都可以追溯到这种模式……"：

教师：不可以做这件事。

孩子：为什么不可以做这件事？

教师：因为这是恶。

孩子：恶！什么是恶呢？

教师：就是不许你做的事。

孩子：那要是我做了不许我做的事，会发生什么？

教师：你会受到惩罚，因为你不听话。

孩子：那我就偷偷地做，不让别人知道。

教师：会有人看着你的。

孩子：我会躲起来做。

教师：别人会问你的。

孩子：那我就撒谎。

教师：不可以撒谎。

孩子：为什么不可以撒谎?

教师：因为那是恶。

(Rousseau,1762b/1979,S. 82f.)

这个课例要展示的就是，道德教育是怎样到达它本来要达到的目的的反面的：如果要把孩子教得盲目听话，那么恰恰是在教孩子撒谎。

卢梭在《爱弥儿》第四卷开头为一种通过对消极道德经验的感知和解释而进行的道德教育提出了原理(Rousseau,1762b/1979,S. 274－278)[①]，其中第一条原理是：

人在心中设身处地地想到的，不是那些比我们更幸福的人，而只是那些比我们更可同情的人。

这不是说，要拿过得不好的人来做德育的手段，而是说，应该将未成年人的目光转移到别人生活中痛苦和不幸的方面，即使别人在其他方面比我们过得更好，也应如此；这样才能消除现代人相互攀比的存在方式。

紧跟着的第二条原理扩展了第一条原理的观点，认为对别人幸福的体念会唤起嫉妒，对别人不幸的体念会唤起同情。卢梭引用了《埃涅阿斯纪》里的诗句“我不忽视别人的痛苦，我学着去帮助痛苦的人”(“Non ignara mali, miseris sucurrere dico.”)，为了使这样的目光转向能够成功，按照第二条原理，消极教育

① 译文参见：卢梭.爱弥儿[M].李平沤，译.北京：商务印书馆，1996：306－309.

就必须选取那些能让未成年人体念别人的范例。第二条原理是这样的：

> 在他人的痛苦中，我们所同情的只是我们认为我们也难免要遭遇的那些痛苦。

第三条原理提到一种危险，这种危险可能会跟实践中对前两条原理的遵循有关，这就是说，不能排除这种可能性：长期关注别人的不幸也会变成习惯，从而麻木不仁。为了防止这种情况发生，也为了减少将别人的不幸用作达到德育目的的手段的危险，卢梭提出第三条原理：

> 我们对他人痛苦的同情程度，不取决于那种痛苦的量，而决定于我们为那个遭受痛苦的人所设想的感觉。

卢梭指出，不能按出身等级、职业声望来评判人，而要以在所有等级都类似的幸福与不幸的关系来评判。“人，是绝不能说人类的坏话的”（Rousseau，1762b/1979，S. 278）[①]，卢梭这句话是在指这样一种危险：在众多个体中，只对某个等级或阶级的人进行辨认，于是没有产生同情，而是制造阶级仇恨。

卢梭的道德教育构想所提出的这些原理有助于培养人的一种不再是“等级道德”或“阶级道德”的兄弟般的道德。像消极教育的纲领一样，他也提出了一种消极的道德化（negative Moralisierung）的概貌来替代旧的适应式的教育纲领。在适应式的教育纲领中，成年人是儿童的习惯的监控者，不会与儿童一起培养一种相互承认的新习惯和新方式。

这三条原理用于培养一种基于同情和关心的团结的道德，以替代那种相互攀比、只想着自己的好处的比较的道德。卢梭知道，要用相互承认的道德替代比较的道德是很难的。卢梭以用自由恋爱代替包办婚姻为例，说明了攀比的存在方式向共存的生活方式转化的困难。

他分三步向读者呈现了，如果按照旧有的攀比性导向，正在形成中的自由

① 译文参见：卢梭.爱弥儿[M].李平沤，译.北京：商务印书馆，1996：311.

将会如何转变成不自由。第一步他展示现代爱情的准则，这条准则说的是，选择伴侣是互相的：

> 我们喜欢什么，我们就想得到什么，而爱则应当是相互的。（Rousseau，1762b/1979，S. 261）[①]

单方面的爱是不幸福的，只要知道这一点的，都会同意这个准则。但卢梭并不止于给出准则，他还为爱与被爱给出了相应办法：

> 如果要得到别人的爱，就必须先让自己成为可爱的人。（Rousseau，1762b/1979，S. 261）

这条准则也显得很符合现代的生活感，今天就是这样，女性和男性都需要形成一些令自己变得可爱的品质。看起来，自主选择的现代恋爱关系只要基于上述两个准则就能成功，但这个表象是要破碎的——就算遵照了卢梭用亚里士多德三段论的方式补充的第三条准则：

> 为了得到人家的偏爱，就必须使自己比别人更可爱，至少在他所爱的对象眼中看来比任何人都更为可爱。（Rousseau，1762b/1979，S. 261）

第三条准则将攀比的存在方式的原理用于爱情，也以此注定了这种爱情的失败。卢梭从这里得出一个所指甚广的结论：“该改变方法了”（Rousseau，1762b/1979，S. 261）。爱弥儿要学到人与人之间的团结和同情，但其途径不应是他自己感到比所有人都可爱或自己想要变得比别人更可爱，而应该是在别人的例子上进行学习。卢梭的这一方法转变，不是从消极教育转变到积极教育，而是从由自己的消极经验进行学习转向通过别人的消极经验进行学习[②]。

① 译文参见：卢梭.爱弥儿[M].李平沤，译.北京：商务印书馆，1996：292.

② 有人认为，卢梭在《爱弥儿》前三卷中遵循消极教育的方法，在第4，5卷中则转变了方法。赫尔维希·布兰卡茨（1990）正确地反驳了这种解读，他题为《卢梭转变了方法》的研究论文的最后一句话是：“卢梭没有转变方法。”

在这三条为了唤起关心和同情的准则上已经体现出了这一转变。

这三条准则并不是为习惯养成式的美德教育提供根据，也不是为目的论的伦理学撑腰，而是为一种良知形成提出准则。这种良知形成承认，下判断的良知的根源在于人的自我关系，这种自我关系对针对人际关系的评判是开放的（参见 Weiß，2004，S. 92ff.）。这种自我关系是良知的基础，卢梭没有把它理解为比较性存在方式的自我关系即总是与别人攀比竞争并由于自私（amour propre）而总是试图保障自己的好处，而是理解为一种自爱（amour de soi）的自我关系，即与自我的和谐和与别人的团结。在卢梭看来，带有这种感情的、这样进行判断的“良知的声音”既可以是消极（或劝阻）的，也可以是积极（或劝进）的。在这两种表达形式中，良心的声音都依赖于良知的形成，而良知的形成不是简单地使良知去适应一种积极的道德，而是反思自己和别人的消极经验。由此可以得出这样一个结论：良知是不能被教出来的，却是会自己形成的。

四、康德对近代思维方式革命的阐释及其意义[①]

伊曼努尔·康德（Immanuel Kant，1724—1804）是最早认识到卢梭在教育理论、道德理论和政治理论方面讨论的意义的人之一。他不仅写就了三部理性批判和理性界限内的宗教批判，还有一部教育学批判传世。在这部作品中，他主张形成一种基于理论的实验性教育科学。在他的关于世界公民的著作中，他将法国大革命尊为启蒙和自我立法的历史里程碑，这块里程碑已经嵌入旁观者的意识之中。

伊曼努尔·康德
普鲁士文化遗产图片

康德在他作品的许多地方提到卢梭，不仅在理论

① 原文标题为 Die Interpretation der neuzeitlichen Revolutionen der Denk art in Kants Vernunftkritiken und ihre Bedeutung für Erziehung Bildung，Moral und Politik。——译者注

理性批判中,而且在实践理性批判中,又如在关于教育学的讲座和关于世界公民论文中,尤其是在诸如关于"人类历史起源的猜测"这样的专题研究中。接下来的内容将从《人类历史起源的猜测》这部作品展开,然后转而探讨康德对近代和现代思维方式革命的三方面描述:康德在《纯粹理性批判》(1781 年第一版,1787 年第二版)中对近代科学的视角、问题结构和有效性的阐发,在《道德形而上学基础》和《实践理性批判》(1788)中对道德原则的考察和在《论教育》(1803)中有关教育的阐释。《教育学》中的阐释主张发展一种"判断性的"教育学和一种经验研究的实验性教育科学。

从卢梭到康德

在《人类历史起源的猜测》中,康德联系到卢梭的不确定的"可臻完善性"概念,并对此阐释说,最早的人类"如同站在深渊的边缘",他们"对自由选择的第一次尝试"结果"很可能并不符合预期",而他们发现了"自己选择生活方式的能力,不像别的动物那样受制于唯一的一种生活方式",这一发现是同"恐惧和担忧"联系在一起的,因为当时还没有代际经验告诉他们,人"应当如何用自己这种新发现的能力做事"(Kant,1786,A 6f.)。然后康德就开始说"伟大的卢梭"了。他说,卢梭在"他的关于科学的影响的作品中和关于人的不平等的作品中非常正确地揭示了人类的文化和天性之间那种不可避免的冲突",在《爱弥儿》和《社会契约论》中则处理了"文化要怎样进步才能让作为道德物种的人类的禀赋得到符合其特质的发展"这个困难的问题(Kant,1786,S. 14f.)。

康德在自己对这个主题的思考中认可卢梭的原则,即对人类本源的考察不可以将人在历史中创造的事物置于人臆测的人类原初本性中去。康德对卢梭关于可臻完善性的观点作了进一步思考,认为人的天然禀赋只包括一代代遗传下来的部分,不包括通过学习和教育而习得的东西。语言、思考、判断,以至直立行走都是人在历史中形成的,因而不可能被遗传下来,而必须被每个新生的人类重新学会、重新习得:

> 因此,第一个人能够站立和行走,能够说话(《创世记》,第 2 章第 20 节),甚至能够谈论,也就是说,按照连贯的概念来说话(第 23 节),因而能够

> 思维。这些全部都是他必须自己去获取的技能(因为如果它们是天生的,它们也就会遗传下去,但这是与经验相抵触的)……(Kant,1786,A 4f.)[①]

直立行走和语言是可学的,在这个事实中,康德认识到了为什么这两者既不能直接追溯到上帝这一源头,也不能被看作一种自然进化的结果的根据。古代神话关于劳动技能、道德和法制的说法也是这个道理:这一切都不是人与生俱来的,而是必须且能够通过技术创新能力、羞耻心和对不公的感知而形成和发展的。

在自然进化和文化进化的区分上,今天我们可以说,人类通过教育而学习到的一切都属于文化的进化,而发展各种能力的能力则可被认为是自然进化的结果。这样看来,康德在他的猜测中所谈到的语言、思考和直立行走一贯是两者兼有。作为自然进化的产物,这些能力可以追溯到人类天生赋有的发展诸能力的能力;作为文化进化的结果,这些能力则是在历史上对这种能力的运用中产生的。这种历史性的运用造就了文化的秩序,这些秩序不可能得到自然遗传,而是依靠学习过程而得到掌握的。但学习过程过程不是独自发生的,而是在教育的各种条件下发生的。

在《纯然理性界限内的宗教》和其他一些作品中,康德在教育、道德和法律方面通过两个概念确定了人的可塑性:"向善的禀赋"和"致恶的倾向"。这两个概念之间的张力正好强调了卢梭提出的可臻完善性的两面性。这两个概念表明,人——作为个体和物种——必须自己形成其确定性和使命,在此过程中,人可能选择使"善的禀赋"得到发展的目的,也可能选择使"恶的倾向"变成现实的目的。

康德并非在后期作品中才承认卢梭对他思想发展的重大影响,其实在较早的作品中他就已经承认了这种影响。一个或许是最为重要的证据出现在《对美感和崇高感的考察》(1764)的"注释"中。我们在这部著作的框架中可以这样来解释这段话:康德原先是把理论的和科学的生活方式列为最高级的(很像亚里士多德),而没有能力达到这个高度的生活方式则被他轻视,但卢梭

① 译文参见:康德.人类历史起源的猜测[C]//康德论教育.李其龙,彭正梅,译.北京:人民教育出版社,2017:102-103.

使他颇受教益,进而最终彻底改变了他先前的观点:

> 我自己出于爱好而成为研究者。我渴望得到知识,在这种求知的渴望中我不断感到贪婪的不安,在每次获得知识时也感到满足。曾几何时我相信,只有这样才能让人类变得尊贵,我鄙视那些什么都不懂的乌合之众。是卢梭纠正了我。那种蒙蔽着我的偏见消失了,我学会了尊重人。而且,要是我不相信这种观点有助于其他所有思想去建立人类法权,那么我觉得自己比一个平凡的工匠更无用。(Kant,1942,S. 44;引自Ritzel,1985)

康德通过阅读卢梭的作品获得了一种对阐释教育和教化、道德、法律和政治间的关系至关重要的洞见:同一种可臻完善的天性将所有人相互联系起来了,而且,如果像亚里士多德那样错误地认为聪明的哲人相比于平凡的工匠是更高意义上的人,那么最聪明的哲人都不如一个平凡的工匠有用(参见 Ritzel,1985,S. 120ff.)。

近代自然科学的思维方式革命

一种可追溯数学在自然研究中的运用、其思想萌芽可以追溯到古希腊时代的"思维方式革命"(Kant,1781/1787,B XI)也是影响深远的,近代科学通过这一思维方式的革命,彻底改变了亚里士多德开启的目的论的学术思想。亚里士多德认为,一切自然运动都是合目的的,因而物理学和天文学的任务就是认识由目的决定的自然秩序。康德依据培根、伽利略、牛顿等人的研究认为,物理学之所以过了这么久才进入近代科学的大门,就是由于这种目的论学说的阻碍;从近代科学开始我们才认识到,自然的进程不是靠目的论来理解的,而是用由人的知性建构、在实验中受到检验的自然法则来解释的。目的论的问题在康德看来依然是自然哲学的研究对象。在近代科学中,目的论失去了目的因这个维度,从此只能作为一种调节性的理念存在,也就是——类似于在背景中——引导那种通过假说设计,通过实验检验的理论创建过程,而不能再作为理论在科学研究中被运用和处理了。

> 当伽利略让由他自己选定重量的球从斜面上滚下时,……在所有自然研究者面前就升起了一道光芒。他们理解了,他们的理性只会看到它自己根据自己的设计所产生的东西……理性必须一手拿着自己的原则(唯有按照这些原则,协调一致的现象才能被视为法则),一手拿着它按照这些原则设想出来的实验,走向自然,虽然是为了受教于自然,但不是以小学生的资质复述老师想要听到的一切,而是以一个受任命的法官的身份迫使证人们回答他向他们提出的问题。这样,甚至物理学也必须把它的思维方式的这场收获颇丰的革命仅仅归功于这样一个闪念:依照理性自己放进自然中去的东西,到自然中去寻找那些理性必须从自然中学到的、单凭自身无以获知的东西。(Kant,1781/1787,B XIV)

康德在这里说到的近代科学对动力因的专注和随之而来的对亚里士多德提出的质料因、形式因和目的因的脱离,只有当时间和空间不再被理解为被目的和目标所充斥的范畴,而是被理解为人类知性用以获知和感知世界的直观形式时,才得以实现。近代科学在自然科学诸学科所取得的进步在康德看来并不是无穷的,而是受范畴限制的。新的科学的知识形式无法达到对“物自体”世界的认识,只能对那个世界表述一些观点,“物自体”的世界在空间和时间的直观形式中显现,并在诸范畴之下得到解释,而这些范畴已经抛弃了亚里士多德对其所赋予的目的论知识结构。按照康德的批判观点,实践方面的事实如“自由”和形而上的事实如“灵魂不朽”或“上帝”是无法被新的知识形式所把握的,也因此无法被近代自然科学证实或证伪。

自然知识领域的思维方式革命不仅指出了科学知识的界限,也对别的知识形式产生了深远影响,而康德对这些知识形式最多只有一些暂时性的概念。根据自然规律,地球是个球形天体,它围着自转轴自传,沿着椭圆的轨道围着太阳公转,即便自然规律是这样,近代人同样只看到太阳东升西落,而并不能在生活世界中注意到地球的运动。科学所研究的世界及其知识形式如今与其他世界和知识形式——生活世界的、历史-解释学的、意识形态批判的、先验批判的、实用的——并立,后者不能被科学代替和解释。另外,康德就自然科学、伦理学和形而上学间的关系所提出的观点对此也是适用的——自然科学知识仅限于数学空间和数学时间的直观形式中存在的世界，这个界限给其他知识形式和学术领域留出了余地。如果科学知识能完全解释物自体的世界，那么其他知识形式都不会存在了。

实践哲学领域的思维方式革命

与自然科学领域的革命相呼应的是实践哲学领域中类似的但又完全不同的思维方式革命，通过实践哲学，这个革命的影响延伸至行动科学。目的论的秩序思想对认识自然失去了范畴性意义之后，道德、法律和政治领域就需要形成一种新的思维方式来代替亚里士多德开启的等级性的诸目的和各种生活方式的秩序，并为实践科学领域建立一种超越目的论的实验性的秩序。康德在道德领域进行的思维方式革命是建基于这样一种转变的：从传统的按目的论来排序的共同生活观念转变为一种批判的观察方式，这种批判的视角也是从一种普遍法则出发，但这种法则针对的不是自然现象，而是伦理、道德和习俗。这个检验道德准则的法则，康德称之为“道德法则”或“绝对命令”①。

在提出道德法则的时候，康德也像亚里士多德那样区分了工具性的目的（有利于其他目的）和自身目的（本身就是善），在这一点上，康德与亚里士多德是相联系的。如果一条行动准则说的是某种手段适用于达到一个该行动之外的目的，那么康德就将其称为一条假言命令。比如，这种假言命令体现在下面这个观点中：建造污水处理厂是一种适于改善城市居民健康的手段。可如果要检验一条行动准则是否本身就是善的，那么就不能只问它是否适合作为达到一个外在于自身的目的的手段，而是必须判断，它是否内在含有一个合法的目的。这种检验就不能在假言命令检验的意义上进行了，因为那是有条件的，也就是说，假言命令的检验涉及的是适用于达到一种尚未被评判的目的的手段，而对自身是否内在含有合法目的的检验必须在一种无条件有效的绝对命令之下评判各种目的和准则。

在对假言命令和绝对命令的划分中，我们又看到了亚里士多德对工具性

① “准则”（Maxime）在康德哲学中指的是行动的主观原则，而法则（Gesetz）是客观原则。正如康德自己所解释的那样：“准则包括被理性规定为与主体的条件（经常是主体的无知甚至爱好）相符合的实践规则，从而是主体据此行动的原理；法则却是对一切有理性的存在者都有效的客观原则，……也就是一个命令。”（译文参见：康德.道德形而上学奠基［M］.杨云飞，译.北京：人民出版社，2013：52.）——译者注

的善（有利于其他事情的善——例如马鞍之于马术）和自身目的（本身就是善的）的区分。而实践哲学领域的现代思维方式革命就在于：第一，康德不再坚持工具目的和自身目的二元对立；第二，康德建立了由唯一的绝对命令构成的道德法则。绝对命令为自身合目的性或内在合目的性的概念提供了根据，而这个概念不再按内在等级对自身目的进行排序了。

当自由落体定律将落体的运动总结为一个普遍的公式时，它是不考虑落体的所有特征的；绝对命令也是这样，它并不考虑各种伦理道德或习俗的质料或内容特征。绝对命令表述的是对道德准则普遍有效的，不受制于其质料性、内容、时间和地点而有效力的法则。对准则和实存的所有形式的道德规范进行道德-伦理的考察所依据的标准不应是其实在的内容，而应当仅仅是这样一个问题：它是否可以毫无矛盾地被普遍化并对所有人有效。

康德推导出了绝对命令的多种公式，其中两个是这样的：《道德形而上学奠基》中的目的-手段公式和《实践理性批判》中的普遍-立法公式：

> 你要这样行动，把无论是你人格中的人性，还是每个他人的人格中的人性，任何时候都同时当作目的，而绝不只是当作手段。（Kant，1785/1786，A 66f.）
>
> 你要这样行动，使你的意志的准则任何时候都能同时作为一个普遍立法的原则。（Kant，1788，A 54）

第一条表述讲的是行动，第二条表述讲的是行动的准则。第一条承认了，人在行动中总是相互当作达到目的的手段，同时说明了，绝不是说在目的论上被合法化了的当作手段就含有行动的道德性，一个行动的道德性取决于行动者人格中的“人性”和行动对象的人格中的人性在“任何时候都同时当作目的，而绝不只是当作手段”。当作手段和承认人格这二者之间的关系不再是亚里士多德思想中那样的了。亚里士多德认为奴隶是天生为奴的，奴隶作为“有灵魂的工具”服务于自由民，他们被用作手段，而并未被承认为人格（Person）[①]。第一条

① Person这个词在康德哲学中所指的概念是作为自身目的的理性存在者。该词在李秋零和邓晓芒的康德译本中都被译为“人格”。——译者注

强调的当作手段和承认人格之间的关联在第二条表述里用“任何时候同时”再次被提到。意志的准则应当不仅是个体把别人当作手段的准则,而应当同时也作为能被每个人承认的“普遍立法的原则”。

康德用许多例子解释了这个思想,也通过指出共同的人类知性来阐述他的这个观点。在《论出自人类之爱而说谎的所谓法权》这篇论文中,康德探讨了这样一个案例:一个杀手锁定了下一个谋杀对象,这个被追杀的人躲到了另一个人那里,杀手追来问这个人,要找的人是否在他家里。我们可以为这种情况立一条普遍准则允许出于人类之爱而说谎吗?

按照普遍-立法公式,要检验这条准则是否能作为普遍立法的原则。如果所有人在任何时候都可以出于人类之爱而说谎,那么真相就只存在于没有难题的情境,再没有人知道某个说法是真实的还是出于人类之爱而编造的。康德认为,在这个讨论的案例中,连保护受害者免遭杀手毒手这一点都无法保证,因为他可能通过后门离开大楼却在那里遇到刚刚被出于人类之爱所骗的杀手。

根据目的-手段公式,我们就要问,在出于人类之爱而说谎的时候,说谎者是否能把自己、杀手和那个可能被杀的受害人都承认为人格,还是把——比如那个杀手——仅仅当作表现人类之爱的手段。谁把人类之爱视为最高价值,谁因为这至高无上的价值而对可能杀人的凶手说谎,谁就是为了一个最高价值而说谎,而没有事先考察它是不是最高价值。但如果人类之爱不应是最高价值,而应当与对真相的爱相统一,那么出于人类之爱的谎言就必然是不被允许的。

根据对绝对命令的这两条表述所进行的考察得出了相同的结论:出于人类之爱的说谎在道德上是不允许的。就算是面对杀手也应当诚实。康德的这种答案一直受到批判,这些批判的声音认为,康德想用这个例子说明,不可以出于人类之爱而保护一个潜在的受害者免遭凶犯毒手。但康德谴责出于人类之爱的谎言时并无此意。因为康德认为,对杀手的诚实也包括将可能被杀的受害者以另外的、不说谎的方式保护起来的义务。团结和帮助在康德所举的例子中是存在的。但谁要是出于臆想的人类之爱就这样说谎,那么谁就既没有提供实际的支援,也没有与可能被害的受害者真正站在一起。

康德在《实践理性批判》里援引了另一个没那么有戏剧性的例子，用以解释绝对命令的考察方式，这就是所谓“寄存物”的例子，这个例子带来了更大的难题。黑格尔用这个例子将他对康德的批判进行了具体化解释，哈贝马斯（Habermas，1985）也通过这个例子说明了一种超越绝对命令的交往伦理的必要性：

> 准则中的何种形式适合于普遍立法，何种形式不适合于普遍立法，这一点最普通的知性没有指导也能分辨。例如，我把用一切可靠的手段增大我的财产定为了我的准则。现在我手中有一项寄存物，它的所有者已经去世，且没有留下任何与此相关的字据。这当然是我的准则所想要的。现在我想知道的只是，那条准则是否也可以被看作普遍的法则。于是我把那条准则应用到当前这个场合下，并且问，它是否能采取一个法则的形式，因而我是否有可能通过我的准则同时给出一条这样的法则：每个人都可以否认一件无人能证明是存放在他这里的寄存物。我马上就发觉，这样一条原则作为法则将会自我毁灭，因为它将使得任何寄存物都不会有了。（Kant，1788，A/B 49）[①]

这个事例也经过了绝对命令的两种表述的检验。也就是说，如果按照目的-手段公式进行检验，就会得出与康德按照普遍-立法公式进行检验的相同结果。如果问，一个把不能提供寄存证明的寄存物据为自己财富的人，是否将自己和每一个与该行动有关的他人都不仅用作手段，而且也视为目的了，那么回答是，谁将别人的财产当作自己的财产用了，谁就是将自己和他人的人格用作增加其财产的手段，而没有将自己和他人作为目的承认。

黑格尔在《论自然法的科学论证方式》（Hegel，1802/1803）中表示了对这种论证的不满。他反对康德的论证，认为这种论证无非是同义反复，它只证明了，如果不退还寄存物，那么就不存在寄存物了。黑格尔尝试用一个反例来驳斥康德对这种最平常的知性不需要指导也能作出判断的能力的引证。为此他

① 译文参见：康德.实践理性批判［M］.邓晓芒，译.北京：人民出版社，2003：34.

选取了这样一个问题：帮助穷人是否可以被视为一个普遍的准则。如果按照康德的论证方式——倘若受托之人将寄存物占为己有的做法是可普遍化的，那就没有寄存物存在了——那么这个问题的答案就会是否定的，因为如果将这个准则普遍化，那么要么就不再有穷人，要么就不再有帮助者了（见 Hegel，1802/1803，S. 470）。

黑格尔在这两个例子的对比中虽然曲解了康德的意思（参见 Höffe，2002），但确实指出了康德提出的考察方法的局限。如果用绝对命令的两个公式来指导行动，那么目的-手段公式会告诉我们，帮助穷人这个准则只有当不把穷人仅仅看作富人得以行善的手段时才能普遍化。根据目的-手段-公式，该法则实施的道德品质取决于，所提供的支援和善举是否持续与贫穷进行斗争，而且所有参与者是否都以这种方式将自己和他人不仅用作手段，而且承认为目的。

黑格尔的例子不仅表明，绝对命令的两种表述的检验方法需要得到更明确的区分，黑格尔对康德的批判同时也指出了，绝对命令不能仅仅被理解为考察一种形式逻辑上的可普遍化的原则，而是需要得到继续发展，进而得以追问，接受检验的准则是否内在含有可普遍化的合理性。这种合理性是无法由绝对命令产生的。如果绝对命令对一条准则的检验结果是正面的，那么这条准则必然是自己含有这种合理性。然则正如黑格尔所说的那样，财产是在道德和法律上意义重大的社会性范畴，寄存物的那个例子正是以财产的合法性为前提的。这种合法性不是由绝对命令产生的，而只是受到绝对命令的检验和评判。如果被评判的准则没有合理性或不合理性，那么即便通过运用绝对命令也不可能找到或形成这种合理性或不合理性。

如果考虑到黑格尔这种合理的异议，那么我们也许可以说，康德的绝对命令在其各种表述中更接近于一种消极的实践理性原则，而远不是积极的。道德判断的积极性不来自命令本身，而是来自准则。准则含有道德尊严或道德非法性，这是前提，只有在这个前提下，才可能对准则是否可被普遍化、是否承认参与行动的人格是自身目的进行建设性的检验。如果一条准则不能被普遍化，或者它局限于仅仅将当事人用作达到某种未经检验的目的的手段，那么康德的绝对命令将很有助于对此进行一种消极的审查，这种审查会对一条具体的准则进行质疑，而并不会简单地用自己的力量拿一个新的准则去替换它。

这种质疑本身会得出截然不同的结论。一条准则可能会被评判为在道德上应受谴责的、矛盾的或无关紧要的。把行动参与者用作单纯的手段而不将其视为自身目的，这样的准则就是应受谴责的；某些行动中，是否承认行动参与者的人格没有区别，这种行动的准则就是道德上无关紧要的；在多个不同的道德义务相冲突的情况下，从某些方面看，准则将行动参与者视为自身目的加以承认，从另外的方面看则没有承认，这样的准则就可能是道德上矛盾的。

道德上矛盾的准则可以用义务冲突情况下的一个选择作为例子来解释：赫尔穆特·施密特1977年任西德总理，当时的一个恐怖组织"红军旅"劫持了德国雇主联盟主席汉斯·马丁·施莱尔，以此要挟政府用他换出被依法判刑的"红军旅"恐怖分子。施密特决定拒绝恐怖分子对国家的要挟，并声明，自己的这个决定没有将雇主联盟主席作为人加以承认，因此自己"对汉斯·马丁·施莱尔的死[①]负有责任"（Schmidt，2013）。

道德上无关紧要和应受谴责的行为的例子没有这么戏剧性。比如在足球赛中传球没有传到自己球员脚下或射门打偏了，我们说这种行动是不成功的，而不是在道德上应受谴责的。但如果故意犯规导致对方无法继续比赛、被迫离场，那么我们说这个行为是在道德上应受谴责的——就算这次犯规导致了本队的胜利。对于这里相应的准则也是类似的道理：传球就应该传到队友脚下，射门就要射正，这样的准则是假言命令，而且也不在道德和不道德的维度之内；对对方球员犯规，导致其受伤下场，以此来提高本队的胜算，这在道德和法律的意义上却绝不是中性的，而是在法律上违法的、在道德上应受谴责的。

教育学中的思维方式革命

康德的理性批判不仅在道德和法的领域中导致了对那些可追溯到亚里士多德关于善、价值和美德的等级以及建基于此的对不同社会生活方式的划分的质疑，而且促进了对教育和教化、道德和伦理以及法律和政治的各种关系的

① 施莱尔在被劫持43天后遭杀害。——译者注

重新确定。他的理性批判也对现代教育学的理论奠基和实践纲领建立有重要意义。

康德的教育学讲座深刻批判了传统的家长对儿童的教育和国家对臣民的教育。他研究的出发点是这样一种对教育的理解：他不再把教育理解为伦理学和政治学的一个应用部分，而是理解为一种在不同的视角下可能产生问题的代际实践。康德认为，让受完教育的成年人去教育未成年人，这并不能为教育管理技巧提供可靠的基础。在这件事情上，亚里士多德坚信，受过良好管理的儿童将来就能很好地统治别人，而康德则在其中看不到教育成功的保障，而是将它说成教育技艺发展的额外负担（参见 Ruhloff，2012）：

> 人只有通过教育才能成为人。除了教育从他身上所造就出来的东西，他什么也不是。应当说明的是，人只有通过人，通过同样是受过教育的人来受教育。因此，一些人本身在受训诫和教导方面的欠缺，也使得他们成了其学童的糟糕的教育者。……但因为教育一方面是教给人某些东西，另一方面也只是在人自身那里发展出某些东西，所以人们就不可能知道，自然禀赋在人那里能够做到哪一步。（Kant，1803，A 7f）[①]

康德并不想把他的观点"人只有通过教育才能成为人"理解为教育万能的主张，也不想将其理解为教育无能的断言，他的这个观点是要质疑所有教育对教育者已经接受过的教育的依赖。他要以此说明的是，改善教育尤其要依靠对教育者的这样一种培训，这种培训使他们能够不是简单地复制自己在少年儿童时期所受的教育，而是有能力批判性地反思自己所受教育的机制，并借助公共教育系统改革，针对新的问题和洞见调整自己的教育行动：

> 但是，假如人们对此有深思熟虑，那么就会发现，这也许是很困难的。因此，教育就是能够交付给人的最大、最难的问题。由于见识取决于教育，而教育复又取决于见识……我们大概可以把人的两种发明视为最困

① 译文参见：康德.康德论教育[M].李其龙，彭正梅，译.北京：人民教育出版社，2017：6－7.

> 难的，这就是指统治艺术和教育艺术的发明，何况人们对它们的理念还有争议。（Kant，1803，A 14）①

康德要求建立一种科学的教育学，这种教育学会把经常仅仅是“机械地”进行的教育实践发展成一种以理论为导向的、实验性地进行的、以专业知识进行判断的、裁断地开展的实践。为此需要配以这样一种政策：不是将教育技艺仅仅用于服务家庭或国家的目的，而是将其作为一种自由的技艺加以承认并支持：

> 一个理念无非是关于一种在经验中尚不存在的完善性的观念。比如，一个完善的、按照正义的规则治理的共和国的理念！……而那种要把人所有的自然禀赋都发展出来的教育理念，当然是真实的。（Kant，1803，A 10）②

康德认为，这种教育的主要任务在于，使儿童学会思考、判断和自由地行动。如果儿童生活在一个成人能自由地思考、判断和行动的共和国中，那么这会更容易做到。因此，教育的改善只有与政治的改善相联系才能发生，而这两者都有赖于：人不光学会服从纪律地生活，而且学会有教养地、文明地生活，并做出道德的行为。

康德认为，“训诫”的目的是自我管束；“培养”的目的是传授基本技能，比如读、写；“文明化”的目的是形成符合普遍的、世界公民的法则的行为，道德化的目的是人与人之间的相互承认。可以说，康德不仅主张一种道德和政治上的世界主义，而且主张一种跟教育和教化问题相关的世界公民的世界主义。这种世界主义不是旨在建立一种覆盖全球的，由顶端的人来统治世界的统一文化体系，而是要发展形成一种个性的、文化的多样性。这种多样性绝不能用文化相对主义来解释，而可以这样理解：人类活动之间总是到处都可能产生相互影响。对于那些需要被打破的等级社会的藩篱，康德用报春花作为例子

① 译文参见：康德.康德论教育[M].李其龙，彭正梅，译.北京：人民教育出版社，2017：9.
② 同上：8.

进行了论述:

> 以报春花为例,我们发现,如果人们把它们连根拔起移栽,那么所得到的都只有同一种颜色的报春花;但与此相反,假如人们播种它们的种子,那么所得到的就是颜色完全不同的,极其不同的报春花。这就是说,大自然把胚芽赋予它们,而要使其从它们之中发展出来,这就取决于适当的播种和培植了。就人来说也是这样。(Kant,1803,A 11)[①]

康德所说的"取决于适当的播种和培植",不能被误解为自然主义。"播种和培植"的比喻是针对"连根拔起移栽"的比喻提出的,后者的特点就是从植物中拔起带有不变特性的压条来移栽。康德将"播种"用作一个教化理论的比喻,旨在形成最大可能的相互作用;而"培植"被用作一个教育理论的比喻,他要说明的是,现代教育不再能主要被理解为未成年人在各自等级中的社会化了。

接下来我们要看看实施康德所描绘的蓝图的尝试。这些尝试是在德国古典教育学时期的前共和社会秩序的语境中进行的,后来在杜威的承接古希腊传统和德国传统的教育哲学中,这种尝试又出现了一种指向民主的生活方式的版本。

---

① 译文参见:康德.康德论教育[M].李其龙,彭正梅,译.北京:人民教育出版社,2017:8.

21st

Education Reform for the 21st Century Skills: China and World

第三章

现代教育的自身逻辑及教育、道德和政治的关系的新规定

19世纪上半叶，赫尔巴特和施莱尔马赫在德国共同建立了现代教育学，他们连同威廉·冯·洪堡一道，形成了这样一种教育思想与行动的纲领：现代教育有责任进行一种个人的和普遍的教化，有责任推进一种反思性的道德，有责任提升未成年人参与社会生活的可能性。这些纲领在普鲁士教育改革中表现出特别的作用。它们在时间上将普通的学校教育安排在职业教育之前，并且不再按出身等级和职业等级来划分教育系统，而是按层级[①]来划分。

康德对新教育有过这样的说法：关键在于"让儿童学会思考"（Kant，1803，A 25）。这是如何可能的呢？费希特（Fichte）对此作出了回答：现代教育不再将父母的等级性的生活方式传给孩子，而是一种"对自由的自我活动的激发……即所谓教育"（Fichte，1798，S. 43）。黑格尔则认为公共学校的任务是实现"个体的教化"，即形成个体"加入公共生活的能力"（Hegel，1811，S. 273）。黑格尔所说的参与公共生活，即施莱尔马赫说的通向"全体共同活动"（Mitgesamttätigkeit）的教育，他将这种"全体共同活动"定义为，未成年人参与政治（国家）和宗教（教会）、自由的社交、写作和科学的"大生活共同体"（großen Lebensgemeinschaften）（Schleiermacher，1826/1983，S. 15）。

教育改革与教育、道德、政治之间新型关系的发展不应是相互隔绝的，而应该相互协调。新教育不再以人按等级划分的资质为出发点，而是承认每个新生的人都有一种未被规定的可教性和可塑性。新教育要求教育、道德和政治之间关系的新秩序，一种将教育从等级社会的任务和目的的传统桎梏中解放出来的新秩序。

① 例如，年级和学段。——译者注

一、赫尔巴特对目的论和绝对命令的结合以及现代教育的新构想①

约翰·弗里德里希·赫尔巴特素描
作者：斯蒂芬斯(C. H. Steffens)，盖耶(C. Geyer)

约翰·弗里德里希·赫尔巴特(Johann Friedrich Herbart)生活在1776—1841年，他是柯尼斯堡大学康德哲学教席的第二任继任者。

在1806年出版的《普通教育学》中，他将教育的任务和措施划分为教育的儿童管理、教育性教学和咨询式教育。

他在1808年出版的《普通实践哲学》中形成了伦理和政治的基本判断，这些判断将绝对命令的、目的论的和教化理论的反思连接起来，并建立了教育、道德和政治之间关系的一种新秩序。

赫尔巴特是一位系统性的思想家，他几乎涉猎了古典哲学的所有分支，尤其推动了实践哲学、心理学和教育学的理论创新。他的教育学从19世纪下半叶到20世纪初主要在尚未建立民主政体的国家被接受，用于教师培训和教育系统的建立和现代化。20世纪60年代，对赫尔巴特思想的那种国家教育(staatspädagogisch)导向的解读才开始得到纠正，赫尔巴特在教育理论、教化理论、学校理论、教学理论和学校批判诸领域的贡献第一次得到推崇，他的《普通教育学》和《普通实践哲学》的关系也才得到更多的重视(参见：Schwenk, 1963；Benner/Schmied-Kowarzik, 1967；Geißler, 1970；Buck, 1985；Benner, 1997；Anhalt, 1999；Stępkowski, 2010；Bicsák, 2012, 2014)。下面先阐释赫尔巴特对目的论和绝对命令的问题设置的调和，然后阐明《普通实践哲学》中的道德和政治基本判断体系，最后讨论他对教育行动自身逻辑的新规定，讨论结尾处将评价赫尔巴特的性格形成理论赋予积极道德与消极道德之间关系的意义。

① 原文标题为 Herbarts Zusammenführung teleologischer und kategorischer Begründungsmuster und seine Neukonzeptualisierung moderner Erziehung durch die Trias von „Regierung Unterricht und Zucht“。——译者注

目的论和绝对命令的问题设置的非目的论连接

像康德一样，赫尔巴特也把目的论的判断归于自然科学尤其是生物学和心理学中。但康德没有赋予目的论的论述以范畴-对象建构的意义，只是赋予它一种引导理论形成进程的调节性意义。赫尔巴特则认为，与对象相关的目的论的观点也是可能的。目的论思想在数百年中阻碍了计算型自然科学的诞生，鉴于这个事实，赫尔巴特认为，人们在自然研究中会在一段时期内优先考虑因果关系的原理，但之后又会在目的论论据合法的地方，对目的论论据给予更多关注。“目的论不是必须被抛弃的，但如果人们希望以后还能为它辩护，那么就必须将它搁置，在某些时候还须将其去除。”(Herbart，1829，§160)

赫尔巴特认为，目的论的论据在区分活的和死的生物时就有一种奠基性的意义了。在活的肉体性(lebendigen Leiblichkeit)中，目的论是有用的，在死的身体中则无用(参见 Herbart，1829，§157)。赫尔巴特紧紧抓住目的论的对象建构意义，这也解释了他为什么将空间和时间不仅阐释为康德意义上的直观形式，而且阐释为亚里士多德传统意义上那种充满目的的时间和空间。尤其是，他认为，即便在计算型自然科学的思维方式革命之后，自然科学中仍然存在目的论的判断形式：

> 眼睛与耳朵之所以长成现在的模样，其前提条件是光与气流。直接创造出视与听岂非更快捷一些吗？如果那样，眼科医生连同其工作的风险性则不存在，亦无须研究治疗耳聋的方法。双足为了运动，牙齿为了咬下与嚼碎食物。最高雅的艺术能否与单纯空间关系的虚无相提并论？谁这样问，大自然会以不争的事实给予回答。有人鄙视事实的艺术，原因是它深深地影响着现象的世界，那么至少会注意到，同样的艺术探寻基础知识的内涵和真实的事件，艺术以一种方法继续探寻下去，就会使我们的化学手足无措，而我们的生物学只能勉强弄懂那些作为任务交给它的问题。(Herbart，1829，S. 330：5. Abschnitt，1. Abteilung，Vorerinnerung)①

① 译文参见：赫尔巴特.赫尔巴特文集·哲学卷(第2卷)[M].郭官义，译.浙江：浙江教育出版社，2002：321－322.

康德认为,实践哲学不能再由目的论的判断形式来处理,赫尔巴特在这一点上是与康德一致的。赫尔巴特论述了宗教和道德对世界的解释之间的协调问题,在这个方面,他断言道:

即使是“个体的生命与行动可能与世界规划(Weltplan)有一种隐含的关联”这种本身就合理的观点,在实践运用中也会变成应受谴责的。出于人无法依据隐藏的、连自己都不知道的动机去行动,但人在这种隐藏之中穿凿附会地加进去的利用恶以向善的做法却给了那些在推进世界规划的进程中寻求其价值的人与向善的动力同样强的向恶的推动。当人们把那种纯粹静观的目的论(而不是那种必须由自然研究相伴的认识原则)搅进实践原则时,就会导致这种后果。(Herbart,1836,S. 397: §208)

在自然知识的领域,赫尔巴特认为,目的论的视角没有完全被假设-科学性的知识形式替换,他甚至认为应该将计算型自然科学的工作方式和目的论的判断形式结合起来,但他在实践哲学和与之相连的教育学中却明确地排除了类似的联合。亚里士多德区分了不同的生活形式,他认为有些人生而为奴,有的人是可以形成良好习惯的公民,而只有为数极少的上层人士才是作判断的人;赫尔巴特继承康德的思想否定了这种区分在教育学-教化理论、道德-伦理和政治-法权上的所有合法性。在实践哲学中,他将康德的绝对命令思想放在了目的论的论述模式之前的优先位置。同时,他又对康德的绝对命令学说做了很重要的修改。尤其是,他试图将康德的其中一个命令转化为一系列绝对基本判断(kategorische Elementarurteile),而这些基本判断的数目,绝不是随意的,而是成系统的:

即便康德的目的王国真的只有目的,即便他的消极概念“作为自在目的的理性存在者”不仅仅意味着“理性存在者不能被视为手段”这一否定……光靠他的自由的、自我立法的存在者在理想的世界里是无事可做的。(Herbart,1851,S. 187)

为了在康德的绝对命令和多种具体的判断和行动目的之间建立联系，赫尔巴特在他的实践哲学中建立了基于基本意志关系的五种单纯的（道德的）基本判断以及五种推导的（政治的）基本判断的秩序。他试图以此回答，一种理论伦理学中在针对行为动因、习俗、道德和规则的评判方面如何可能存在有普遍性的思想内容，而且这些待评判的事物不仅随时代和时期的不同而有别，就连在人跟人之间都常常存在这样的争议：到底哪种道德正确、哪种道德应该被保留、哪种道德应该被改变。对这个问题，赫尔巴特给出了一个一眼看上去令人惊讶的答案：

> 但是，假如一群人都坚持自己有权作出实践判断，并且相互指责对方的判断是不正确的，那么，哲学如何以其权威性开始有效地做出判断呢？不要梦想会有一种更高的权威，通过这种权威，哲学似乎能够要求每个人改变他们最初产生的认识。之所以如此，是因为每个人自己就是判断者，但哲学却不是所有判断的判断者。因此，我们可以轻而易举地对上面的问题作出回答：哲学根本不作判断，但是，哲学教人学会判断。因为任何判断都取决于它的对象，所以哲学是通过它正确地表述对象，即通过完全理解对象来教人正确判断的。（Herbart，1808，S. 4f.；SW. Band 8，S. 4）①

那种“教人学会判断”并纠正判断的论述形式，赫尔巴特既没有在理论的和目的论的判断形式中找到，也没有在实践的和绝对命令的判断形式中找到，而在康德《判断力批判》从前几种判断形式里区分出来的审美判断（ästhetischer Urteil）中找到了。他说，审美判断能够避开善恶论、美德理论以及义务论的错误，因为它论证了基础的“鉴赏判断”（Geschmacksurteile），这种判断来自对每个对象的完全表象（Vollendete Vorstellung）：

> 善恶论、道德学说和义务论的普遍错误已暴露无遗。它们只认同意志，并试图以某种方式把意志当作意志本身的调节器。为了达到这一目

① 译文参见：赫尔巴特.赫尔巴特文集·哲学卷第2卷[M].郭官义，译.浙江：浙江教育出版社，2002：86.

的，它们细致地观察意志的诸种对象，把这些对象置于与意志相一致的情感中，挖掘意志的来源，研究意志的最初表现和最终表现。但是，这一切都只是徒劳，意志永远只是意志，但不是意志要获得的内在价值。(Herbart，1808，S. 14; SW. Band 8，S. 9)①

赫尔巴特并没有小瞧那些关于善恶、美德和义务的反思和警言，而是指出，它们没有达到对"对意志的判断"，而"对意志的判断"的根据既不会在诸善、美德和义务中，也不会在意志本身之内，意志本身就是要接受判断的(参见Benner/Schmied-Kowarzik，1967，S.15－51)。赫尔巴特提出，对意志的判断可以这样进行：

如果根本不谈意志，根本不谈意志的力量、意志行为以及它在同对立力量的冲突中可能产生的不同程度的主动性和受动性，如果不谈意志在现实中能够被感觉到的对它的实在性的种种考虑，那剩下的还有什么呢？当然只有它的单纯的所在，它的图像了！

意志的图像，根据图像的性质，受制于理解者的不带意志的判断。

意愿者服从于他所处的环境，在这种环境中，随着他对环境得出的图像，他同时也就产生了自我判断。(Herbart，1808，S. 20f.; SW. Band 8，S. 10f)②

赫尔巴特认为，这种对意志的审美判断既不是科学-因果性的，也不是形而上-目的论的判断种类，而是一种对意志的"无意志的判断"的结果，这种判断是在对待评判的意志的"完全表象"中产生的鉴赏判断。

在《判断力批判》中康德对鉴赏判断有一个总体上的说法：鉴赏判断有"对象的合目的性的形式"，而这种形式是"没有目的的表象"地在对象上被感知到的(Kant，1790/1793/1799，§17，B 60)。然后康德阐释了"反思性的鉴赏判断"，它与"一种共通感"有关，这种共通感不是由一种主观判断的——不合

① 译文参见：赫尔巴特.赫尔巴特文集·哲学卷第1卷[M].郭官义，译.浙江：浙江教育出版社，2002：90.
② 同上：91.

法的——普遍化得来的，而是由一种“共同感觉的理念”产生的。这种理念的根本在于，人“置身于每个别人的位置”，并同时“从与我们自己的评判偶然相联系的局限性中摆脱出来”（Kant，1790/1793/1799，§ 40，B 157）。而一种可以向纯粹鉴赏判断挺进的“鉴赏批判”需要符合三条规则：“1. 自己思考；2. 在每个别人的位置上思考；3. 无论何时都与自己一致地思考”（Kant，1790/1793/1799，B 158）。在关于反思性审美判断力的论述的最后，他谈到了培养“共通感”的问题，“建立鉴赏的真正入门就是发展道德理念和培养道德情感，因为只有当感性与道德情感达到一致时，真正的鉴赏才能具有某种确定不变的形式”（Kant，1790/1793/1799，§ 60，B 264；参见 Forey，2007）。

赫尔巴特也强调鉴赏培养（Geschmacksbildung）和鉴赏判断之间的紧密关联，而并不是仅仅认为前者对后者具有入门的功能。他的观点“实践哲学不作判断，但是教人学会判断”，将伦理学提升为这样一种学科，人们研究实践哲学，是为了考察自己的判断，并在必要时做出更正。实践哲学的任务不是代替个人或大众去作出判断，而是引导个人和大众提出在系统上正确的问题[①]。赫尔巴特认为，与此相关的是，要注意到实践哲学的判断形成（Urteilsbildung）和通过教育进行的鉴赏培养（Geschmacksbildung）之间的相互依赖关系。伦理学和实践哲学的对象是那些愿意考察和纠正自己判断的成年人；教育的对象是那些接受教育的未成年人，他们必须被引导到一种理性的判断上去。只有当后者成功时，才会有懂哲学的成年人，才谈得上实践哲学。懂得实践哲学并不旨在代替人去作判断，而旨在教人学会判断，这一点在教育上也是一样的。在教育中，教育者（Lehrer und Erzieher[②]）并不代替未成年人作出判断，而是要使未成年人有能力作出道德的判断并且借此做出道德的行为。

赫尔巴特在更早的作品《论对世界的审美展示是教育的主要工作》中也提出了一个有关教育的相似观点，这个观点也表明，伦理学不作判断，而是教人判断：

① 这里的系统指的是《普通实践哲学》中道德基本判断和社会-政治判断体系，系统上正确指的是人能将待判断的事物正确地归于其在该判断体系中所属的判断领域。——译者注

② 即任课教师和生活老师。——译者注

良知也一同去看歌剧。[1]（Herbart,1804,S. 230; PS. Band 1,S. 119）

赫尔巴特在这里是想说,良知不是靠教导教出来的,而可能是通过教育的支持自己形成的。这样一种良知的形成依赖于这样一种教育：教育者不代替孩子做判断,实践着的教育者使学习着的孩子有能力做判断。赫尔巴特在他的《普通教育学》导言中这样论述道：

通过儿童读物来进行道德教化的这种意图足以使儿童读物遭到毁坏。在这里我们忘记了,所有人,包括儿童,都从他所读的书籍中汲取适合他的东西,并按照他自己的方式来评价作品与作者。只要为儿童清楚地描述邪恶的事物,不过不要把它作为欲望的对象,那么他们将会发现这是邪恶的。假如一个故事由于穿插道德推理而中断,那么他们将会发现这是邪恶的。假如一个故事由于穿插道德推理而中断,那么他们会感到你讲述得令人厌烦;假如只谈从善,那么他们会感到单调;假如只用消遣的内容来吸引他们,那么会使他们被邪恶的东西诱惑。请回忆一下你们在观看一出真正的道德性戏剧的时候自己的感受吧！但是,假如给他们讲述一个有趣的故事,这个故事富有情节,描写众多的人物及其复杂关系,它具有严格的心理的真实性,而不脱离儿童的感觉与观念,它没有描绘至恶或至善的追求,它只通过一种柔和的甚至半朦胧的道德节拍来使儿童行为的兴趣从邪恶转向善良、公平和正义,那么你们会看到,儿童的注意力是如何扎根于你们的讲述中,他们如何深入到真理中去思考事物的一切方面,多方面的材料如何引起多方面的判断,消遣的吸引力最终如何导致善良的倾向,那种在道德判断方面也许感到比故事中的主人公与作者略高出一筹的儿童,如何以一种内在的愉快感觉,坚定地根据自己的观点表明自己反对其在内心感觉到的那种粗劣行为。假如要使故事影响久远而深刻,那么还必须使它具有一个特点,即必须具有伟大人物的那种极强烈、极纯正的感染力。（Herbart,1806,S. 27ff.; SW. Band 10,S. 14f.;

① 赫尔巴特此句的意思是,歌剧不代替观众去判断善恶,而是观众自己的良知在评判剧中的善恶。——译者注

PS. Band 2, S. 25f)[①]

这段引文已经包含我们下面要讲到的积极道德和消极道德之间的关系。这里只是需要强调，赫尔巴特在这里排斥那种欲借儿童文学来进行道德化的教育，那种教育要求儿童在自己的思想和行动中去模仿文学作品中那些模范的故事情节里给他们制造的榜样。赫尔巴特不赞成这种教育，而建议——这里沿袭了卢梭的传统——代之以这样一种行动：用审美的、容易记住的方式呈现善与恶，而把判断交给专注于呈现事物的人去做。

在这一思想指引下，我们首先来看赫尔巴特在他的《普通实践哲学》中建立的道德和政治的基本判断的体系，然后再看赫尔巴特《普通教育学》里谈的现代教育的新秩序。

赫尔巴特道德和政治的基本判断体系中教育、道德和政治之间关系的新秩序

赫尔巴特的《普通实践哲学》分为两部分，第一部分题为"理念论"[②]，第二部分题为"理念与人"。理念论区分了"基本的理念"和"推论的理念"，前者为个人道德判断建立了基本判断，后者是从前者推论出来的，它为对社会秩序和社会子系统的评判建立了基本判断。二者是相互联系的，因为它们都指向那种需要在教育和政策上发起并保障的教化过程。

在关于个人道德行动的单纯基本判断系列中，赫尔巴特从五种意志关系出发，基本判断会按照已描述过的那种方式作用于这五种意志关系（参见 Herbart, 1808, S. 77 - 145; SW. Band 8, S. 33 - 60）。第一种关系是意志和判断的关系（没人能再往前追溯了），这种关系虽然是在意志和判断的关系本身中得到认识的，但这种关系在所有的基本判断中都会一再出现。如果问应该是判断由意志产生，还是判断对意志作出评定，那么亚里士多德的伦理学和康

① 译文参见：赫尔巴特.普通教育学[M].李其龙，译.北京：人民教育出版社，2015：10.

② 在郭官义所译《一般实践哲学》中，"Ideenlehre"被译为"观念论"。鉴于本书中其他地方（尤其是关于康德的部分）"Idee"皆译为"理念"，也鉴于赫尔巴特思想与康德思想的密切关系，"Ideenlehre"译为"理念论"。——译者注

德的绝对命令给出的答案会是，人不能为所欲为，而必须首先考察和评判其意志。这是赫尔巴特的第一个基本判断，他称之为“内心自由的理念”。这个理念对道德评判的要求是，判断不从意志追求中产生，判断凌驾于意志追求之上，在这个意义上，判断者不受意志追求的束缚。第一个基本判断说明，判断者在行动中不应遵循其意志，而是应该听从于对其意志的判断（Herbart，1808，S. 82ff.；SW. Band 8，S. 35ff.）。因此，内心自由的理念是第一个判断，也是最普遍的一个判断，它普遍地涉及同一个有意志而作判断、作判断而有行动的主体中意志和判断的关系。

第二种关系存在于要对同一个主体中的多个意志作出评判的情况。怎样考虑这种意志关系下的内心自由呢？赫尔巴特的回答是，内心自由必须用于所有待评判的意志追求，但只有当意志追求的强度不是对评判具有决定性影响的因素时，才能做到。第二个基本判断就是，不要听从最强或最弱的那个意志，而要考察相互竞争的多个意志追求，且不受其强弱左右。带着内心自由来对多个意志追求进行判断的理念产生了第二个基本判断“完善的理念”。它说的是这样一种原则，这种原则对欲求本身的品质不做评价，但是给致力于自身教化的人提出了一个任务：发展其多种意志追求，以使自己不止有一个意志，也不止于在两个意志间作出选择，而是能够有多种欲求（Herbart，1808，S. 96；SW. Band 8，S. 40）。这是一种纯粹量化的、并非质性的完善的理念，它对应于赫尔巴特教育学中所提出的发展每个未成年人“多方面兴趣”的任务。多方面的兴趣使人能够有多种欲求，能够多方面地感知世界并且以多种方式与他人交往。

为了对更多的意志关系进行评价，就不能只看同一个主体内的意志追求，而有必要找出涉及一个“我”和一个“你”之间关系的意志追求。但在谈及互动的意志追求之前，先要反思这样一种意志关系：在这种意志关系中不是不同的人的意志追求相遇，而是一个“我”与一个纯粹想象的陌生的“你”相遇。对这种意志关系有没有一种基本判断？它会是什么样？比方说：我是在每个陌生人身上看到一个朋友，还是在每个陌生人身上看到一个敌人？在这里也有内心自由的理念的要求，即，对自己的意志进行考察者要首先不受自己意志追求的束缚。针对一个想象的陌生的“你”的意志赫尔巴特提出了“善意的理念”作为基本判断，这个理念的内涵就像康德那样，指的是一种“无动机的善意”，也被称作“善”（Güte）。对此，赫尔巴特说：“善之所以为善，正是因为它对他人的意志是直接地、无动机地好的。”（Herbart, 1808, S. 106；SW. Band 8, S. 44）这样的善意不必排除“他人究竟是否配得到这种善意”的怀疑，但要阻止和消除那种对陌生的“你”怀有恶意的意志追求。

这个指向善意的基本判断处于第二种和第四种道德理念之间。它将那种对自身完善性进行多方面建设的理念过渡到了对来自多个人的意志表达出现冲突的意志关系作出评判的理念。用于这种意志关系的基本判断是基于前三种理念而建立起来的。这个基本判断要求每个人做到内心自由、对自己多方面的完善性进行建设并且努力对每个他人做到无利害的善意，但还不止于此。如果双方都做到了内心自由、多方面性和善意，那么就会出现调解争端的可能。赫尔巴特把对这种可能性的寻求放在“法的理念”中。这个理念旨在“对多种意志进行调和，这种调和被考虑为一种预防争端的规则”（Herbart, 1808, S. 120；SW. Band 8, S. 50）。

赫尔巴特将法的理念理解为一种关于个人意志追求的基本判断，它不同于推论的理念或政治理念，它不是“靠强制”而得到保障的，而是出于自愿而实现的（Herbart, 1808, S. 125；SW. Band 8, S. 52）。法的理念要求，争执双方放弃一部分自己的意志，并尝试接受对方的意志，然后达成一种能平息当前的争端并预防未来的争执的共识。他继续说道，个人的法则共识不仅可能出于善意，也可能因为恶意而失效。在前一种情况中，原本争执双方中的一方给予对方比现有规则所规定的更多的让步；在后一种情况中，一方用行动损害了规则并再次挑起争端。这两种情况在第五个基本判断看来是一样的：“作为破坏者的行为使人不满。”（Herbart, 1808, S. 137；SW. Band 8, S. 57）在善行的情况中那种善行可能在自身就有它的意义，而在恶行的情况中则出现了一种修复的必要。这两种情况赫尔巴特都归于“公正的理念”这一基本判断。它并不给恶行的受害者以报复恶行的权利，而是要求调和新挑起的争端并通过改善受损的规则来尽可能平息争端。五种道德基本判断可以用表格总结如下（见表 3－1）。

表 3-1　五种道德基本判断

意　志　关　系	道德基本判断
意志→判断	1. 内心自由的理念
意志①(强):意志②(弱)	2. 完善的理念
意志“我”:意志“想象的你”	3. 善意的理念
意志“我”:意志“你”	4. 法的理念
意志“主动的我”:意志“被动的你”	5. 公正的理念

如果我们回到历史,我们就会发现,这些基本判断在亚里士多德那里就都已经有了。在亚里士多德的伦理学思想中,他将自由不仅归结到自愿和意图(hekon),还联系到道德的评判和洞见(phronesis)。而完善的可能性则被他建立在选择(prohairesis)的能力和选择自身合目的的目标(telos teleion, eudaimonia)的能力上。善意被他定义为朋友间相互的友善(eunoia),法(dike 和 dikaiosyne)被定义为公民美德。关于公正(epieikeia),他说,在寻求法的过程中,不仅要顾及法律规定的规则,而且要考虑到各具体情况的特点(为进一步发展指明方向)。若不论其中所暗示的连续性,亚里士多德的这几个概念跟康德和赫尔巴特所提出的理念不是一回事。在亚里士多德那里,对这些概念的理解涉及进行哲学判断的那个等级的最高生活方式,而在监视之下进行劳作的人则处于最低水平,他们被视为天生就没有能力达到自由、完善、善意、法和公正,而有德公民则仅仅能做到适应道德和法。

亚里士多德将民众中进行劳动的部分排除在参与自由、完善、善意、法和公正的人群之外,康德和赫尔巴特不仅看透了这一做法是一种意识形态,而且还认为,这种观点违反了公共教育、人类道德和世界公民政治的任务和可能性,从而拒斥之。他们二者都在原则上认为,每个人都具有可塑的、对世界开放的人性和在道德上进行判断以及根据明智而行动的能力。

既然一种将道德的判断力和行动能力限于最高的哲学生活方式上的意识形态已经被识破,那么实践理念的社会性方面也应该得到重新考量,并建立与单纯的理念相对应的政治基本判断。这些政治的基本判断总起来为社会实践和公平正义的现代概念提供了根据,这种概念针对的是所有人对政治总体生活的参与，并在道德和政治的事实之外也考虑了教育的事实。

在推导社会或政治的理念时，赫尔巴特没有从公正在政治上的姐妹理念开始，而是从个人性的立法协商的理念开始，最先提出了与之对应的“法的社会”的理念，然后才提出了与公正理念相对应的奖惩制度。之后他以类似的方式处理了另外三个道德基本判断，对善意的理念提出了管理制度，对完善的理念提出了文化制度，对内心自由的理念提出了富有活力的社会的设想。

在赫尔巴特那里，从道德理念向社会理念的过渡是这样进行的：他将互动个体的道德行为领域与“多个理性存在者的交往”进行对比（Herbart，1808，S. 183；SW. Band 8，S. 75f.），并将这种交往在子系统中分别开来，而这些子系统合起来，就是人相互交流的公共空间。

“法的社会的理念”不同于法的理念，它涉及的不是个人的协约，而是“一种法的社会”的普遍理念以及在这种理念之下商讨而形成的积极的法（实定法——译者注）。它涉及的领域覆盖“可能产生争端的各领域”（Herbart，1808，S. 198；SW. Band 8，S. 81）。赫尔巴特在这里尤其考虑到了财产争夺的问题，他反思了财产争夺在从传统等级社会向市民社会的过渡中是如何不可避免的，并且提出，要通过形成一种普遍而共同的意志来处理相应的问题，这种意志要求个人做到“相互忍让”，从而服从一种共同的“法律”及其“法官”。赫尔巴特的论述相当不确定，但是可以看出，传统法规在未来是不足以代替正在形成中的共同法制来解决社会争端的。

相互忍让会产生善行，而违反实定法会产生恶行，这是按照“奖惩制度理念”根据社会公正的考量而得出的“功劳”和“过错”（Herbart，1808，S. 204；SW. Band 8，S. 84）。如果按法制体系的法律来判罚，判罚就必须不仅与公正的理念一致，还要与善意的理念和对个人及社会进行完善的理念协调一致（Herbart，1808，S. 208；SW. Band 8，S. 85）。关于“惩罚和奖励”，赫尔巴特说，惩罚和奖励“不能把人变得比原来更坏（比如在监狱里，一个罪犯教其他罪犯，——或者利用自身优势欺压别人）”（Herbart，1836，S. 368）。总而言之，法的社会和奖惩制度的理念讲的就是我们今天所理解的政治体制的立法职能和独立于它的司法判决。上面所说的通过子系统来处理的问题，是赫尔巴特在普鲁士改革初期所描述的，他将这些问题描述为一种对新法制的理解问题，而这种新法制将法律原则与公正的考量联系了起来。赫尔巴特在与卢梭社会契约论的间接关系中论述如下：

假如在法的社会产生之前，有普遍的、相互忍让的时刻，那么，在这种相互忍让中，每一个人对所有其他人的忍让，都会受到来自所有其他人的全体的正确的酬谢。然而，一旦一个人（哪怕只有一个人）采取冒犯他人的行动，平衡立刻就会遭到破坏。于是，这个人对其余每个人的忍让就会消失；其余的人对这个人所作的忍让，在没有被他接受前，就不会得到他的报答。每个人所具有的价值，由于忍让，就可能成为一部分；由于别人接受了这一忍让，就真的变成了一部分。但是，每个人接受的东西，一开始就要和他分给每个人的东西相同。人们由此得出的确切结论是，一切最初的不平等（这种不平等是由于无序地使用相互的忍让而进入法的社会中的），都与公正性相悖。这里我们根本没有想到理念本身的冲突。一切分配与法都是一致的；已经建立的分配，不应被争执破坏。法不能作出明确规定的东西，公正性能够作出规定，因为平等是由公正性规定的；平等应当由不同的劳动所得来改变。毫无疑问，用和平手段建立的同等的分配，正如每种可能的分配那样，都将受到法的理念地保护。（Herbart，1808，S. 217f.；SW. Band 8，S. 89f.）[①]

赫尔巴特认为，管理应该完成的任务包括向所有公民展示社会的善意。关于"管理制度的理念"，他说道：

善意，即管理制度的精神，是寻求普遍的最佳状况，也就是说，是让大家获得最大可能的满足。善意不着眼于功绩；它欢迎人们能够接受任何东西。它最愿意把人们最希望的东西和人们内心享受的东西给予人们。它关注的根本不是平等和分配。它只是把所有要求者的多种要求视为一

① 译文参见：赫尔巴特.赫尔巴特文集·哲学卷第1卷[M].郭官义，译.浙江：浙江教育出版社，2002：157－158.

个总数;善意愿大家都生活得幸福。因此,它把大家的多种要求视为一个整体,而不关心构成这个整体中的这一部分和那一部分。(Herbart,1808, S. 220f.; SW. Band 8,S. 90,此处译文稍有改动)[①]

在区分单纯的道德基本判断和推论的政治基本判断方面,赫尔巴特专门强调了康德对道德性和合法性的区分。康德所说的合法性与合法指的是,人和公民在行动中与法律保持一致,并将其任意(Willkür)加以限制,以使他们按照可普遍化的规则相互承认为工具而相互利用,同时相互承认对方为目的。国家必须要求其公民遵守法律,但是不可以规定公民出于义务——也就是出于对道德法则的敬重和对所有行动参与者和行动涉及者的人格尊严的承认——而这样做。否则的话,那些出于私利或者为了逃避惩罚的公民,必然由于其在道德觉悟上的缺失而受到国家的惩罚。在康德看来,道德的行动仅仅是在跟现行法律无关、出于对自身人格尊严和他人人格尊严的尊重的行动。

这种区别在赫尔巴特对道德基本判断和推论的政治基本判断的区分中产生了影响,但是与之并不相同。内心自由、自身多样性的完善、善意、法和公正的道德基本判断对人际互动有效,跟其各自的法律基础无关。而法的社会、奖惩制度以及管理制度、文化制度和富有活力的社会这些政治基本判断则是对现有法制和社会系统的继续发展。这些基本判断用于调整人们对共同事务的协商,应该服务于社会诸子系统的进一步发展。道德性和合法性在这里不再处于一种等级性的关系中,而是处于一种互补的关系中,在这种关系中,教育也有一席之地。教育的任务在于,将未成年人引入所有十个基本判断中,以交往的方式探讨政治行动的任务、阐释法制、奖惩制度、管理和文化诸社会子系统中的公平正义问题。在此过程中,教育为下面的目标保障了先决条件:人能参与讨论公共事务,而公众的讨论促使单纯的道德理念得到互动的践行。

这里,在法制、奖惩制度和管理制度之间关系的方面有这样一个问题:赫尔巴特是否在他的思想中将一种无尽的直接从相互的转让和获取以及随之出

① 译文参见:赫尔巴特.赫尔巴特文集·哲学卷第1卷[M].郭官义,译.浙江:浙江教育出版社,2002:158.

现的改变中产生的财富作为前提,以使管理系统可以自由支配这种财富;抑或他作为一个现实主义者,知道各种政治观点间可能出现的、无法否认和必须直面的冲突。他在对管理制度的论述中强调,一方面,管理制度必须对有限的资源进行统筹规划,在这里,这些有限的资源是法制按照一种社会共识为其提供的;另一方面,当过低的资源分配"妨碍了普遍的最佳"时,管理制度也可以对这种分配方式进行提出质疑(Herbart,1808,S. 229f.; SW. Band 8,S. 94)。

赫尔巴特关于管理制度的论述中阐述的思想听起来一部分是平均主义的正义,一部分是非平均主义的正义,就像约翰·罗尔斯在我们的时代在其关于正义的理论中所具体论述的那样。他主张所有人的"平等的自由"并要求团结受益最少的社会成员,主张引入一种"区别原则",这种原则要求改变"社会的和经济的不平等","给受益最少的社会成员以最大的福利",以调整改善境况的渠道(Rawls,2003,S. 78)。

对这部分问题,赫尔巴特认为主要应该在管理制度中进行改革,而不太主张在职业系统中进行改革。关于后者他在"文化制度的理念"下进行了探讨,而这个理念从社会总体的角度阐释了第二个单纯理念,认为一个最大可能的社会完善性是可能形成的。赫尔巴特关于文化制度有如下论述:

> 因此,每个人都应该接受别人的思想范围,并且能够把自己融入这种思想范围中。每个人思想上和行动上不可出现任何令人厌恶的东西(Nichts Abstoßendes)。……文化制度的每个环节,必须在突出的特征以外具有多方面的接受性;出于这种接受性,文化制度的任何环节,都能够获得每一种异己的优点,即使不能占有所有优点的总体,也可以获取单个的优点。(Herbart,1808,S. 241f.; SW. Band 8,S. 99)

赫尔巴特所描述的文化制度是一个社会借以自存和发展的所有行动的总体。由于这个概念,赫尔巴特联结到了洪堡对教化(Bildung)所作的定义,洪堡在《尝试性界定国家作用之界限的若干想法》中将教化定义为人与世界以及人与人之间的自由互动。在这个定义中,洪堡认为,教化的目的在于每个个体的独特性和所有人的交往和互动能力:通过"存在者们内部所产生的那种连接，一个人必然也能获得他人的丰富性[①]”（Humboldt，1792：GS. Band 1，S. 107；W. Band 1，S. 64f）。洪堡所述的一切教化性的活动，都必须是自由、活跃、以多样的方式进行的，这样教化活动才能“使人高尚”并赋予“他一种确定的、有尊严的形象”（Humboldt，1792，GS. Band 1，S. 118；W. Band 1，S. 78）。而洪堡关于教化活动的观点，都可以对应于赫尔巴特提出的作为广义文化制度一部分而开展的活动和职业（Tätigkeiten und Beschäftigungen）的概念。

内心自由的理念在完善、善意、法和公正这四个单纯理念（道德理念）中得到具体化，并在这些理念中一再要求，判断者和行动者不能屈从于自己的意志追求，而要遵循凌驾于其上的判断；与此同理，跟内心自由的理念相对应的“有活力的社会的理念”也与法的社会、奖惩制度、管理制度和文化制度这几个推论的理念（政治理念）有紧密联系[②]。这个理念从两个方面提出了与亚里士多德三种生活方式的体系相反的思想。“有活力的社会”这个概念与其他社会子系统一道，目的不在于所有社会必要活动的一种等级性-目的论的秩序，也不在于国家中心的政治体系，而在于在现代社会中形成一种关于资源的公平分配、关于消弭社会差异的管理、关于一种朝向自由互动的职业系统的讨论。关于有活力的社会与国家的关系，赫尔巴特说：

> 每一个国家似乎都应成为一个富有活力的社会。但是，我们在这里不谈这件事。国家的强制性的权力是它的特征。理念却没有权力。防止把刚才说的那些社会理念同国家相混淆是至关重要的，因为这些社会理念不仅适用于大群体，而且同样适用于群体的任何较小的和最小的联系，既适用于家庭的联系，也适用于市民的联系。反过来说，这些联系——不管是什么形式的——都只能通过实现那些理念而获得道德价值，而无法给自己赋予其他的道德价值。（Herbart，1808，S. 188；SW. Band 8，S. 77f.）

① 这里的丰富性（Reichtum）指较为广义的“资源”，如知识、能力等。这里洪堡所指的是，人们通过一种社会性的人际联系使得资源的交流和共享得以可能。——译者注

② 关于卢曼的系统论和教育学的整体分析参见 Anhalt（2012），关于赫尔巴特对综合关系的分析参见 Anhalt（1999）以及 Rucker（2014）。赫尔巴特的文化制度概念所指出的关系不仅涉及后面的狭义文化的含义，还涉及今天所理解的职业系统。参见 Hoeschen/Schneider（Hrsg.）（2001），尤其是 Orth，Hartung 和 Borgard 的文章。

这些理念在政治上并不是中立的。在赫尔巴特1831年的《从实践观点设计的简明哲学辞典》中，他试图回答这样一个问题：富有活力的社会的理念及其他理念跟国家的君主制或共和制政体有怎样的关系？他在试图回答这个问题时联系到了行动的四种区分，即"服务者"的行动，"自由者"的行动，"德高望重者"和"统治者"的行动。这种区分在所有可以想到的社会秩序中都存在，而且与古希腊时代将人分为自由民和奴隶的分法不同：

> 上面所说的似乎是对君主制的一种推重，但即便在那里也还没有说，君主制比共和制好。要说出这句话，就必须证明，这种制度更适合构建一种富有活力的社会，也就是更利于建设并保障法律、薪资、公共福利和普遍的文化。而共和主义者正好也需要这种长处和保障性，而且不是部分地，而是整体地拥有——如果他们要即便是在论争中也战胜保皇党的话。(Herbart，1831，SW. Band 2，S. 88f.)

赫尔巴特的"有活力的社会"概念对亚里士多德的"Eudaimonie"概念进行了重新阐述。在这里，道德理念不再用来规定最高级生活方式的美德，而是以康德思想被定义为共同生活的理念[①]。与杜威不同，赫尔巴特不是生活在共和体制中的民主主义者。他将对政体的选择交给了人和历史，而不是哲学，哲学不作判断，但有助于矫正判断。不过他以管理制度、文化制度和有活力的社会这些概念进行的区分，后来也被杜威用以区分作为政治统治形式的民主和作为现代生活方式的民主。在杜威那里，作为现代生活方式的民主是建立在这种生活方式的"所有成员对其诸善的同等参与"基础上的，它旨在"通过共同体生活各种形式间的交互作用而不断地使生活习惯得到重新调整"(Dewey，1916，S. 85；1964，S. 136)。

在赫尔巴特的教育学中，他也抛弃了亚里士多德对奴隶、有德公民和有哲学修养的自由民的生活方式的区分，并对教育，道德和政治的关系进行了新的规定。

---

① 类似的表述也出现在威廉·冯·洪堡1792年的"思想笔记"(Ideenschrift)第63页。

以“管理”“教学”“训育”确定现代教育行动的自身逻辑

赫尔巴特1806年的《普通教育学》有一个副标题：“由教育目的引出的普通教育学”。这似乎是表示，他的普通教育学旨在对教育进行一种目的论的论证。但即便在这里，他说的也是一种非目的论的目的论，因为《普通教育学》赋予教育的任务以及为达到教育目的而提出的方法所遵循的都不再是亚里士多德的论证模式，而是现代的论证模式。这个标题“普通教育学”就已经体现出这一点，它虽然并不是宣告一种针对所有时代、所有时期和所有文化的教育学的出现，但它可能是这样一种一般性地形成教育的目的、任务和技术的教育学。也就是说，它针对的是对整个成长中的一代进行的普通的教育，而不是针对特殊的生活方式。

在《普通教育学》中，赫尔巴特区分了三种教育行动的普遍形式，这三种形式共同描绘出了现代教育的自身逻辑：

1. 成年人对未成年人的“管理”的教育

2. “通过教学来进行的教育”

3. 在向自我负责的行动过渡的阶段中作为咨询(Beratung)的教育(“训育”)

现代教育的这三种形式可以对应于单纯说道德的理念，第一种形式尤其对应于内心自由的理念，第二种形式对应于在量的方面所理解的完善的理念，第三种形式对应于善意、法和公正的理念。

教育中的内心自由理念要求家长和教育工作者不再打碎儿童的意志，而只是当未成年人要做出大家所不能允许的事情时，在行动上阻止未成年人，因为那样的行为会给自身和社会带来危险。这种阻止未成年人不明智行为的教育现代形式，赫尔巴特承接教育学的亚里士多德传统而称之为“儿童的管理”(Kinderregierung)。但亚里士多德将整个教育都视为成年人管理(regieren)未成年人的活动，而赫尔巴特只将这个概念用于三种教育行动形式的第一种，并将对儿童的管理性教育的合法性与亚里士多德会拒绝的两个原则绑定：第一，“在儿童表现出具有真正意志的迹象之前”，就必须采取管理措施；第二，

“并非要在儿童的心灵中达到任何目的”,而仅仅是试图阻止其不明智的行动(Herbart,1806,S. 47 und 49; SW. Band 10,S. 21 und 22; PS. Band 2,S. 31 und 32)。这种措施的例子比如,拿走儿童手中的尖刀;警告儿童挨着热灶有烫伤的危险;或阻止儿童跑进深水区。

如此进行的儿童管理保障了“内心自由”的基本前提,使儿童得以评判和考察自己的意志。因此,管理儿童是教育的一个基本义务,因为只有危险得到排除,才不致将儿童的性命置于危险之中。上面举的例子就符合赫尔巴特的原则,因为这些例子包含着这样的意思:儿童在幼年时期被阻止的行为,在他们的能力和理智得到发展之后,是允许做的。例如,使用锋利的刀具、使用炉灶或者在深水区游泳。

教育应该管到的那些危险,由儿童的管理监控,但儿童的管理并未对形成明智的能力(Können)和欲求(Wollen)有积极的作用。在未成年人心中发展一种多方面的兴趣,以此来拓展他们的世界经验和人际交往,这是赫尔巴特赋予第二种教育行动形式的任务,他称之为“通过教学来进行的教育”。学校教学的任务在于,对经验和交往在各自分开的方向上各做出两种拓展。在认识的方面应该将学生日常的世界经验拓展到近代科学和艺术上去;在同情的方面应该将学生的人际交往拓展到政治和宗教上去。赫尔巴特认为,当这样的教学在未成年人中发展起对所有六个领域的兴趣时,它就达到自己的目的了。

与亚里士多德的观点不同,现代的教学给受众传播的不再是关于自然界和社会中的目的因的知识,而是对经验和交往进行拓展的各种知识形式(Wissensformen),这些知识形式在生活中是无法直接学得的,必须依靠教学的人为传授。在现代人眼里,虽然太阳、月亮和星辰依然升起、落下,但是按因果规律来解释这些经验的自然规律却不是通过归纳传授的,而是要(将学生)引入到近代思维方式革命的那种假设型知识形式中去。地球围着地轴自转,这是在生活世界中无法得知的;电是什么以及电器按照什么原理运行,也是无法通过单纯的应用学到的,而是有赖于一种拓展经验的对自然科学技术知识的教学来传授和学习。历史也是这样。历史在如今的社会生活中已经越来越少被人忆及,因而必须通过教学人为地传承,并在博物馆被忆起,以唤回在日常记忆中已经丢失的东西。

虽然在赫尔巴特关于教育性教学的任务和纲领的观点中缺少了20世纪才出现的那些知识形式，但赫尔巴特已经清楚地看到现代的、拓展经验和交往的教学的教育功能①。学校教学将学生从经验和人际交往的世界带入到科学技术和艺术的世界视野中去。自然应该不仅从日常的视角和在生活世界中观察，而且也要用科学去观察；不仅用科学，还要用审美的眼光来观察。教学将人际交往拓展到参与社会、参与政治和参与宗教的形式上去，也是为了类似的目的。学生应该学到，在人际互动形式之外还有社会的和政治的视角与行动语境；人不仅要进行个人的和社会的交往，还要在知道自己会死的情况下以及与已死之人的关系中生活下去。总而言之，世界经验、科学和艺术以及道德交往、社会/政治和宗教这几个兴趣范畴构成了现代人的教化视野（Bildungshorizonte），而这种教化视野不再适应任何总体目的论（Gesamtteleologie），它们在现代的教育性教学——不同于亚里士多德的“教导”——中成为主题，而不再依靠一种封闭的意义关联了。

现代教育并不止于管理和教学的措施。教育行动还有第三种形式，那就是代际的教育的咨询（pädagogische Beratung）。在这种咨询中，人的确定性不再是从家长传给孩子，而是达到法定年龄的青年必须自己选择其配偶和生活方式，自己选择其职业和在社会中的位置。在现代社会中，教育（Erziehung）的终点不再是出现在达到法定成年的时刻，而是必须通过一种咨询的教育来为教育的结束作准备，这种咨询性的教育支持青少年去自己设计自己的生活并为此逐步承担起责任。

赫尔巴特将现代教育行动的这第三种形式以一个容易令人误解的词命名为“训育”（Zucht），他所说的“训育”不是驯养（Zucht-Praxis），不是那种类似驯养宠物或种植花草的实践，也不是惩罚式的教育（züchtigende Erziehung）（这种教育坚持奉行从亚里士多德到20世纪一直都被认为是合法且必要的体罚，因而是违反现代儿童管理原则的），而是一种咨询性的教育（beratende Erziehung），它从一开始就准备着和伴随着教育（Erziehung）的结束。教育行

① 本书作者在序言中提到的地点还做过一系列关于科学教学论（Wissenschaftsdidaktik）的讲座，这些讲座也将在一本风格与本书相似的书中出版。关于赫尔巴特的教育性教学的理论和科学入门教学所要引入的现代社会的知识形式，参见Benner（2015[8]），第5章第2节。

动的第三种形式中讲的就是教育的终点,教育的终点不在全部教育结束时来到,而是每当儿童的管理和教育性教学达到它们在特定生命阶段所要达到的目的时,就开始准备教育的结束。

一个已经学会走路和说话的儿童,已经具有一定程度的语言和运动的成年状态(Mündigkeit)。即便这个儿童还远未达到法定成年(Volljährigkeit)的年龄,但从教育学的角度看,这种成年状态也不再受成年人的监护了。在教育的意义上对向自我负责的行动过渡的未成年人进行咨询,跟以管理措施阻止其不明智的行动或通过教育性教学来拓展他们的经验和交往是不同的。在教学中总是要涉及第三者,即所教和所学的东西;在咨询性教育中则涉及未成年人自身以及这样一个问题:他(她)怎样按照自己的明智(Einsicht)对待自己和对待别人?在这里,教育学意义上的咨询(pädagogische Beratung)跟那种在地位对等的人之间通常进行的对等的商讨(reziproke Beratung)是不一样的,教育学意义上的咨询要迎来教育(Erziehung)的终点。它的关切不在于让未成年人学会按照老师或其他教育者的意志来行动,而是旨在使未成年人开始按照自己的判断和明智来行动。

赫尔巴特把咨询性的教育分为四个循环往复的阶段,第一个叫支柱的[①]教育,第二个叫有的放矢的[②]教育,第三个叫调整的教育,第四个叫支持的教育。支柱的教育旨在让未成年人在进入自我负责的行动时记起自己以前做过的决定和经验;有的放矢的教育旨在让未成年人不仅忆起这些决定和经验,还要在新所获得的经验基础上重新确定、考察和评判这些决定和经验。完成这两步之后,调整的教育就要让未成年人核查他们对自己经验和行动做评判所依据的那些原则。如果一个孩子这时考虑到的是符合"普通实践哲学"的理念的原则,并在多个相互竞争的原则中选取了最接近这些理念的原则,那么支柱的、有的放矢的和调整的教育就进入了支持的教育。支持的教育促使未成年人按照自己的明智来行动。

在咨询性的教育的理论中,赫尔巴特认为,支柱的、有的放矢的、调整的和支持的教育是可以和未成年人已形成的性格中存在的经验相联系的。为了更

---

① 德文为 haltend,原意为"保持的""维持的",李其龙先生译为"支柱的",今从李译。——译者注

② 德文为 bestimmend,原意为"决定的""规定的",今从李其龙先生译法"有的放矢的"。——译者注

深入地探讨他的设想，需要进行更准确的区分和归类，这是论证教育行动的第三种形式的基础。赫尔巴特在《普通教育学》第三编的“通过训育来形成性格”一节中描述了图 3-1 归纳的概念和事实。

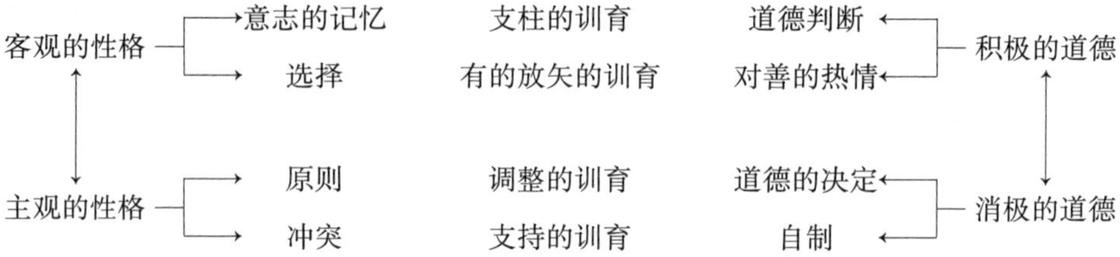

图 3-1　咨询性的教育影响下的性格形成

在赫尔巴特这里，“客观的性格”指的是一个人已经具有的性格，“主观的性格”指的是一个人对其客观的性格进行的评判。客观的性格是由一种“意志的记忆”决定的，意志的记忆中保存着过去的意志表达和由此做出的行为。意志的记忆影响着客观性格视域内对不同动机和行为的“选择”。赫尔巴特认为，一个人在具体的行为情境中做什么，并不直接受制于客观的性格，而是同时也取决于主观性格对客观性格的选择偏好进行评判所依据的每一条“原则”。如果多个原则处于矛盾之中，那么就陷入了“冲突”，客观的性格如何继续发展——它是保持不变还是改头换面——都取决于这种冲突如何解决。

使一个人按照实践的基本判断进行判断和行动的这种客观性格，赫尔巴特称为“积极的道德”；按照实践哲学的诸理念来考察和评判对未来行动的选择的那种主观性格，赫尔巴特称为“消极的道德”。与此相似，他认为，在积极-道德的性格中影响着对动机和行动选项进行“道德判断”的那种意志的记忆，是由一种“对善的热情”决定的；而这种对善的热情支持着进行审查的主观性格所作的“道德选择”，并且在多个原则发生冲突时激发“自制”的行动。通过道德的选择和自制的行动，主观性格的消极道德就影响了客观性格的积极道德，而客观的性格又能改变意志的记忆和其中的选择倾向。

但是，从教育行动的方面说，管理措施在这里是不能用的，因为管理的措施只用于阻止行动，而这里是要过渡到行动上去；教学在这里也无所助益，因为咨询性的教育关注的不是拓展经验和交往，而是未成年人的意志、明智和行动的自我关系。那么，如何能通过教育来影响未成年人的性格发展呢？赫尔巴特是这样回答这个问题的：他将图中左侧呈现的性格发展的心理学结构与右侧呈现的道德性格的发展联系起来，并通过训育的四种形式进一步确定了各种干预的可能性。

在这种关联中，赫尔巴特对训育这一概念有个一般性的论述，说训育(Zucht)概念来自教育(Erziehung)这个概念，教育的概念又是由“牵引”(Ziehen)衍生而来的[在拉丁文中，educare 表示牵引(ziehen)、引出(herausführen)](Herbart，1808，S. 374；SW. Band 8，S. 143；PS. Band 2，S. 124)。因此，训育指的就是这样一种“牵引”：在这种牵引中，未成年人自己逐步承担起发展其性格的责任。在赫尔巴特学派和后来的赫尔巴特诠释者对训育诸形式的解读中，教育者要维持、规定和调整学生的性格形成，这是一种错误的解读。赫尔巴特所希望看到的对他的训育理论的理解是完全不同的另一种阐释：教育者在一种咨询性教育的形式中这样来支持未成年人的性格形成：未成年人学习坚持地(haltend)和有的放矢地(bestimmend)独立评判他已经具有的客观性格和已经形成的积极道德。这里的关键在于，未成年人按照普通实践哲学的基本判断来审查自己的客观性格并在必要时通过自我审查来改变自己的欲求。

赫尔巴特认为，主观性格在具体情况中如何评判客观性格，这不可以是教育(Erziehung)的直接结果。主观性格对客观性格的审查不是教育的任务，而只是形成中的良知的事情。为了指明这一点，赫尔巴特在其《普通教育学》第三编的开头就指出，在教育行动的第三种形式中，教育不能负责在未成年人中形成一种积极的或消极的道德，但可以“避免陷入明显的不良状态”，例如在孩子心中保持“一种有益的无性格状态”。瓦尔特·阿斯穆斯(Walter Asmus)没有理解这一点，而且在他编纂的赫尔巴特教育学文集中，他在没有用脚注标示的情况下将赫尔巴特的“有益的无性格状态”(heilsame Charakterlosigkeit)换成了“有益的性格固化”(heilsame Charakterfestigkeit)，这个概念并没有把握到赫尔巴特所指出的道德性格的可塑性(参见 Herbart，1806/1965)。

赫尔巴特所建议的支柱的(haltende)训育的措施不是要像管理措施那样去阻止未成年人的行为[1]，而是意在促使孩子回忆起从前的决定并将这些决定

---

① halten 也有“阻止”的义项。——译者注

在做新的决定之前再次进行考察。例如，教育者在实施支柱的训育时可以问孩子，他是否还记得，上次在这样一个类似的情况中是怎样判断和行动的；这个孩子于是就会回顾以前他做出的决定，并在有的放矢的训育支持下，重新回顾并评判这个决定。然后，调整的训育会要求孩子再次明确自己进行判断所依据的原则。在这里，调整的训育让《普通实践哲学》中的那些单纯的和推论的基本判断登场，以让未成年人自己进行审查。完成这一步后，这种从一开始就被设计成支持行动的咨询性的教育就进入了支持的训育的阶段，支持的训育强化未成年人按照自己的明智来行动并服从自己的判断。

可是，当一个未成年人打算去做负责教他的成年人出于善的理由而不许他做的事情时，又当如何？经过了管理、教学和训育的所有措施，如果未成年人在由他们自己负责的行动中还是选择了从实践哲学的基本判断来看不善的行为（因为这种行为损害了内心自由、妨碍了旨在完善和多方面的努力、对别人不怀好意、为了保全自己的利益而试图引发争斗），在这种情况中，在教育上又该怎样行动呢？

对上面的问题，赫尔巴特的教育学给出了两个答案。一个答案是，实践哲学的基本判断应该在拓展交往的教育性教学中进行讲授，并在文学文本中进行学习；另一个答案是，积极的道德和消极的道德之间存在的不是对称关系，而是非对称关系。两者的共性在于，对行为动机的消极评判只能说明，某个特定的决定是有问题的或需要质疑的，而并不能反过来推：在道德上不能忍受的事情的反面就是道德上所要求的。

这样看来，赫尔巴特对支柱的、有的放矢的、调整的和支持的训育的建议可以理解为反思的实践哲学的教育学对应物。实践哲学的道德塑造任务与咨询性教育的道德塑造任务的区别在于，前者涉及主观性格和消极道德，后者则更多地关注客观性格和积极道德的形成。关于两者的关系，赫尔巴特在他的《普通实践哲学》和《普通教育学》中有如下阐释：

> 个性可能就是个人的欲求；如果个性在单次追求中单一地且强烈地追求某些特定的东西，那么，它就会与它的决心相违背，从而与美德的形式相悖。反之，它愈是表现为一种均衡的多方面兴趣（这是与完善的理念

相对应的),它就愈接近于美德的形式;多方面的兴趣之所以是值得期待的,是因为它为性格的确定(Charakter-Bestimmung)作了准备;这种性格确定的一贯的对象不是外在物,而就是诸理念本身。

如果要问"该做什么",那么这就打开了通向教育学的大门了。(Herbart,1808,S. 309f.; SW. Band 8,S. 126f.)

因此,假如道德学说想对人发生作用的话,除非注意性格的主观部分,并在客观基础上进行尝试,看看它能有多大作用。

而对于教育来说,这种方法是不合适的。那种普通而自然的现象是:人们为自己以后的倾向创造了行为的准则,以便享受一种内在的"为所欲为"的舒适,这种现象必须指导教育把它的主要注意力放在性格的客观部分,使这客观部分在它的观察与影响之下慢慢地得到陶冶与提高。等到这客观部分解决好了,才能指望良好的道德教诲所具有的调整力量取得成果,然后主观部分才能接受教诲,才能完成对道德性格的修正与完善。虽然这还需要努力,但却是容易实现的。(Herbart,1806,S. 301f.; SW. Band 10,S. 117f.; PS. Band 2,S. 104)①

上面两处引文中,第一段引文完全可以视为实践哲学向教育学的过渡。在这里,赫尔巴特给出了教育学的行动指示,这些指示意在为未成年人将来对实践哲学观点的响应性(Ansprechbarkeit)②做准备,以此,他就在伦理学力所不及的地方引入教育。但赫尔巴特却恰好不想在这个地方被这样理解。教育学对有助于成年人考察和纠正他们的道德判断的实践哲学有一种依赖,可哲学伦理学和实践的道德学说对一种理论教育学和由这种教育学指导的教育也有一种依赖,赫尔巴特将两种依赖并论。他认为,主观性格和消极道德对道德基本判断的响应性被实践哲学设为前提,但这种响应性并不是直接存有的。这种响应性的形成在更大的程度上必然要靠这样一种教育来支持,这种教育虽然不会产生人的道德可塑性(moralische Bildsamkeit),可是在教育过程中却

① 译文参见:赫尔巴特.普通教育学[M].李其龙,译.北京:人民教育出版社,2015:109.
② 这里的"响应性"指的是有能力理解、回应、使用实践哲学的观点。——译者注

很重视它。只有当这样一种教育学相助时,实践哲学才有望做到它所预期的“教人学会判断”,这种教育学就是要让教育工作者准备好,不是代替他们的学生去判断,而是通过教育性教学发展他们的判断力,并通过咨询性教育强化他们的判断力,以使未成年人的思想范围和客观性格中形成一种对伦理和道德的观点的开放心态。

教育于是就从对一种目的论的实践哲学和政治学的传统依附关系中走了出来。教育、道德和政治在赫尔巴特那里是不同的学科领域和行动领域,它们不再能被归于任何一种等级-技术性的秩序或等级性目的论的秩序中了。

上文我们提到,如果一个未成年人打算不要内心自由,而要一种由养成的习惯产生的强制,不要多面性和善意,而要单一性和恶意,不要法和公正,而只关注自己的好处,那么教育对此应该做些什么。这个问题至此尚未被回答。下一节讲的是施莱尔马赫,他将教育的代际关系方面置于其教育学讲座的中心。在这一节中,施莱尔马赫将会为赫尔巴特补上这个答案。

二、施莱尔马赫：三种教育行动的关系和道德愤怒的德育意义①

弗里德里希·丹尼尔·恩斯特·施莱尔马赫(Friedrich Daniel Ernst Schleiermacher, 1768—1834)是柏林大学的创办人之一,也是柏林大学的神学教授。他的作品除了神学论著之外,还有哲学和教育学的论著。他曾多次举行教育理论的讲座,这些讲座的文字记录流传于世。他还作为内政部教学司的常务委员参与了普鲁士改革。

弗里德里希·施莱尔马赫
利普斯(J. H. Lips)
作于1800年前后

施莱尔马赫没有把伦理学视为从宗教中衍生出来的科目,而是将其视为一种讨论义务、美德和善的

① 原文标题为 Schleiermachers Trias von behütender, gegenwirkender und unterstützender Erziehung und die moralbildende Bedeutung sittlichen Entrüstung。——译者注

涉及面很广的实践哲学(参见 Brüggen,1991,Teil 2. S. 1－29)。他在 1799 年出版的《论宗教——对有教养者及其蔑视者的演讲》和后来的“信仰理论”(此处参见 Ehrhard, 2005)中将他的神学建立在这样一种基础上:人有一种“绝对依赖”(schlechthinniger Abhängigkeit)的感觉和意识(Schleiermacher, 1821/1822,Band 1, § §3－5),这种感觉和意识在宗教中被理解为对自然、宇宙或上帝的依赖(Schleiermacher,1799/2001,Zweite Rede)。施莱尔马赫如此强调人对一种绝对性的依赖,这招致黑格尔的嘲笑,黑格尔曾经就施莱尔马赫的宗教概念这样说道:按照这种概念来说,其实“狗才一定是最好的基督徒”(Hegel,1822,S. 19)。

但施莱尔马赫所说的绝对依赖的感觉这个概念指的不是黑格尔恶意强加的这些东西,它指的是一种在宗教意义上的绝对依赖,不是一种完全的(total)依赖。例如,他在第二次关于宗教的演讲中是这样谈宗教、教育和道德之间的关系的:人应该“用宗教来做一切事”,而“不(仅仅)出于宗教”来做任何事(Schleiermacher,1799/2001,S. 87)。他补充了这样的解释:“用……来做一切事”和“不出于……做任何事”也适用于“其他所有的”(Schleiermacher,1799/2001,S. 87)。他所说的其他行动领域包括这些方面的思考和行动:社交-伦理、国家-政治、教育-教化以及科学。这些行动形式也是对所有事情都有作用的,因而它们就必须从多个视角来进行评判(参见 Stępkowski,2010)。

施莱尔马赫在他的教育学中将教育目的划分为两个:培养个人特质,使未成年人准备好参与人类的“全体共同活动”(Mitgesamttätigkeit)(Schleiermacher,1826,S. 15)。他的教育学反思对阐明教育和教化、道德和政治以及社会和民主的现代关系有重要意义,而其中首先要谈的就是他对教育代际关系的重新判定。同样重要的是,他为描述教育和教化的事实而提出的两种辩证关系以及他对教育和道德斥责的关系的确定,这部分内容将在关于保护的教育、阻止的教育和支持的教育的论述中呈现。在最后介绍施莱尔马赫的“一种高贵女性的理性问答手册的设想”时,会以此为例说明施莱尔马赫是怎么在两性关系的教化问题上解释“用……来做一切事”和“不出于……做任何事”的。

现代教育的新代际关系

康德所代表的观点是："世界上任何地方能被无条件地认为是善的东西，无非就是善良意志。"（参见 Kant，1785/1786 BA 1）因而很难说，人的行动就是无条件的善的。在施莱尔马赫这里也是这样，伦理学和道德不是已完成的，人类学和教育学同样不是。于他而言，教育和政治都是属于对人和人类的教化（Bildung）与发展有奠基性意义的实践学科。在教育和政治的关系方面，他认为，由于不存在关于人的任何一种完成的理论，也不存在任何一种完成的伦理学，教育和指导教育的理论不能等待伦理学和人类学完善。因此，教育学必须以其他方式来获取自己的基础，而不是从伦理学或人类学中来提取。

施莱尔马赫在 1826 年关于教育的讲座中，将 18 世纪末 19 世纪初形成的现代代际关系作为教育的一种现代科学理论的出发点提了出来。这种理论直到今天仍不失其意义，因为施莱尔马赫在其中提出的新型代际关系在 20 世纪仍然在世界范围内广泛存在：

> 老一辈人的大部分活动都流传给了年轻一代，如果对于人做什么以及为何要做知道得越少，那么这些活动就越不完善。这样说来，就必须有一种理论从老一辈和年轻一代之间的关系出发提出这样的问题：老一辈人到底要同年轻一代去做什么？活动如何符合目的？活动的结果符合活动行为那样[①]？在老一辈和年轻一代的这种关系基础上，也就是在二者在与对方的关系中各自负有什么责任这个问题上，我们构建该理论领域内的一切。（Schleiermacher，1826，S. 9）

施莱尔马赫在概念上解释的这种新的代际关系是建立在这样的基础上的：上一代并不知道，他们作为老一辈要同年轻一代去做什么。因为他们过去认为，未成年人就应该通过学习去继承由其父母的等级所决定的使命，从他们出生时开始这种使命就在生活中给他们树立了榜样。而在现代公民社会中，成年人不再一开始就知道未成年人未来的使命，现代公民社会的教育也因

---

① 此句意指，成年人的活动如何符合教育的目的？未成年人的活动结果如何符合教育的目的？——译者注

此不同了。未成年人在开始受教育的时候,都不知道自己的使命是什么,这在所有时代都一样;但成年人也不知道他们下一代的使命,这是新型代际关系的关键。在现代社会中,老一辈人已经无法再从自己的使命中推知未成年人的使命了。因此,老一辈必须跟下一辈开始讨论他们的使命。虽然还是上一代人教育下一代人,但是这时候的教育已经不再是在一个封闭的视野中进行,而是在一个开放的视野中进行了;这样的视野要求成年人把受教育者的未来看作不确定的,这是一个之前的人们所没有的任务。

自此,老一辈不能再像以前那样把关于下一代的使命的问题的答案传下去,而必须在这样一个问题上来教育下一代:下一代怎样才能自己找到并参与创造出自己的确定性和使命(Bestimmung)?施莱尔马赫对此论述道,未成年人应该通过接受新教育形成一种个人特质,并培养起足够能力,以自发地加入国家、宗教、社会生活的大型生活共同体并参与启蒙和科学的事业。

这种新教育的个体方面和社会方面是相互交织的,前者在人的社会公共生活中也发挥着作用,而社会公共生活也会发展成一种个体的共同生活。施莱尔马赫对两方面都提出了特别的行动纲领:对个体方面提出了阻止和支持的辩证关系的纲领,对社会方面提出了保持和改善的辩证关系。

保持和改善的辩证论

教育必须满足社会的哪些要求?在前现代社会对这个问题的答案是:一种合理的教育的任务是,使未成年人适应现有的社会秩序。而在正在形成的现代公民社会和各种职业科学化的语境中、在法国大革命的影响下,这个答案已经不再是理所当然的了。秩序保持不变,仅仅是人在变换的那种教育,在过去两百年间已经逐步被另一种教育取代:这种教育要让成长中的一代准备好在社会变迁的条件下走向成年,并加入处在不断变化中的社会各项事业。

前现代的教育大多是可以不依赖学校这个机构的,大部分都是在几代人的共同生活中通过社会化来进行;而现代教育则要依靠学校的教-学过程。在学校中,成长中的一代学的是在代际共同生活中无法直接传授的东西。对较发达社会的存续不可或缺的那些通过社会化无法传授的基础知识和能力,包括亚里士多德就已经提出的文字、算数和几何,而这些都要靠教师在学校里进行传授。在现代社会,由于远距离交换过程的科学化,自然科学、外语和历史也加了进来。现代社会不再能直接在人的共同生活中回忆起自己的历史,因而有了博物馆,它就是一个人为地进行回忆的地方。现代社会也无法通过社会化来引入技术,而技术却决定着社会中的生活。犁怎么用、马车怎么驾驶,这是可以通过代际共同生活中的经验学会的;但是,我们用开关时,或我们驾驶汽车时,电流怎么流通,这不是通过应用这些技术就能得知的,因而我们为此也需要一种在学校中人为进行的传授,就像外语和历史那样。

传承(tradieren)在现代已经呈现为一种在研究社会变迁甚或社会变革时进行的人为的传承形式,从这个意义上说,传承在现代已经没有那么理所当然。它不仅在学校里进行,也在代际间发生。在早先的时代,传承过程大多是连续地进行的,而现代的传承过程则是在非连续性的条件下寻求对连续性的保障。代际间的讨论因此变成关于"什么该变、什么该留"的讨论。一种连续性的传承被关于保持和改善的讨论代替了。

单纯保持性的教育试图传授那些已经在变化而不能再保持不变的东西,而改变性的教育要将年轻人变成用自身力量创造新天地的革命先锋。施莱尔马赫指出保持与改变的现代辩证关系,就是要以此既反对单纯保持性的教育,又反对改变性的教育。他以政治为例阐明了他的观点。普鲁士的未成年人在法国大革命之后是应该被教育成忠于君王的"保皇党"还是应该在大革命的精神下被教育成立志推翻君主制的共和青年?对这个问题,保持和改善的辩证论给出了这样的答案:

> 如果我们说,教育就应该把未成年人教得能干而适于国家的现状,那么由此带来的无非是:不完善永远存在,而且一直得不到改善……
>
> 如果我们取其对立面而从对不完善性的意识出发来说,教育学的目的是让每一代人在受完教育之后都在内心拥有对共同生活所有领域的不完善性进行改善的动力和能力,那么我们就……进入一种不确定性,而远离这种不确定性就是我们的任务。……因为,如果人们致力于将青少年教育成激进的改革者,那么这就与他们已经主动卷入现有世界这一事实构成了一种最恶劣的矛盾,而如果不卷入现有世界,青少年可能会以最危

险的方式去干预世事。

因此,我们必须统一这两者,而且只有这样,我们才能找到正确的道路。保持和改善虽然显得是相互矛盾的,但其实只有在面对死的文字时,才存在这种矛盾。当我们观察生活并通过我们的直观再来看两者的关系时,我们就会发现,它们两者一直是共同存在的……

既然这样,那么我们就要来建立原则了:教育应该这样来进行,既让青少年能干地加入他们所面对的世界,又让他们有力地参与到正在兴起的各项改善中去;以此使两者尽可能地协调。两方面进行得越完善,矛盾就会变得越少。(Schleiermacher,1826,S. 30f.)

关于传承和改变的合理关系问题,施莱尔马赫的解答是:仅仅让孩子适应的、保持性的教育和要青少年用革命改变世界的教育,在现代的条件下都是没有意义的;不要让青少年简单地继承传统,也不要鼓吹什么新人类的教育,而是应该将成长中的一代引入传承和改善的辩证关系,并让他们逐步参与到关于改善和变革的协商中来。只有将这样的讨论切实地在社会上开展起来,才可能做到这一点。但也不能为了教育的目的而去编造关于正确的保持和改变的讨论,只有当这种讨论在社会中切实地在私人领域和公共领域开展起来时,单纯保持或单纯改变的教育的错误才能避免。

保持和改善的辩证论或者说传承和改变的辩证论涉及的是教育的社会方面。这种辩证论将这一方面描述为一种现代教育文化的方面,它不是通过私人教育或学校教育可以产生的,而必须作为公共文化而存在。如果没有一种研讨的、说理论争的公众(diskursive und räsonierende Öffentlichkeit)对教育产生影响,那么现代教育是不可能的。保持和改善的辩证论涉及教育互动的外部关系,以及教育互动与其他社会实践——当前社会风气中的道德、国家的政治、各教派的宗教尤其是经济体制——的关系。这个辩证论的核心观点之一是,如果在社会权力间没有进行关于正确的传承和改变的任务和形式的争论,那么现代教育在社会的层面是不可能的。

在这里,保持和改善的辩证论过渡到教育行动的个体方面的一种辩证论。未成年人应该通过教育被引入关于保持和改善的讨论中去,但不能为了受教育者所要达到的成年状态就让教育实践来决定这种讨论，否则教师就变成国家中实质上的政治家了。为了保证不发生此类事情，教育实践就需要一种自己的关于教育互动个体层面的辩证论，其关注的焦点在于这样一个问题：教育怎样进行阻止和支持，才不致沦为非教育领域的机关的属下，或者把自己错误地看作进步的先锋。

阻止和支持的辩证论

因为旧的秩序观念已经崩溃，不再存在一种得到普遍承认的秩序，所以对成长中的一代的教育不再在已有秩序的实践循环内进行。在这样的时代中，教育行动面临着这样的问题：教育行动是应该通过阻止和惩罚来影响未成年人的行为，还是应该通过支持和革新来影响？在一种体系完好的伦理的实践循环中，这个问题的答案很大程度上是不言自明的：符合秩序的行为就被视为理所当然的，违反秩序的行为，就要通过阻止措施加以制止。可是，当教育不再是一种以传承为主的活动，而是参与到关于“在伦理和道德、信仰与宗教、政治及国家中什么该留、什么该变”的讨论中时，它又该有什么原则呢？哪些规则应该对教育的阻止和支持起作用？

为解决这个问题，施莱尔马赫在教育的个体方面和社会方面都论述了支持的和阻止的教育的准则，并在这两个层面提出这样的问题：是否能够找到一种原则，它能表明，人在两个领域内都总是按照两种准则行动？

表 3－2　支持和阻止与个人的、普遍的教育的对应关系可能性

模式 A	支持 阻止		个人的教育 普遍的教育
模式 B	支持 阻止		个人的教育 普遍的教育
模式 C	支持 阻止	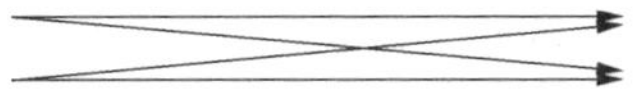	个人的教育 普遍的教育
模式 D	支持 阻止	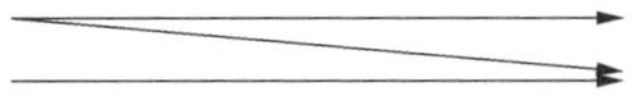	个人的教育 普遍的教育
模式 E	支持 阻止	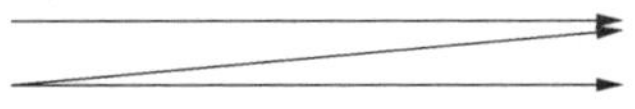	个人的教育 普遍的教育

这里要澄清的问题是：对个人特质的培养是应该只进行支持还是只进行阻止，还是两种方法都采用？在让未成年人踏入社会行动领域的准备中，应该两种准则都使用还是只用一种，以及用哪一种？从形式上来说并不是任意的多种组合方式都是可行的。支持和阻止的措施可以是跟施莱尔马赫所区分的教育任务一一对应的（模式 A 和 B），同时也可以是一对二的（模式 C）。但还有这样的模式也是可以想象的：支持的教育行动两种教育任务都用得上，阻止的措施则只涉及普遍的教育（模式 D）；或者阻止的教育用于两种教育任务，而支持的教育只用于个人特质的培养（模式 E）。

在传统社会还不存在这么多样的可能性。教育的-目的性的行动在传统社会主要是以阻止措施的形式出现的，而支持的教育主要来自那种在代际共同生活中某种程度上自发产生的社会化作用。在现代的条件下两者的关系在某种意义上发生了反转。现在培养个人特质需要特殊的支持，培养个人特质恰好是需要保护孩子不受社会化影响的。而阻止的措施不再主要跟未成年人的个人行为相关，而是也与社会化影响相关。因此，施莱尔马赫主张的只是上面的倒数第二个模式，其中阻止和支持的行动是这样与教育的个体层面和普遍层面相对应的：

> 无可置疑，重要的是要知道：支持和阻止这两种教育行动的形式与普遍的和个人的两方面教育任务是什么样的关系？
>
> ……每个人都有发展出其此在（Dasein）的个人特质的禀赋，这种禀赋根本不需要阻止，只需要支持的行动；阻止的教育只能用以针对阻碍个人特质发展的东西。
>
> 而在教育的另一个领域——为了大型的生活共同体而对人进行的培训中，两种形式都会被使用，而且是以阻止为主。（Schleiermacher，1826，S. 56）

在施莱尔马赫看来，在培养个人特质方面只有支持的行动是必要的。支持的行动能有助于形成个人性格并以此在社会上形成一种旧社会中不曾有过的完善性（Vollkommenheit）。而在为了国家、教会、自由社交和科学研究中的目的而进行的教育中，则是这两种行动形式都不能被放弃的。这里必须用一种阻止的教育措施来阻止未成年人因违反现有秩序而产生罪恶，或防止因教育失当而导致未成年人没有能力完成他们的任务和参与公共生活。

表 3－3　支持和阻止与个人的、普遍的教育的对应关系

模式 D	支持 阻止	→ ↘ →	个人的教育 普遍的教育

施莱尔马赫相信，只有支持个人特质自由发展的教育能促进社会中的新生力量，因而阻止措施只可以被用以阻止不受欢迎的社会行为方式。阻止措施只是纯粹传承性的，而不会产生任何新东西。

从今天的角度看，进一步的问题仍然存在：教育的阻止应当针对谁、可以针对谁？是针对被社会塑造的个人性格，以阻止其错误行动，还是也针对社会形态和社会机制（例如造成犯罪率上升的社会机制）？施莱尔马赫对这个问题并未在 1826 年的讲座中详细论述，但在 1820/1821 年的讲座中有如下论述：

> 即便道德也是要改变的。道德中那些来源于更早的时代、现在留存下来的东西，不应再留着，至少不应再教给青少年了，因为没有深层次的东西跟它们相符。可这些东西要是以道德的形式出现而影响到青少年，那么教育就应该阻止它，而且这种冲突不会结束。青少年应该是为了生活而受教育，而不是为了生活中不完善的东西而受教育。（Schleiermacher，1820/1821，S. 202）

施莱尔马赫在 1826 年的讲座中对他自己提出的教育影响的个人方面和社会方面的冲突没有作出详尽的分析。这里的原因在于，他在这种冲突中没有看到从社会各领域的分化出发的、支持现代教育的社会化效应，而是寄希望于所有实践领域和生活领域的和谐融洽，从而再形成“一种道德”。这也许在 1814—1815 年维也纳会议的特殊历史条件下是好理解的①。如今，现代社会

① 维也纳会议后欧洲的君主集权制得到了加强，而民主政治没有得到发展。——译者注

为教育和教化把社会各子系统间有益的和有害的相互依赖关系区分开了,因此现代社会认同阻止的措施,这些阻止措施不仅仅用于制约未成年人的行为,还试图改变教育和教化过程的社会框架条件。在施莱尔马赫的时代,就有一条这样的阻止措施出现在洪堡1792年的作品和1794年颁布的普鲁士普通邦法(Preußisches Allgemeines Landrecht)中,这条法律规定,家长和监护人不得强迫孩子结婚或强迫孩子接受某种生活方式。

对教育阻止与道德谴责的区分

阻止和支持的一个特殊情况涉及这样一个问题:当道德和教育发生冲突时,怎样进行教育行动?这种情况就是,教育在个人的方面应该提供支持,而未成年人的欲求却违背善的理念,成年人根据伦理的标准和道德原则也不能同意这种欲求。施莱尔马赫详尽地论述了这种情况并给出了一个至今仍然极有意义的答案。

是否应通过教育的惩罚——也就是阻止——来制止恶行,对这个问题,施莱尔马赫明确地用“不”给予了否定的回答。他论述道,对思想态度(Gesinnung),教育只能通过旨在发展判断力的那些措施来施加影响;这需要的是支持性的措施而不是阻止性的措施。既然在教育上这里不能采取阻止的做法,而支持在这里又是不可能的,那么是不是应该任由恶存在呢?对这个问题,施莱尔马赫用一个同样明确的“不”予以回答。

这两个答案怎么才能协调?施莱尔马赫尝试用区分“教育的阻止”和“道德的斥责”的方法来澄清。即便成年人出于教育理论上的原因不可以对恶采取阻止和惩罚的措施,他们也有责任向未成年人呈现他们的道德斥责。成年人必须让受教育者明白,他打算做的或已经做了的那个行为是无法让人接受的。在此,未成年人必须获得这样的经验,即斥责本身并不涉及教育的阻止和惩罚,而是跟道德的惩罚联系在一起的。不过道德的惩罚在于道德的斥责和愤怒本身,这种斥责和愤怒会促使未成年人进行反思,阻止坏习惯的形成和固化。

施莱尔马赫的“一种高贵女性的理性问答手册[①]的设想”

施莱尔马赫将旧约中的“十诫”转化成他的“一种高贵女性的理性问答手册的设想”（1800），这可以看作是如何“用宗教”而不是“出于宗教”来解释摩西十诫的一个现代性实例[②]。施莱尔马赫用宗教的方式，也就是“用宗教”来阐明如何做女人，联系第一条戒律就是：女人不能在自己选择的丈夫之外再有情人，但可以跟其他人做朋友；第二条塑像禁令可以转化为这样一条要求，即不要幻想“天上的天使”或“诗歌或小说中的英雄”，而要去选择一个男人，他是什么样，就有多可爱；第三条对神的敬重的要求被施莱尔马赫转化为一种自重的要求，即高贵的女人不可滥用“爱的圣物”，不可将自己“当作礼物和赠品”献身他人，也不能只求“在寂静安宁中当一个母亲”。最后一条对安息日规定的转化给女性提供了一种选择，要么自由选择她的生活伴侣，要么放弃自由走向毁灭。

十诫

（引自施莱尔马赫的贵族女性理性手册）

1）你在他之外不该再有情人：但是你应该能够不带爱情色彩、没有倾慕之情、不卖弄风情地跟别人成为朋友。

2）你不应该幻想某种偶像，无论是天上的天使还是诗歌或小说中的英雄。你应该去爱一个实实在在的男人，因为你作为女人的天性，是一个严苛的神祇，她一定会惩罚姑娘对虚幻偶像的狂热，而且不管是哪个年龄段，她都会一直惩罚这种狂热。

3）你对爱的圣物绝不可滥用，哪怕是一丝一毫都不可：因为这种滥用会使你失去细腻柔软的情感，会玷污你的可爱，会让你像礼物和赠品一样献身，或者为了让你仅仅在寂静和安宁中当一个母亲。

4）守住你心里的安息日，守为圣日。当别人要抓住你不放时，你要争得自由，否则毋宁赴于地下。

5）尊重你孩子的特质和任性，要让他们幸福，并坚强地生活在大地上。

① 问答手册，德文为 Katechismus，该词原指基督教用于宗教教育的教义问答手册。——译者注

② 雅各北（Jacoby，2000）首次对这个“问答手册”进行了性别分析的诠释，并以此将其引入教育学-教育科学的讨论中。

6）你不该带着目的地使孩子辛劳。

7）你不该结那种一定会破裂的婚姻。

8）你不该在你不付出爱的地方希望被爱。

9）你不该错误地为男人作证；你不该用言语和作为来粉饰男人的粗鲁。

10）去追求男人的教养、艺术、智慧和荣誉。

这十条戒律中前四条的转化是针对教养提出的，第五条到第十条也有类似的转化。后边这五条从教化性的交互作用的角度重新阐释了伦理和道德。要求尊重父母的戒律转化成尊重自己孩子“任性”和自由的要求；禁止杀人的戒律转化成“不该带着目的地使孩子辛劳”的要求，它要求不对未成年人的存在之目的做出规定，而是要给予他们一种无附带意图的善意，承认他们拥有一种开放的、由他们参与建设的未来。而关于“不可不忠”的要求变成“你不该结那种一定会破裂的婚姻”，“不可偷盗”的戒条变成“你不该在你不付出爱的地方希望被爱”。而不准做假证的戒律被用在两性关系上，说的是女性应该不再粉饰男人的“粗鲁”。最为极端的重新阐释在最后一条，施莱尔马赫把原来的关于不要贪恋的戒律转化成一个积极的要求：“去追求男人的教养、艺术、智慧和荣誉。”

有人会问，施莱尔马赫为“高贵女性”转化的“十诫”在内容上跟犹太教和基督教的“十诫”还有什么联系？如果在犹太教-基督教中上帝之爱和人类之爱同等重要的前提下来解释，那么施莱尔马赫描绘的关联就会更清楚，因为一种臆想的宗教原教旨主义的由神旨推出道德的关联现在被一种宗教和道德的反思性的关系取代了，这种关系利用“摩西十诫”的消极性，以为现代的宗教和道德的阐释找出余地，并进行尝试。

三、洪堡对教育、道德和政治的关系的重新规定以及对人的教化的区分[①]

洪堡（Wilhelm von Humboldt，1767—1835）在他 1792 的著作《尝试性界定

① 原文标题为 Wilhelm von Humboldts Neubestimmung der Beziehungen von Bildung，Moral und Politik und seine Unterscheidung zwischen grundlegender，spezieller und allgemeiner Menschenbildung。——译者注

国家作用之界限的若干想法》中在法国大革命的背景下为普鲁士提出了一个涉及面广泛的改革设想。

他在普鲁士的改革中从1809年2月到1810年5月担任文化和教育司司长。他为柏林大学的建立做好了准备，在考察东普鲁士和立陶宛的途中设计了不再按等级和职业而是按相互衔接的学校层级来划分教育系统的学校计划。

威廉·冯·洪堡
粉笔画，作者约翰·约瑟夫·施梅勒
(Johann Joseph Schmeller)

威廉·冯·洪堡作为一个现代教化理论家和普鲁士教育改革家的意义，已经被很多专著和理论史研究分析过(例如 Menze，1965，1975；Wang，1995；Benner，2003；Thompson，2009)。对他的作品带有批判眼光的读者都要问这样一个问题：洪堡在法国大革命开始的时候还认为国家(Staat)不可以对道德和伦理、经济和教育、艺术和宗教以及科学和研究产生积极影响，为何几年之后又积极地参与到普鲁士的改革中，而且能在内政部新设的教育和文化司担任领导职位？答案要到洪堡对教育、道德和政治之间关系的重新规定中去找。他以这种重新规定脱离了传统的认为教育的任务和目标只能服务于现有秩序的思想。他为他的矫枉提供了这样的根据：未来，进步不再能由国家掌控，而是由人与世界以及人和人之间的自由、活跃、多样的交互作用开始的。这个思想连接着他1792年在理论上对国家作用的限制和他后来在普鲁士政府领导的改革。

下面将分三部分介绍洪堡教化理论与他对教育、道德和政治之关系的重新规定之间的关联。首先介绍他的教化理论，第二部分再谈他限制国家作用的设想，第三部分厘清他对三种人的教化(Menschenbildung)的区分：基础的、专门的和普通的人的教化①，这种区分在实行洪堡的教化设想的学校改革中偶尔被错误地混为一体，例如，要求整个教化都必须通过学校教育来进行。

---

① 洪堡对教化(Bildung)这个概念的使用并不一贯地恪守对人的三种教育的区分。他后来在格尼斯堡学校计划中使用了“人的普通教化”(allgemeinen Menschenbildung)这个概念，这个概念聚焦于那种终身的、超越了教育(Erziehung)的教化过程(Bildungsprozesse)，洪堡使用这个概念，就是为了将传授文字、数学、科学等的基础学科与对培养某一特定职业的专门资格的职业教育区分开来。

洪堡对教化、道德和政治之间关系的教化理论上的重新规定

洪堡认为，现代意义上的教化的基础是每个人都应进行的人和世界之间的交互作用，在这种交互作用中，不仅只有在完成自己使命的人在改变，这个人所经验到的、加工过的、塑造过的、解释了的世界也发生了改变。

在洪堡看来，不仅个人是可塑的，整个人类也是可塑的。他将个人的和人类的可塑性与这样一个观念联系起来：每个人的使命（Bestimmung）和整个人类的使命就是一种在教化过程中获得一种具体形态的"未知的东西"（Humboldt，1797，GS. Band 2，S. 325；W. Band 1，S. 507），而这种具体形态还可以变型或转化为人与世界新的交互作用。洪堡谈这种"不确定的东西"并不是为了质疑下面这种观点：教化总是与一种确定的东西联系在一起，单个的人从来都不只拥有个性（Individualität），而是一贯拥有一种确定的个性；而人类也从不仅仅是一般意义上的人类，而从来都是一种在特定文化形态中的人类。在洪堡看来，未知的东西也存在于一种已有的东西上，而不是无中生有。

洪堡的教化理论既体现出反目的论的特质，也体现出目的论的特质：当他拒斥依据等级社会、职业地位或其他分类的规定来对教化进行规范化时，是反目的论的；他将教化解释为对人各种力量的发展，并将教化和人与世界的交互作用普遍地联系在一起，这是目的论的。如果要问，教化性的互动和非教化性的互动怎么区别，那么洪堡的答案是，成功的教化过程是基于人与世界"自由的""活跃的""多样的"交互作用的。在这种交互作用中，建设着自己使命的人承受着、行动着，如此交替。

在未完成的作品《人的教化的理论》（1793）中，洪堡这样论述道，人为了能建设自己的使命，需要一个"外在于自己的世界"。在这里，世界影响着人的"感受"，人以自己的"主动性"也影响着世界，通过这种双向的影响，人塑造着自己。这个过程的关键在于，人在对世界的行动中"不迷失自己"，而总能由这种行动反射出一种"照亮世界的光芒"，散发出一种"深入内心的善行的热情"（Humboldt，1793，GS. Band 1，S. 283ff.；W. Band 1，S. 235ff.）。

洪堡赋予人与世界间自由、活跃、多样的关系的意义，是在一切活动上阐发的。这跟亚里士多德不一样，亚里士多德是把这些意义建立在精神性的生活方式的活动上，他在观念上赋予了这种远离劳动的精神生活更高的价值。

洪堡在研究国家作用的界限时提出了这样的要求：要在所有人类活动中这样来保障自由的交互作用，使得每一项活动都能以活跃的、多样的方式来进行：

> 古代人，尤其是古希腊人，将那些尤其涉及身体力量的或旨在获得外在的善而非内在教养的工作，视为有害的或令人不齿的。因而，他们最博爱的哲学家也赞同奴隶制，即便那是以一种非正义的、野蛮的方式通过牺牲一部分人类而保全另一部分人类最高的力量和美。为这种思想提供根据的那种错误，单凭理性和经验就能很容易地被揭示出来。每种事业都能使人变得高贵，都能赋予人一种特定的、有尊严的形象。关键只在于，怎样从事一项活动。在这里可以假设一种普遍的规则：如果只看一项活动带来的结果，并且将这项活动本身仅仅视为手段，那么它并不那么善，反而常常是有害的，但只要这项活动本身以及为它耗费的精力尤其能充实灵魂，那么这项活动就是有益的。因为一切本身有吸引力的事情都会唤起人的尊重和喜爱，而一切仅仅作为手段而有用的东西，才会只引起对利益的关注；人正是由于尊重和爱而变得高贵的，由于利益才陷入蒙羞的危险。(Humboldt，1792，GS. Band 1，S. 118f.；W. Band 1，S. 77f.)

这段论述已经暗示，洪堡的教化理论对教化、道德和政治之间关系的一种重新规定赋予怎样的意义。也就是说，所有的人类活动都应该这样来改变，以使教化性的交互作用对于这些活动直接具有构成性(konstitutiv)意义。这样，洪堡不再将劳动放置在人类活动的最底层，也不将道德放在最高层。在劳动中也应该像在其他人类行动领域中一样，存在教化性的交互作用。不可以因为从事劳动就失去人的尊严，也不可以把美德和道德理解为不劳动阶级的生活方式。亚里士多德用臣服和听从、适应道德和法律、有能力进行判断和讨论来定义三种不同的生活方式，等级社会将人按照出身等级来进行区分；而洪堡则代之以一种去等级化的人类活动秩序，他去除了按等级分层的目的论的合法性。

按照传统的观点，属于最底层的人为较高等级的人生产物资，这些上等人将这些物资用于较高级的目的。洪堡对此针锋相对地提出了一种人类各项活

动的秩序,这个秩序既在每项人类活动之中又在各种人类活动之间确定了一种自由、活跃、多样的交换的教化思想:

> 每个人每次只能用一种力量,或者更应该说,人的整个本质一次只能适应一种活动。只要人同时兼顾多个对象,他的能量就会减弱,这样看起来,人显得具有单面性。只有当人将那些单一的、常常是单独训练的力量统合起来,……不是将受他作用的对象,而是将他所使用的各种力量通过联合而追求一种多方面性时,他才能克服这种单面性。在这里,过去和未来跟现在的联结所起的作用,人与他人在社会上的联结也有。因为即便穷尽生命的所有阶段,每个人也只能达到多种完善中的一种,尽管多种完善才能形成整个人类的品格。所以,人必须通过由生命内部产生的联结,获取他人的丰富性。(Humboldt,1792,GS. Band 1,S. 106f.; W. Band 1,S. 64f.)

为了在人毕生从事的活动之间能产生教化性的交互作用,需要有一种不由国家主导的社会秩序。这里就轮到洪堡教化理论的政治方面发声了,这是洪堡的《尝试性界定国家作用之界限的若干想法》的核心内容。

洪堡谈国家作用的界限

洪堡从三个方面设置了国家作用的界限:首先是借鉴法国和法国大革命,然后是鉴于普鲁士政府在1789年前试图全盘控制社会发展这一情况,最后联系到普鲁士接下来要开展的改革,这些改革在十年后真的按照洪堡的设想开展起来了,这样回看起来,洪堡先前的这份思想笔记某种程度上像一份普鲁士改革的规划书。

法国大革命开始之后不久,洪堡和他的老师卡姆佩(Campe)于1789年来到巴黎,作为观察者参与到这一伟大的历史事件中。在前往法国首都的路上,洪堡就看出"路边的绞刑架和被绞死的人"与"自由、平等、博爱"的理念之间的矛盾,而这种矛盾在几年之后被雅各宾政权的恐怖统治进一步激化了。洪堡在1791年写的《国家政体的设想》中他论述道:

一种新的政体应该承接着现有的政体。如果一种制度只考虑为了满足一个人（指法国皇帝，作者注）的个人野心和铺张浪费的癖好可能需要民族为他提供多少资源，那么就应该有一个只追求每个个体的自由、安宁和幸福的制度来替代它。这两种相反的情况应该彼此相继。那么连接两者的纽带在哪里呢？

……

不能像把树苗嫁接到树上去那样把国家政体跟人联系起来。如果在时间和人性上没有准备好，那么就像是把花捆起来养，第一天中午的阳光就会晒伤它们。[①]（Humboldt，1791，GS. Band 1，S. 79f.；W. Band 1，S. 35f.）

这里，洪堡指出了革命性的制度变革的界限，法国就是通过这种制度变革，实现了从君主专制向共和制的国家政体的转化（参见 Hellekamps，1997）。施莱尔马赫在 1826 年的教育理论讲座中反思法国大革命时，在保守的和革命的教育观念的对立面提出了一种代际-商讨的、保持与改变的以及阻止与支持的教育设想（参见本章第二节），而洪堡在 1792 年较少关注代际关系中的改变，他更多地关注这样一个问题：怎样进行一种社会改革，以使在旧秩序中成长起来、受过教育和被社会化的成年人能够在思想和行动上参与即将发生的改变。

雅各宾党人对这个问题的答案是，对疑似拒绝革命或妨害革命的人一律处决，洪堡对此是不以为然的。他在《若干想法》的引言中谈到法国大革命的过程和将在普鲁士开展的改革时说道，没有对国家影响力界限的澄清，就不能理智地开展革命，改革就有走入歧途的危险：

国家革命……总是会带来各种不利的后果。相反，每个统治者都能扩大或缩减影响力的边界——在民主的、寡头的或君主制的国家都是这样。如果说我们这个时代确实有理由应当赞颂文化和启蒙的优越性，那

① 洪堡此句意为，一种新的政治体制需要教育上和人性上的准备，需要给这样的教育和人性的改变留出时间。——译者注

么也没有什么其他改革形式适合这个时代了。因为对国家作用的界限最重要的研究必须提升到各种力量更高的自由、各种情况更丰富的多样性上去。现在要达到更高程度的自由,就需要同样高度的教化,就必须减少对单一的、受限的行为的需求,就必须增强行动的个体的力量,使他们拥有多方面的丰富性。如果现在这个时代具备了这种教化、这种优势、这种丰富性带来的优势,那么人们就必须为这个时代提供这些优势理应要求的自由。(Humboldt,1792,GS. Band 1,S. 100f.; W. Band 1,S. 58)

洪堡认为,国家作用的界限与国家的政体既相关又不相关。每个政府都能缩小或扩大自己的作用界限,从这个意义上讲,就是不相关的;说是相关的,是因为,如果执政者和政府给公民提供判断、反思和行动的自由,并且能接受这样做的结果——人与人之间出现多种多样的情况、生活状态和人际关系,而这些又能产生运用自由的新形式,从而促使在管理和政治中形成一种不再是等级性的,而是民族的[①](national)秩序——那么,执政者和政府只可能缩减他们的作用范围。

这种自由对国家作用的界限存在依赖关系,洪堡针对这种依赖关系提出了另一种依赖关系,即国家自我限制的空间取决于社会状况和人的教化。如果在一个社会中个人的能力和实力很弱,那么国家就必须做很多规定,只有当个体能力发展得较高时,国家才能将这些规定的东西交给"力量的游戏"去博弈。如果人的能力达到了一个较高的水平,那么国家的干涉就会阻碍启蒙和文化的进一步发展,这种阻碍就如国家的干涉在较低教化程度时的必要性一样大。

在具体探讨国家作用界限时,洪堡没有纯理论地进行讨论,而是带有经验的性质。他问的不是应对国家作用进行哪些限制,而是一个国家必须通过提供自由而为自己设置哪些界线,以推进国家自身的发展和民族的发展。洪堡在社会行动的各领域都找到了应该重视的界限所在:劳动和经济、道德和伦理、艺术和宗教,尤其是从学前教育到中小学教育到大学教育的整个教育和教

① 洪堡用"Nation"这个词所指的是一种不再按出身和职业地位来分层的共同体的整体概念,并不是用来鼓吹民族主义意识形态的。——译者注

化制度，以及在大学进行的科学理论发展和研究。他论述道，在所有这些领域中，国家必须放弃任对人的品格和民族的现状的任何一种积极干涉，而仅仅保障国家内部和外部安全。国家虽然可以通过法律来为积极的发展设定前提条件，但是不可以自己发起、开展和领导这种发展：

> 最好是在最开始就考察清楚，国家（Staat）是应该仅仅致力于保障安全，还是也应该积极地使民族（Nation）致富。无论在什么机构，只要看，他们主要的对象是什么，或者主要带来了什么结果；对于上面说的两个目的，要同时考察，国家可以运用什么手段来达到目的。（Humboldt，1792，GS. Band 1，S. 112； W. Band 1，S. 70f.）

"国家积极提升整个民族的富裕水平的努力"在于：首先保障"居民的生计"，然后"发展农业、工业和贸易"，进而推动"一切金融和货币流通"，尤其要建设的是人和公民的"道德"。对于这些措施，洪堡得出的结论是：

> 我认为，所有这些措施都会产生不良后果，而且，对于一种真正的政治，一种从最高的但一直是人性的视角出发的政治而言，这些措施都是不合适的。（Humboldt，1792，GS. Band 1，S. 113； W. Band 1，S. 71）

洪堡对此进行了以下论证：

- 在由国家领导的机构中，"政府的精神"总是会"在民族当中带来一种单一性和外来的行为方式"，而当国家给臣民派发赏赐和物资时，都是公民在"埋单"；
- 国家对"各种力量的自由博弈"的干涉，不仅阻碍各方面的积极发展，而且会妨碍其臣民的判断力和行动能力的形成和发展，从而"减弱民族的力量"，最终反倒损害了国家自身的利益；
- 无论在何处，"劳动者"其实"才是他所生产的产品的所有者，……而不是那个有闲的、像寄生虫般享受劳动者劳动成果的享乐之人"；

- 国家给有工作的公民做好各种需要遵守的规定,以期机械地提升生产效率,这根本不是“最好的教导方式”;最好的教导能够使公民从事自由的活动;
- 一个用“照管式的帮助”来干涉公民行为的国家同时也在减弱公民的道德品格和“互助”之心;
- 因而,只有在承认了国家作用的界限之后,才能期待实现真正的进步,例如,“也许所有农民和手工业者都可以成为艺术家”,“也就是说,人因为自己的工作而爱自己的工作,通过自己的力量和发明创造而改善自身,并以此培养自己的理智能力、提升自己的品格、提高自己的品位”。(Humboldt,1792,GS. Band 1,S. 113 – 117; W. Band 1,S. 71 – 76)

人之间自由交流的在教化理论上的必要性也被洪堡用来阐释道德。承认人格尊严的道德原则在洪堡看来必须在共同生活的新形式中得到落实,这种新形式不再传递流传下来的伦理,而是将等级社会的道德转化为自由的、自己选择的生活方式。

洪堡在这里和在其他地方批判了将人视为专制国家臣民的做法,也批判了自诩为革命先锋者对公民的管束。这种双重批判表明,洪堡是一个自由派(而且是这个词最好的意义上的)。他绝没有在“守夜人国家”的意识形态意义上去试图限制国家在立法、司法和行政方面的任务(“守夜人国家”丝毫不介入人的生活和公共事务,对贫富差异、有教养者和无教养者的差异漠不关心)。洪堡所区分的确切地说是国家的任务和由国家法律所保障的、由人和公民自己建设的社会的任务,与之对应,他也区分了由国家及其部门处理的事务和公共的、不由国家规定的事务。

从基础教育相对于职业教育在时间上的前置及其关系,到教育之外的普通的“人的教化”

洪堡认为,由国家保障和规定的事务应该包括“抵御外部敌人”“公民之间的安全”和保护未成年人不受其监护人的侵害。就如洪堡在1792年所要求的那样,1794年颁布的《普鲁士国家普通邦法》取消了监护人在此之前所拥有的某些权利和义务，也就是，不允许他们规定自己孩子或被监护人的生活方式、职业和配偶。此外，可由国家控制的事务包括为了国内安全必要的《警察法》和《市民法》，但不包括公共教育、宗教、道德和银行业。

洪堡将公共教育和银行系统归为民族的任务，将宗教解释为宗教团体的事务，道德（由于它超越了守法的层面）被视为由个人和个人组成的共同体来调控的范围。洪堡认为，无论在哪个方面，关键都在于区分“公民对国家的关系”和“公民之间的关系”，并且认识到，公共事务是共同的事务，是既不能由国家也不能由私人来安排的（Humboldt，1792，GS. Band 1，S. 232 – 236 und S. 153；W. Band 1，S. 199 – 207 und 233）。

那些既不能由私人也不能由国家来制度化的、只能按国家法律由全国（national）或全社会来制度化的领域，早在洪堡1792年的作品中就已经包括整个公共教育领域。他在1809年的学校计划中将这种公共教育划分为“基础教学”“学校教学”“大学教学”三个阶段。后来的改革者在援引洪堡时，认为他支持等级化的学校制度，是综合学校的捍卫者，或者认为他主张教研合一。如果研究一下他的学校计划以及关于创建柏林大学的笔记，在其中是找不到这样的内容的（参见Tenorth，2012）。洪堡无论在哪里规定公共教育系统的各级教学任务，都是看这些任务对促进自由、活跃、多样的人与世界以及人与人之间的交互作用的意义，而不是根据全社会的改革目的来规定的。

洪堡所说的“基础教学”，是用母语传授读、写、算、画这些基本技能。引入书面语的同时，就要培养这样的能力：“接收、表达、记录和读懂思想”，并由一名教师使学校教学“成为可能”。洪堡将基础教学的完成视为学校教学的先决条件，而学校教学是作为专业课由教师来进行的。学校教学的目的在于，使教师变得“不再必要”，让学生有能力脱离教师的帮助而继续学习。大学教学又以学校教学的完成为前提。洪堡认为，在大学教学中“大学教师不再是教师，大学生也不再是学习者”。他认为，教授是做研究的，并支持着大学生的研究。

在关于基础教学和学校教学的观点中，洪堡没有主张生活和学习的合一；在关于创建柏林大学的论述中，他也没有主张教研的合一。“教”能够为研究作准备，或向有兴趣的公众介绍研究成果，它是一种实践，是研究的序曲或研究的后续,但不是研究的实践本身。

洪堡提出的三级教学体系既没有穷尽所有公共教育的形式,也没有描绘出一个所有未成年人都应该完成的教育和教化体系。洪堡只将基础教学设定为必须完成的,它像其他两种教学形式一样,都有两个出口,一个通向生活,一个通向更高一级的学校。书面语的基本技能确实应该不只在学校里,而且在生活中、人际交往中和工作中得到使用,而且应该对不管什么方向的任何一项专门职业的教育都有用。鉴于同时代的工作世界的情况,洪堡认为,在基础教学完成的时候,就应该已经可以过渡到生活或过渡到一种专门的职业培训中了。

关于学校教学,洪堡认为,学习者随时可以离开学校教学,而且学校教学对过渡到生活和职业教育的通道必须是敞开的。作为教学,学校教学被洪堡赋予了这样的任务:拓展未成年人在与文字相关的文化方面和科学基础知识方面的视野(即外语和文学、数学和自然科学以及历史和哲学),并且让完成学校教学的学生准备向大学学习过渡。

这三种教学形式和三个学校层级为人与世界、人与人的新关系奠定基础,这一基本思想也决定了洪堡建立柏林大学的计划。在柏林大学所开展的学业也应该进行双重培养:为了开启通向生活和就业的通道,以及开启通向更高的学术深造的通道。在更高的学术深造的层次上,就不再是大学生在学术教师的带领下进行研究了,而是学术研究者为其专业领域的进一步发展而工作。

如果我们把洪堡对基础教学、学校教学和大学教学的区分理解为,每个层次的教学都为走入生活和过渡到更高层次的学习培养双重资格,那么就会发现,洪堡只是给了普通教育相较于职业教育一种时间上的优先地位,而没有给它一种原则上的优先地位。对基础的和与实用相关的教育目的赋予同样的意义就意味着承认所有的教学阶段。这就要求,书面语应该这样习得,以使学生向生活和就业的过渡和向学校教学的过渡都得以可能。这对学校教学也是一样,科学入门的学校教学应该为进入科学导向的职业教育铺平道路,也应该通过中学结业考试为进入大学的科学学习铺平道路。单就洪堡创立柏林大学的设想来看就可以说,他的设想就是这种有双重培养功能的。在老牌职业科系神学、医学、法学和新设科系哲学系中,大学学业都应该使学生既有资格进入学术工作（当科学入门的教师或文科中学的教师），又有能力发展聚焦于学术研究的高校职业生涯。

我们今天不能把洪堡的这种三级制教学设想当作当前教育制度问题的解决方案和改革措施，他关于要在研究世界的过程中去形成的形式的力量的观点，在他那个时代就已经阻碍了对基础教育、科学入门教育和科研教育的内容进行教化理论的分析。即便在基础阶段，也是要同时既培养未成年人在生活中应用所学，又为向更高一级的学校作准备，而并不是说小学的基础教学结束后就完成了普通教化的学生时代。直到如今，为过渡到职业教育作准备，也是后续学校教育的任务之一（参见 Benner/von Oettingen，2012）。相似的任务也赋予了学术型高校和综合性大学，这些高等院校在十九、二十世纪发展成科学的职业高校，它们的任务是，不仅向相关职业的人群，也持续向对科学感兴趣的公众传授科学的知识和能力。

因而，在最后可以说，洪堡在教化理论上将基础教学、学校教学和科学教学的双重培养任务与基于社会各项活动间交互作用的人的教化的任务区分开了，他的这种区分今天并没有失去意义[①]。在基础性的教化中使教化性的交互作用成为可能，就是洪堡赋予所有层次的学校的共同任务，为达成这个任务，在基础教学中要引入文字，在学校教学中要引入科学的思维，在科研高校的教学中要学生参与研究。而对职业和生活方式的选择，正如洪堡一再说的，不可以由基础教学和学校教学来规定，因为这会将教育和教化系统的任务简化为对当前社会中流传下来的活动的复制。

正是由于这个缘故，洪堡在 1792 年写下的那些观点才被用在了 1809 年—1810 年对普鲁士教育改革的设想中。洪堡在 1792 年的《若干想法》中针对进行着自身教化的人和从事着某一具体工作的公民这样写道：在一个现代社会中，“人”不能“从小”就被“教育成公民”，而“人的最自由的、尽可能少地遵循公民关系的教化必须遍地开花。”“这样教育出来的人之后必须进入国家，而国家的政体也要在他身上经受考验。只有在这样的努力中”才有可能期待“民族有把握对政体进行真正的改善”，才不会惧怕“公民机构对人产生有害

① 对洪堡（普鲁士第一任文化和教育司司长）的教育理念和蔡元培（中华民国第一任教育总长）的教育理念的比较研究可参见 Wang（1995）；Benner/Peng（2011）。

影响”(Humboldt,1792:GS. Band 1,S. 143f.;W. Band 1,S. 106)。

洪堡在时间上将奠基性的-普通的教化放在职业的-特殊的教化之前,将自由的、终身的人的教化放在学校的教育和教化之后。他以此试图克服教育和教化系统对传统社会及其职业的需求的依附,同时还以此提出了一种全方位的社会改革的必要性,而这种社会改革在普鲁士败给拿破仑大军之后确实在十九世纪初开展起来了。在这场改革中,传统行业的行会法律被扬弃了,军队向非贵族开放了,而手工业、经济和技术的行业也向贵族开放了,农奴制废除了,地方管理实行了去中央化,科学和艺术的自由得到了特别的保障。教育改革是这场改革中不可或缺的一个部分。在改革中,普鲁士确实限制了君主国家的权限,而且社会进步确实是建立在教化性的交互作用上的,这种交互作用不是国家创造的,却很可能由法律来推进和支持。

四、杜威论消极经验的意义以及社会、共同体和民主[①]

约翰·杜威(John Dewey,1859—1952)熟悉古希腊哲学和欧洲古典哲学和教育学,他是美国实用主义的代表人物。杜威于1896年在芝加哥创办了实验学校。在教育学方面,他的主要作品有《民主主义与教育》(1916)和《我们怎样思维》(1933)。1919—1921年间,杜威在中国举行过多次讲座,在民国时期对中国形成了巨大影响。

图为杜威手捧一尊佛像
http://www.biografica.info/fotos/

杜威的作品《民主主义与教育》这个标题“Democracy and Education”要准确地译成德文并不太容易。如果翻译成“Demokratie und Erziehung”,且将“Erziehung”理解为成年人和未成年人之间的教育实践(前者教,后者被教),那么,杜威在《民主主义与教育》中关于在教育(Erziehung)之前、当中和之外

① 原文标题为 Dewey über die Bedeutung negativer Erfahrungen in Erziehungs-und Bildungsprozessen und seine Unterscheidungen zwischen Gesellschaft und Gemeinschaft sowie Demokratie als Staats-und Lebensform。——译者注

的学习和教化过程（Bildungsprozesse）所论述的一切，就都被忽视了。如果采用德国文化中的"教化"（Bildung）这个概念，把"Democracy and Education"翻译成"Demokratie und Bildung"，这样虽然把握住了杜威关于个人和社会的学习与教化过程的观点，但是没有把握住他对教育实践的狭义的教育理论奠基（erziehungstheoretische Grundlegung）。

在研究教育、教化和民主的关系时，杜威并没有在概念上严格区分教育和教化，而是既指教育过程，又指教化过程。他对此论述道，这两个过程有着外部目的和内部目的：外部目的是由社会要求所规定的；如果要教育和教化得以成功，那么外部目的就要转化为内部目的。总而言之，从这两个角度来说，教育实践（pädagogische Praxis）应当这样来安排教育过程（Erziehungsprozesse），以使教化过程（Bildungsprozesse）得以可能。在这个意义上，下面这段引文谈的就是教育和教化："1. ……教育（education）这件事没有除他自身之外的其他目的；它自身就是自己的目的"。"2. 教育就意味着持续的重新塑造、持续的重建、不断的重组。"（Dewey，1964，S. 75；Dewey，1916，S. 54）

杜威将教育和教化的共同基础归结到人的经验的一种特殊结构上，这种经验在教育和非教育过程中都是具有一种独特的消极性。这种消极性在前几章已经多次谈过。我们的分析将从杜威提出的经验的消极性开始，然后谈杜威对经验消极性功能的观点，即他所区分的经验消极性在教育理论方面的功能和在教化理论方面的功能。最后谈的是杜威对社会和共同体的区分以及对民主作为国家形态和生活方式的区分，并谈它们之间的关系。这种区分对于澄清教育、教化、道德和政治的现代关系有着根本意义。

杜威对人类经验的创造性消极性的认识

和之前的很多理论家一样，在杜威的思想中，人的经验也处于承受（Leiden）与行动（Tun）的紧张领域里。杜威在这个方面传承了一个悠久的传统，从柏拉图到卢梭、费希特、赫尔巴特、洪堡，直到杜威自己；在 20 世纪的科学理论中这个理论传统以多种方式继续出现：在阿尔弗雷德·佩策特（Petzelt，1967）的新康德主义的论述中、在卡尔·波普尔的批判理性主义证伪原则（Popper，1973）中、在让·皮亚杰的认知发展理论建模中（Piaget，1976）、在汉斯-格奥尔格·伽达默尔(Gadamer,1975)和君特·布克(Buck,1975)的解释学研究中、在法兰克福学派尤其是提奥多·W.阿多诺(Adorno,1957/1958,1966)的批判理论和凯特·迈尔-德拉维(Meyer-Drawe,1999)和伯恩哈特·瓦尔登菲尔斯(Waldenfels,2004)的现象学分析中,这个传统都得到了进一步发展(这方面的教育学论述参见 Brüggen,1988;Benner/English,2004;Erziehung-Bildung-Negativität,2005;Mitgutsch,2009;English,2013)。

在这个关联中,尤其值得关注的是,杜威在《民主主义与教育》第十一章里对人的经验的主动因素和被动因素之间关系的论述,这段论述为他分析经验的消极性奠定了基础。

> 经验包含一个主动的因素和一个被动的因素,这两个因素以特有的形式结合着。只有注意到这一点,才能了解经验的性质。在主动的方面,经验就是尝试——这个意义,用实验这个术语来表达就清楚了。在被动的方面,经验就是承受结果。
>
> ……
>
> “从经验中学习”就是在我们对事物有所作为和我们所享的快乐或所受的痛苦这一结果之间,建立前前后后的联结。在这种情况下,行动就变成尝试;变成以此寻找真相的实验;而承受的结果就变成教训……(Dewey,1964,S. 186f.; Dewey,1916,S. 146ff.)①

如果继续问,杜威所认为的学习在经验的主动因素和被动因素交互作用中如何进行,那么就会发现,主动性和被动性的互动并不是直接在经验过程中发生的,而是来自一种“反省的经验”。杜威对这种经验赋予了以下普遍特征:

> 反省的经验的一般特征……就是:(1)困惑、迷乱、怀疑……(2)推测预料……(3)审慎调查(考察、审查、探究、分析)……(4)详细阐发试验性的假设……(5)把所规划的假设作为行动的计划……以上第三、四

① 译文参见:杜威.民主主义与教育[M].王承绪,译.北京:人民教育出版社,1990:148-149.

> 两步所达到的广度和准确度,使特异的反省经验和尝试错误阶段的经验区别开来。(Dewey,1964,S. 201f.; Dewey,1916,S. 157f.)①

有人可能会怀疑,用这五个步骤是否真的可以描绘出技术的、审美的和道德的经验的基础的经验总体结构。熟悉的变得陌生、熟知的变得可疑、学习在知与未知的边缘可能发生、隐藏的事物在这样的学习中闪现,这一切的普遍基础毋庸置疑就是柏拉图早在《理想国》中的"洞喻"里就已经提到的陌生化、困惑和问题化。

安德里亚·因格利世(Andrea English)在她的研究《学习中的非连续性:杜威、赫尔巴特与作为转化的教育》(2013)中提出了一种对杜威的新的诠释。她认为杜威和赫尔巴特一样,都在学习过程和教-学过程中对人类经验的消极性赋予了重要意义。赫尔巴特认为,在教育性教学中,消极经验对思想范围的形成只有一种有限的意义;而在咨询性的教育中,消极经验则对处理积极道德和消极道德间的关系有着根本性的意义(参见 English, 2013,S. 16 - 54)。而杜威在"困惑"(perplexity)、"迷乱"(confusion)、"怀疑"(doubt)中看出每一种学习的总体基本特征(English, 2013,S. 55 - 109)。

> 杜威提出了反思经验的概念,这个概念进一步阐明了学习和人与世界互动的个人能力与学习的关系这两者之间的地带。杜威扩展了关于怀疑和困难的实用主义思想,也扩展了赫尔巴特提出的道德学习中的斗争思想。他关于经验的讨论,例如不确定性、怀疑、困惑、混乱等,划分出了一切学习经验中不可或缺的环节,这些环节指向了经验的非连续性和消极性的教育意义……杜威的学习理论划出了经验的中断和成功解决困难之间的一个空间,我称之为学习的"中间地带"(in-between realm)。在此基础上,经验中的非连续性就对学习过程有着重大意义:只有依靠学习者自己在这个开放空间——或曰中间地带——进行探索,学习者才能认同和潜在地改变其与自身的关系和与世界的关系。(English,2014,S. 65)

---

① 译文参见:杜威.民主主义与教育[M].王承绪,译.北京:人民教育出版社,1990:160.

从杜威对反省经验的结构的描述中不能演绎出教的理论,原因在于,只有在那种没有教学性的支持学习就不会成功的情境中,教学才会对学习过程产生影响,因为困惑不会自己产生,也不会自己指出处理和解决问题的方法。在生活和学习合于一体的地方,消极性和积极性不会直接发生交互关系,原因例如,口语不会直接过渡到书面语,对电器的使用不会直接过渡到对电学关系的理解,对社会上道德方面的事情的见闻也不会直接过渡到对这些事情的道德判断。而教学的任务在于,即便在这样的地方也推动消极性和积极性的交互作用。

在学走路、学抓取东西的时候,如果孩子摔了跤,手没有拿到目标物,经验的消极性就自动出现了;而在学校组织的教-学过程中,经验的消极性就要巧妙地营造出来,而且要通过教学法得到保障。对此,因格利世写道:

> 我认为,杜威关于学习的理论质疑了把教育看作传输已完成的思想和解决方案的观点。因为,如果学习是以经验中的前反思的(prereflective)中断开始的,那么教育就不能以向学习者呈现未解决的(predigested)问题和未包装好的(prepackaged)思想开始。毋宁说,学习必须从中断学习者的经验开始。因为只有借这种中断,学习者才会开始思考和提出他们自己的问题并向已有思想提出挑战,从而进入转化性的学习过程。(English,2013,S. 79)

这种在校外学习中自己出现的前反思的困惑和中断,在教学中必须有计划地引发。这就把非教育性的教-学过程和由教学支持和组织的教-学过程区分开来了。课堂上的教不是简单地按照非教学的学习逻辑来进行的,而是会形成一种教-学过程的教学论逻辑,这种逻辑是在教学性的传授关联(unterrichtlicher Vermittlungszusammenhänge)之外没有的。这里杜威作了说明:“批判性思维的本质”在于“判断的推迟,这种推迟动作是为了在试图解决问题时认清问题的本质”(Dewey,1910;引自 Dewey,1951/2002,S. 78)。因而,教学的教育性功能和教化性功能也包括,有计划地造成经验连续性的中断,但不让学习者自己留在知与未知之间的空隙,而是通过提问和呈现的教的行动来促使学习者在他们所知和所能的边缘注意到未知和未能的东西,并由此形成新的观点和能力(参见杜威关于具体实践的反思和抽象理论的反思的论述,以及关于"教师应该说多少、呈现多少"的讨论,Dewey,1910;Dewey,1951/2002,S. 150ff. und S. 222)。

杜威对社会和共同体的区分

上面所述的非教学的和教学性的教-学过程之间的区别是放置在杜威对社会(Gesellschaft)和共同体(Gemeinschaft)的区分之中的,这一区分也同样深刻而重要。即便杜威在用语上不是一贯统一,也可以说,在他这里,现代语境下的共同体都是复数的,而社会只是诸共同体存在的空间,仅仅是单数的。现代社会的根本是超越单个共同体的界限的经验交流,现代社会允许甚至要求人同时属于多个不同的共同体,而不是必须在唯一的共同体内寻求自己的身份认同,也不是只有在唯一的共同体内才找得到身份认同。这一点在伦理道德的方面尤其有影响。杜威没有把伦理道德的领域限制在狭义的道德判断和道德行为中,而是将其扩展到整个人类各共同体及其各种关系上去(参见Dewey,1964,S. 456f.; Dewey,1916,S. 367f.)。关于社会和共同体的关系他论述道:

> "社会"(society)和"共同体"(community)这类名词可能使人误解,因为我们往往认为有一种单独的东西和这些名词相符。事实上,现代社会(society)由许多社会(societies)松散地联系起来,例如每个家庭和它接近的朋友构成一个社会(society);乡村或街道上的一群游戏伙伴是一个共同体(community);每一个经商的集体,每一个俱乐部,都是一个共同体。超出这些比较亲密的群体,像我们这样的国家,就有各种种族,不同的宗教团体(affiliations)和不同的经济区域。在现代都市内部,尽管名义上是一个政治统一体,也许比过去时代整个大陆有更多的共同体(communities),更多的各种不同的风俗习惯、传统、抱负和各种不同的政府或管理模式。[1]

① 译文参见:杜威.民主主义与教育[M].王承绪,译.北京:人民教育出版社,1990:23.

这段引文说明,杜威并没能明确地在概念上区分社会和共同体。为了描述“社会”和“共同体”之间的关系,他把社会统称为“society”,谈到多个共同体时用复数形式,而且是“societies”和“communities”轮换使用,单个的共同体才称为“community”,同时他还把每个家庭和朋友圈称作“society”。虽然用语不统一,但这里的意义还是明确的。现代社会中存在多个共同体,而这些共同体并不以该社会为核心原则,每个人可以属于几个不同的共同体,可以自由选择做哪个共同体的成员,同时不必顾及从前的结社形式里的那些规矩限定。这些规矩从人一出生就常常不仅规定了个人的居住地,而且还规定了个人的宗教信仰和社会地位,以及与此相应的义务,那就是属于某一特定的共同体,同时被排除在其他可能的共同体之外。而现代社会不讲出生地和居住地的一致,不讲出身和职业地位的一致,不讲统治者的宗教和臣民的宗教的一致,现代社会允许来自不同背景的共同体的人交朋友。现代社会不仅允许个人有选择配偶的自由,而且也允许个人在进入婚姻共同体之后继续有其他异性朋友。在现代社会,已婚人士不仅可以属于不同的宗教共同体和不同的民族,可以从事不同的工作,而且也可以一起或各自加入各种兴趣共同体——例如体育活动、休闲娱乐或业余爱好,而这并不会违反婚姻关系的要求。

正是在这个意义上,杜威在上面的引文结尾处断定,一个现代的城市比以前整个大洲有更多带有特殊道德习俗、管理模式的共同体。在一个共同体中担任下级职务的人,在另一个共同体中可能是做领导的,或者在兴趣共同体中是领头人;而在家庭生活中则没有什么上下级关系。在杜威看来,这里面的原因就在于,现代社会较少存在那种会“阻碍完全的和自由的交往”的固定的、可传代的“社会分化”(social divisions)(Dewey,1964:441;Dewey,1916:354)。

现代社会不仅有通过广泛的自由联合而形成的多种共同体,而且同时也有组织起社会成员间的交流的公共机构。杜威认为这里就包括普通的、公共的学校。除了进行基础教育,杜威认为学校还有一个功能,就是“保证使每个人都有机会消除他出生所在社会群体的限制,并和更广阔的环境建立充满生机的联系”(Dewey,1964:40;Dewey,1916:24)。

我们在这儿能看到黑格尔在文科中学演讲中就已经提到的观点,只是杜威这里的阐述更为清晰。黑格尔认为学校的任务在于,使个体能够作为自由独立的个人进入社会并加入公共生活，从而将个体带出其原生家庭的圈子（参见第三章的开头）。杜威将黑格尔针对文科中学所述的学校功能推广到所有普通公共学校。他认为，学校使成长中的一代有能力踏入社会，但这个社会已不再是黑格尔那时由职业地位决定生活方式的社会，而是一个民主的社会，在这个社会里，出身已经不能决定人的使命，每个人都能和每个人进行交往。

杜威对作为生活方式的民主和作为国家形态的民主的区分

杜威理解的民主的生活方式是一种普遍的社会生活方式，这种生活方式不再基于一种自我传承的共同体再生产，而是基于一种相互的"个体经验的丰富和补充"（Dewey，1964：442；Dewey，1916：354）。即便在这样的生活方式中，人和人也是有区别的，因为人有各自不同的作为。但人的生活不再按地位和阶级来区分，所有人都属于唯一的社会。社会和共同体的新型关系、公共教育的任务和作为生活方式的民主，在它们之间，杜威建立了如下关系：

> 因为教育是一种社会的过程，而世界上又有各色各样的社会（societies），所以教育批判和教育建设的标准包含一种特定的社会理想。我们选择了两点来测量社会生活的价值，这两点就是：一个团体的利益被全体成员共同参与到什么程度。（另一点是，这个团体与其他团体的合作是否丰富而自由。——译者[①]）换言之，一个不良的社会对内对外都设置重重障碍，限制自由的往来和经验的交流。倘有一个社会（society），它的全体成员都能以同等条件，共同享受社会的利益，并通过各种形式的联合生活的相互影响，使社会各种制度得到灵活机动的重新调整，在这个范围内，这个社会就是民主主义的社会。这种社会必须有一种教育，使每个人都有对于社会关系和社会控制的个人兴趣，都有能促进社会的变化而不致引起社会混乱的心理习惯。（Dewey，1964，S. 136；Dewey，1916，S. 105.）[②]

① 括号中此句出现在书中对德译版《民主主义与教育》的引文中，但未见于王承绪译本。——译者注。
② 译文参见：杜威.民主主义与教育[M].王承绪，译.北京：人民教育出版社，1990：105.

杜威的这些论述是与柏拉图的社会理论相区分的，他用这样的论述抛弃了古代城邦的社会模型。古代城邦的大多数居民是无法受教育的，不同地位和生活方式之间也是没有交流的，因而在现代的观点看来，城邦社会不是民主的，而是贵族的。“民主”这个定语在这里从其社会意义上说主要不是指国家的统治秩序和管理形式，而是指一种生活方式，一种以个人性、共同利益多面性和所有社会成员最大限度地参与为鹄的的生活方式。

在此，杜威的关于民主生活方式的思想、洪堡关于不受国家统治和管理的社会的概念以及赫尔巴特在普通教育学和普通实践哲学里提出的教育学和伦理学之间关系的新设想，呈现出了明显的相似性，但也表现出很大的区别。相似性在于，杜威提出的基于经验交流的民主生活方式的概念可以看作是洪堡观点的重述：人通过“来自内在的联结”，能够“获取其他人的丰富性”(Humboldt，1792，GS. Band 1，S. 107；W. Band 1，S. 64)。而一个不可忽视的区别是，赫尔巴特、洪堡和施莱尔马赫不是主要在教育上发展自由的、参与性的生活方式，而杜威的论述——在德文译文中——则是：

> 由于一个民主的社会(democratic society)排斥来自外部权威的规则，因而这种权威就必须由一种对共同利益的自愿遵守来代替：不过这只能由教育(Erziehung)来实现。但还有一个更深刻的解释。民主不只是一种统治形式，它首先是一种共同生活的形式，也就是一种共同的、相互的分享经验的形式。(Dewey，1964，S. 120f.；Dewey，1916，S. 93)

杜威的伟大在于他避免并克服了各种二元对立，但在这里，他认为作为统治形式的民主所不可或缺的个人对国家法律和秩序的遵守，“只能由教育”来保障①，这就显得他想要坚持一种二元论。但我们这样来想，“education”既可以翻译成“Erziehung”，又可以翻译成“Bildung”，有时候还必须同时翻译成两

① 像这样把问题简化了的表述或许也出现在汉娜·阿伦特于死后出版的关于伦理学的讲座中，这里的情况或许也是由翻译造成的。这部作品是以“Über das Böse”(论恶)的德文标题出版的，其中第二次讲座开始的部分写道：“美德”是“一种培训(Ausbildung)或教育(Erziehung)的结果”(Arendt，1965/2007，S.47)。这个论题既无法用古典的伦理学和教育学也无法用近代伦理学和教育学来论证，因为这里和之前的几章里一直都在说，美德恰恰不是教育(Erziehung)的产物，而是在教育之外的行动中才自己形成的。

者，这样的话，这段引文的意思也许就根本不是德文译文所传达的意思，而是作为政治制度的民主依赖于教育（Erziehung）和超越一切教育的人的教化（Bildung），这种教化不把人规定为国家的臣民，而使人成为人和公民，这样的人和公民协同处理他们的各种事务，并关注共同的、相互影响的经验[①]。

杜威只是非常谨慎地谈到了民主的生活方式和民主作为一种特殊政治制度形式之间的相似性。他知道，民主意味着"民众政权"，认为一切权力出自民众的议会制统治形式和政府形式都将民主用作一个标签。而他所描绘的那种生活方式讲的不是统治和政府形式，而是经验的交流，这种经验交流不限于作为现代社会一个特殊子系统的政治制度，而是关乎所有人的参与，即施莱尔马赫所说的"全体共同活动"。

① 参见赖辛巴赫（Reichenbach，2001，S. 375ff.）对推崇民主的警告，这种对民主的推崇将民主提高到教育理想的高度，而且认为只有用公民美德才能定义善。

第四章

谱系学的道德讨论和对消极道德性的教化意义的重新发现①

① 原文标题为 Genealogische Moraldiskurse im 19. und 20. Jahrhundert und die Wiederentdeckung der bildenden Bedeutung negativer Moralität。——译者注

在19世纪和20世纪，除了继承古希腊传统和现代传统的道德讨论外，又出现了谱系学的视角，我们接下来就要介绍其中的三种。第一种出现在马克思《1844年哲学经济学手稿》中预言的对道德和法律的“批判”。但这个批判他自己并未进行，后来援引马克思的理论家也没有进行。第二种是尼采在《道德的谱系》中建立的视角，他形成了一种对道德的历史发展进行重构的视角，试图到已经固化的对善恶的区分背后去继续追溯。第三种是由科尔伯格开创的，他研究的道德判断的心理学发展逻辑在这里有特别的意义，因为它将之前几节所有的观点都统合到一个统一的序列中去了。马克思和尼采提出的谱系对消极道德性的事实都有各自的联系，而科尔伯格则没有建立这种关联。因而，本章结尾会专门介绍弗里茨·奥瑟(Fritz Oser)对消极道德性意义的重新发现，他批判性地指出了科尔伯格理论的缺陷，并以自己的研究克服了这种缺陷。

一、马克思：从对积极道德的合法化和优化到对道德的意识形态批判

卡尔·马克思(Karl Heinrich Marx, 1818—1883)在他的早期作品中就设计了一个关于人的实践的理论视角，认为应将哲学变成实践，要对法律和道德进行意识形态批判。但马克思并未完成这些设想，后来援引他观点的马克思主义者也并未完成。

学生时代的马克思

粉笔画，赫尔穆特·巴赫(Hellmut Bach, 1951)根据大卫·利维·埃尔坎(David Levy Elkan)的素描而作

德意志历史博物馆，藏品500772

如第三章所述，赫尔巴特和施莱尔马赫的经典教育学试图在伦理和德政上通过这样的方式来保障他们设想的支持性的教育：区分道德上的斥责、愤怒和支持性的道德教育、道德教化，并赋予

道德教育和道德教化这样的义务——使未成年人明了道德斥责和教育性支持之间的区别,从而让他们学会带着反思去面对它们。至于伦理道德的互动领域中的道德愤怒和在教育领域持续进行着的教育性支持如何联系,施莱尔马赫指出,在判断、思想和品格方面,只有支持性的影响才是在教育上合法的,阻止的和惩罚的措施则不可取;道德的判断和行动必须建基于植根于自己判断的明智,必须基于一种由参与带来的自主。但这并不是强制措施的结果,而只能期待作为旨在发展判断能力和参与能力的支持性教育的结果而出现。总而言之,社会生活中的不完善不可以用阻止性惩罚来消除,而只能通过这样的支持来消除:在支持的过程中,成长中的一代能够加强成年的那一代不具备或不够强的那些能力。这不仅适用于传授读、写、算、画这些文化技能,还尤其适用于形成跨等级、跨阶级的社交,以及所有人对人类共同行动的参与。

赫尔巴特和施莱尔马赫的答案不是 19 世纪出现的唯一的答案。在他们提出的道德实践和教育实践之间的区分之外,将教育的一代和成长的一代之间的分歧作为一个契机,考察教育者的道德观念(道德愤怒就出自这里),这会是非常有意义的。对此,马克思和尼采提出了两种不同的方案,两者虽然并不适于为一种新的教育提供根据,但也许有助于考察和批判社会道德和伦理学体系。

试图从马克思或尼采的思想中发展出一种教育学的努力,无论在理论上还是在实践上都失败了。马克思和尼采并没有形成过教育学——无论是实践层面还是理论层面,因而我们也不应去尝试从马克思和尼采的只言片语中推演出一种教育学。在下面,马克思和尼采对道德批判的视角不是被用来为一种新教育提供根据,而是用来扩展道德和教育的讨论,正如杜威为了对说理论争的公众进行启蒙所要求的讨论那样。

在本书的语境中谈马克思,我们尤其要关注马克思早年的文字(关于马克思作为对社会实践进行反思的思想家,参见 Schmied-Kowarzik,1981,1984,2014,S. 60ff.)。马克思提出的道德批判,即便在今天关于教育、道德、政治之间关系的讨论中也还是有意义的。要衡量这种意义,就必须回到正在通向共产主义的社会主义理念之前,把马克思对法律和道德进行意识形态批判的努力,解读为对正在形成中的公民社会的特定意识形态的批判,对这种批判还要就当前的社会形态进行更新,使之符合现实情况。

在《1844年哲学经济学手稿》中,马克思"尝试在各种不同的小册子中陆续发表对法律、道德、政治等问题的批判,并在最后的作品中再试图呈现整体的关联、各部分的联系"(Marx,1844,S. 506)。但后来他并没有发表这些作品。在后来的著作中,马克思专注于经济学的批判,这些批判力图考察清楚工业化生产方式和资本主义社会发展的趋势,旨在预测资本主义向社会主义的过渡以及社会主义向共产主义的过渡。在这些作品中,马克思和恩格斯只是偶尔提到对公民道德的批判,但这些提示也暗示,这种批判如果真如他早先所预告的那样做出来的话,其目的(可能)何在。这种为数不多的提示包括下面这个:

> 道德就是"行动上的软弱无力"(Impuissance mise en action)。它一和恶习斗争,就会失败。(Engels/Marx,1845,S. 914)

这里将道德批判为"行动上的软弱无力",并非意在取消每一种道德,而意在提醒人们,在有必要评价和考察伦理和道德的时候,要考虑到背景和语境。在恩格斯和马克思看来,以善的名义去批判恶是不够的,更重要的是必须研究有利于产生恶的社会条件,这些社会条件增加了批判的难度,而且用意识形态限制了道德的效用。马克思不仅要让人意识到道德的历史性和社会性(即道德是在社会中传播、形成的——译者注),而且要追问,看似普遍有效的规则是否真的表达出一种合法的、对所有人都适用的要求,还是仅仅代表着一种被掩饰了的应受质疑的阶级观点。例如,在公园里的草坪边上立着一块牌子,上面写着"禁止在草地上玩耍",这里表现出的不是人道的道德,也不是经济的道德,而可能是一种阶级道德;类似的还有,以前在巴黎的塞纳河畔或者伦敦的泰晤士河边有这样的警示牌:禁止所有人在岸边的长椅或桥下睡觉。这种禁令对于那些拥有自己的草坪和住所的人来说就是多余的,它惩罚的只是没有这些财产的人。

意识形态批判在教育的语境中也可能很有用处,在对未成年人的学习过程采取的教育性影响措施和成年人的道德斥责之间出现分歧时,意识形态批判不仅有助于考察受斥责的道德,而且有助于考察用以斥责的那个道德,并且追问,后者是否提出了合法的要求,还是代表了一种非法剥夺未成年人权利的立场。如今,在民主国家里存在限制道德斥责的空间的判决案例,例如,要求邻居忍受孩子时不时的哭喊,这样就把孩子至少跟狗等量齐观,狗吠确实也不容易禁止。这丝毫没有改变施莱尔马赫的观点,教育过程中的道德斥责是不可或缺的。意识形态批判却开启了另一个空间来进一步阐释教育、教化、道德之间的协调问题,但它自身不足以建立任何一种新道德。

如果意识形态批判沦为只针对他人道德的批判而对自己的道德却不加考察,沦为一种对自以为能推动历史的社会秩序的意识形态进行合法化的手段,那么它就变得扭曲了。如果不考虑这种扭曲,那么意识形态批判也还是能够为关于法制变革的继续讨论拓展余地的。康德的《道德形而上学》中有一个例子可以说明这一点。在这个例子中,康德将公民投票权限制在那些在工作中是“自己的主人”的人身上,而妇女、职员等则没有投票权(参见 Kant, 1797/1798,A 165ff.)。在他的“论谚语”以及其他一些作品中,康德都认为做假发的应该有选举权,而理发师则没有(参见 Kant,1793,A 246)。前者用自己买来的头发自己制作假发并将其作为商品卖给他人,而后者仅仅是剪下头发,因而后者只是一种雇员,不属于独立工作的公民。只有当人们奉行进行生产活动的有产市民阶级(他们善于通过劳动增加自己的财富)的意识形态时,这种理由才是有说服力的。在这种意识形态之外,康德的这种论据是站不住脚的,原则上理发师也可以从事康德大力推崇的自由职业。

二、尼采的道德谱系以及新人类的教育和教化的未解难题

弗里德里希·威廉·尼采(Friedrich Wilhelm Nietzsche,1844—1900)开创了谱系式论述的思想形式,这种思想形式将真理和谎言的经典区分、善与恶之间的经典区分问题化,并提出所谓后现代的反思形式,这种反思形式尝试设计一种对人类的存在和共存进行的全新阐释。

弗里德里希·威廉·尼采
水彩画,迈克尔·兰格
(Michael Lange)作

尼采毫无疑问会反对马克思对道德的定义“行动中的无力”。在《道德的谱系》(1887)中,他试图

进行重建：道德并不将良知定义为判断的良知，而是定义为服从的良知，并将其社会化，这样，道德就通过良知赢得了权力。在这篇谱系学辩论文章中，他勾勒了一种"超越了"对"善和恶"已有的概念的新道德的概貌。卢梭的观点"我们不知道，我们的天性能让我们成为什么"（Rousseau，1762b/1979，S. 46）指出了人可完善的天性和现代的可塑性思想，这个观点也存在于尼采下面的论述中：

> 我们这些认知者却不曾认知我们自己。原因很清楚：我们从来就没有试图寻找过我们自己，怎么可能有一天突然找到我们自己呢？（Nietzsche，1887，Vorrede：Absatz 1）①

卢梭将人对自身使命的未知解释为不确定的可完善性和不确定的可塑性，而尼采将人对自身的不认知归结于人错误的行进方式，而这种行进方式从人类历史的早期就开始了。

尼采的历史哲学和道德批判观点认为，在凯尔特人和古希腊人的叙事诗里可以被重建的那种道德的早期历史是大有前途而且格调很高的，但受到柏拉图和基督教的影响，这种道德的历史中断了，而且被另一种驯化和损害人的天性的道德取代了。在早期历史中，斗争性的贵族的道德与懦弱的非贵族的道德是区分开来的，高贵的人被尊为道德的制定者和主人。随着对这种观念的抛弃，人的创造性丢失了，而由于善的、利他的道德被从恶的、自私的道德中分离了出来，人就陷入了博爱的奴役中，这里面只会更加引出极端的新起点。

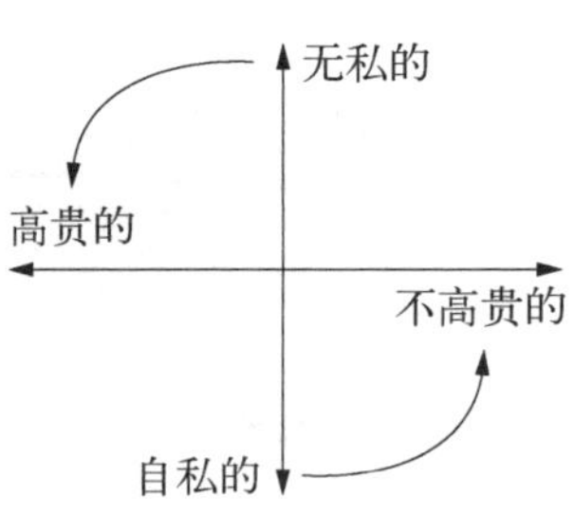

图 4－1　尼采对基督教道德向后基督教道德的谱系学转化

要寻找的新起点，在于纠正基督教对价值的重估，克服因现代社会中的民主先见而被加强的利他主义影响，并通过打破旧道德为人们开辟通向新道德的道路。为此，必须恢复被遗忘的对贵

① 译文参见：尼采.道德的谱系[M].周红，译.北京：三联书店，1992：2.

族和非贵族的区分,并重新认识这种区分,使得斗争的(bellum)与善(bonum)之间产生一种亲和性(Affinität)(Nietzsche,1887,Erste Abhandlung,Abschnitt 5)。只有贵族会赞成这种区分,他们不仅会承担责任、达成约法,而且会努力践行之。

在基督教中,无私者的"奴隶道德"战胜了高贵人的主人道德,联系到基督教创教者的训教,尼采确定地认为,神的自我牺牲旨在让世人转而奉行弱者的"爱的道德",即便是敌人也要爱,这是一种错误,是必须克服和改正的。高贵者和不高贵者之间的区分遭到污蔑的历史,不仅是一部用对无私和自私的划分代替对高贵和不高贵的区分的历史,还是一部引入"罪责"和"良心谴责"这类概念的历史(Nietzsche,1887,Zweite Abhandlung)。

尼采在一种新人的宣言中寻找无私的奴隶道德的替代方案,这种新人摆脱了灌输给他的那种良心谴责。从高贵意志的角度来说,良心谴责不仅是一种错误的道德社会化的后果,而且也是一种"重病"的表现(Nietzsche,1887,Zweite Abhandlung,Abschnitt 16)。因而,一种新教育的任务就是,将人从历史上传承下来的良知形式中解放出来,但这只有勇敢的人能做到。

> ……在某个时候,在一个比我们这个腐朽的、自我怀疑的现代更加强大的时代,这个救世主一定会到来——这是一个拥有博大的爱和气度恢宏的人,这是在任何地方和任何时刻都在推动前进的创造精神。但是,他的孤寂却被人误解为逃离了现实;他的孤寂只是在现实中的投身、融入、深化,一旦他离开现实,重见光明,他就会把拯救完全彻底地送给现实,就是说,把现实从迄今为止的一切理念对它的诅咒中解救出来。这个未来的人,这个将把我们从先前理念拯救出来的人,将会把我们从这些理念中派生的东西中、从无限的憎恶中、从虚无意志中、从虚无主义中解救出来。敲响正午的钟声和重大决策的钟声,让意志重新自由,让地球重新拥有自己的目标,让人重新获得希望!这是一位反基督主义者和反虚无主义者,这是一位打败上帝和虚无的胜利者——他必定有一天会到来。(Nietzsche,1887,Zweite Abhandlung,Absatz 24)①

①② 译文参见:尼采.论道德的谱系[M].谢地坤,宋祖良,程志民,译.桂林:漓江出版社,2000:64.

尼采开始意识到沦入一种新目的论的危险，这从他的“他必定有一天会到来”这个隐喻中可以看出来。这种目的论在文学-美学的视角看也许是可以的，只要它不是一种预言，而是一种对针对反对意见的观点的描述就行。但在理论的、分析的视角下，这个隐喻就必须呈现为问题性的，因为它在这里会显示出一种滑向非理性教条主义的趋势。也许这就是为什么尼采在第二卷的最后一节要以一个警告开始的原因：

> 我还应当说些什么？够了！够了！我在这里应当做的，只是沉默，否则，我就是侵犯了另一个人的权利，这个人比我更年轻、更“未来”、更强壮。这个人只能是查拉图斯特拉，无神论的查拉图斯特拉。（Nietzsche，1887，Zweite Abhandlung Absatz 25）[②]

这个警告被说出来时，同时也被收回了。尼采自己不能做到的，查拉图斯特拉（尼采创造的人物）不仅可以做，而且成了他的任务。这里显示出，尼采对这种“新人”的教育和教化问题没有进行解决，而且缺乏足够的反思[①]。就像《道德的谱系》第三章里写的，尼采要将人从那种将自然和历史视为“上帝的仁慈和关照的明证”的“基督教的良知”中解救出来，并且在这一章的末尾探讨了“对一切价值的重估”（Nietzsche，1887，Absatz 27），这种重估将置换基督教的价值，并且在此没有进行道德和伦理学的讨论，而是在价值本身上进行了论述（对此观点的赞同和批判参见 Arendt，1965/2007，S. 11－13）。

《道德的谱系》的第三章倒数第二节也是以“够了！够了！”开始的，这里的警告已经是以一种新的解救世界和拯救人类的反宗教为前提了，这种反宗教要否定现有道德对基督教的依赖。尼采以这种方式——如果不看他对无私上帝的观念的批判和对爱敌人的基督教道德的批判——将他设想的试验性道德的形成联系到在宗教上要达成的拯救全人类的幻想上，这种拯救人类的幻

① 此处参见克里斯蒂安·尼迈尔（Christian Niemeyer）关于“尼采哲学中隐含的教育学”的研究（Niemeyer，2014）。他指出，尼采没有提出下一代的一种新教育的教育学设想，而是提出了关于一种“自我教育”的思想，或者说关于人的自我教化的将代际的教育理论和实践的问题高度抽象化思想。

想在尼采这里应当重新以一种类似神的存在者为出发点[①]。

一种自我批判的试验性道德必须反思消极道德和积极道德之间的区分以及关于错误的知识和对善的追寻之间的区别。这种道德不仅能以马克思和尼采的意识形态批判思想为基础，而且还必须与马克思关于一种可期待的完美社会和摆脱了恶的社会主义道德甚或共产主义道德的构想保持距离，并批判地看待尼采关于一种可能的全体拯救的想象。尼采的这种全体拯救的想象试图将教育、道德和政治在贵族原则之下置于一种新的目的论秩序之中，并发展出一种反民主的情绪（此处参见对尼采既赞同又批判的著作：Paul von Tongeren，1989，S. 248ff.，以及 Tobias Klass & Rainer Kokemohr，1998）。

一种自我批判的试验性道德既不会将善的理念建立在历史之外的反宗教观念上，也不会站在倡导参与性教育和推崇开展公开讨论的协商共同体的民主观念的对立面来定义善的理念；一种自我批判的试验性道德会尝试去理解，教育、道德和政治之间的矛盾和张力不是可以和解的，而是能够在不妄图进行任何一种可能的和谐化的条件下得到进一步处理的（参见 Oelkers，1998）。

尼采对这样一条道路的意义可能在于，他描绘了对道德谱系的一种研究设想，这种设想不是遵循对人类向更高阶段顺利发展的想象，而是让人类意识到在向更高阶段发展的各种纲领中可能出现的问题缺失。这样一种意识形态批判的批判品质在于通过它得以可能的视野拓展，而不在于试图在一种由人自己建立的宗教中去保全一种可以被杜撰出来的道德。

三、科尔伯格的道德发展逻辑：对统治的、目的论的、绝对命令的论述模式的综合[②]

劳伦斯·科尔伯格（Lawrence Kohlberg，1927—1987）开创了将古希腊的

---

① 在这种关联中，一种自我批判的基督教的超越尼采对基督教的批判的要求可能在于，不仅拯救全人类的意识形态需要被反思，而且宗教先于其他实践领域的观念也要成为问题接受讨论。有一种观点可将这两方面结合起来，它不仅适用于基督教，而且适用于所有其他宗教，这个观点就是，将宗教理解为有限的人对无限性的依赖，并区分开基础的宗教形式和原教旨主义的宗教形式。参见 Benner（2014，S. 48ff）.

② 原文标题为 Lawrence Kohlbergs Logik moralischer Entwicklung als Versuch einer Synthese regierender，teleologischer und kategorischer Begründungsmuster。——译者注

和现代的判断形式纳入一种发展逻辑的秩序中的道德判断发展理论。

他开发道德判断能力测试工具区分了道德发展的三水平六阶段，已经在世界各地得到广泛试用。

劳伦斯·科尔伯格
来源：http：//gse.harvard.edu

美国心理学家劳伦斯·科尔伯格承袭让·皮亚杰提出了一种道德判断发展理论，与尼采的思辨性谱系学不同，道德判断发展理论并非意在促成一种全新的道德和宗教，而是用发展心理学的方式探讨不同文化和历史背景中反复出现的道德判断基本形式。

这个理论在我们的研究中有特殊的意义，原因有三：第一，科尔伯格的发展逻辑中清晰地出现了道德和可塑性的关联。道德判断形式不是自然而然地自己发展出来的，而是在其阶段序列中通过学习过程形成的，而对这个过程是可以通过教育进行影响的。第二，科尔伯格划分的道德判断阶段将我们已经讨论过的亚里士多德和康德的判断形式带入一种发生学的和认识论的秩序中。第三，科尔伯格指出教育、道德和政治的关联，并试图让这些关联在学校实验"公正团体"中发挥效用。

发展逻辑的模型总体上是从以下三个指导研究过程的前提和一个指导结果运用的假设出发的：

1. 存在一个在时间上和逻辑上前后相连的判断形式的序列，且这个序列是不可逆的：只能从低级判断形式向高级判断形式。判断水平达到较高阶段的人，不容易降回较低的阶段去。

2. 这种发展存在一个最低阶段和一个最高阶段，这两个极端标志着道德判断发展的起点和终点。任何一个阶段都不可跳过；只有少数人能达到最高阶段。

3. 发展的逻辑显示出一种形式上的结构，并能够在所有能想到的历史-社会情境中得到验证。

4. 如果教育者用反驳的方法向学生已经达到的道德判断阶段发难，那么其道德判断阶段会向更高阶段移动,道德的学习过程就能得到持续的推动。

科尔伯格通过让受试解决在不同文化背景中都会被讨论到的道德两难问题,从而在上面的前三个前设中形成一种阶段式的道德判断体系(参见Kohlberg,1968)。他将受试的答案按照道德论述的发展逻辑进行整理,这种逻辑试图按照前后相继的阶段来进行区分,并用实证的方式检验其体系性。这种设想在也许是最著名的两难问题"海因茨两难困境"中得到了体现:

在一个遥远的国家,有一个妇女得了一种罕见的癌症,生命垂危。医生认为只有一种药能救她,就是本镇一个药剂师最近发现的镭。生产镭很贵,药剂师为制药花费成本200美元,而他以10倍的价格2 000美元出售。患病妇女的丈夫海因茨到处借钱,尝试了各种合法的手段,最终只筹到1 000美元,仅为药价的一半。他跟药剂师说,他妻子快死了,请求药剂师便宜一点把药卖给他,或允许他赊账。但药剂师说:"不行!我发明这种要就是为了赚钱。"于是海因茨铤而走险,撬开药店的门,为妻子偷来了药。(Kohlberg,1995/2014,Anhang S. 495)

这里对受试提出的问题始终是一样的:"海因茨应该偷药吗?"(Kohlberg,1995/2014,Anhang S. 496)答案则按照一套访谈流程来获取,这套流程用一些附加问题来设定要在实验中检验的层次结构,并反复用"为什么"或"为什么不"这样的问题来回应受试给出的答案。这些附加问题首先问,如果他不爱他妻子,应不应该偷药;然后又问,如果是一个陌生女子,他是否可以为她偷药,最后问,是否所有人都应该做合法的事情,海因茨能做的什么事情才是最负责任的。

下面列举科尔伯格及其同事收集的一些答案,这些例子来自维尔纳·史坦格为哈根函授大学的一门课程制作的一份材料。

a) 他不该偷药,偷药是不对的。但如果他救了他妻子,这就不能算错了;一个人的生命对于一个国家是重要的。她可能会是一个像贝特西·罗斯(Betsy Ross)一样重要的女性。

b）他应该偷药。他毕竟救了一个人的命，不管他爱不爱这个女人，她都是一个人。人们应该尽己所能，维持别人的生命。

c）如果他不爱他妻子，他就不应该偷药。他都不关心她的死活了，偷药的好处何在呢？

d）当婚姻缔结之后，这根本上就是一份合同。照顾你的妻子就是这合同的一部分。丈夫绝没有义务去偷药，但他有义务做他力所能及的一切合法的事情来让他妻子好起来。

e）如果他觉得，他妻子的生命与他因偷盗而去坐牢的可能性等值，那么他应该偷药。

f）他应该偷药。因为，如果有人知道他对妻子见死不救，那么他一定会受到良心谴责。即使他并不认识这个人。他头脑中会一直萦绕着一个声音，那就是他本来可以救她的命的。

g）他不该偷药。我觉得，不管他能偷来什么，他都不该偷；要是被抓住了，他会坐牢的。他真不该偷。

h）见死不救更加恶劣，因为人的生命比个人财产的价值更高，也就是说，在顾及人的生命之前，财产是根本没有价值的。所以他应该偷药。

i）不该偷药。守法是很重要的。要是公民认为，只要他们不认同当前法律，他们就可以违法，那么对法律的尊重就不存在了。只要人接受了法律并享有了法律赋予的权利，那他就必须承担法律对这个社会设定的义务和限制。

怎么从这样的答案中获取道德判断发展的逻辑呢？我们可能会倾向于区分赞成偷药和反对偷药的答案，但这恰好不是科尔伯格他们主要关注的。他们要建立的是一种与选择内容无关、与对具体行为的选择也无关的道德判断发展的发展心理学逻辑。

科尔伯格用道德判断发展的三个水平来区分不同的判断形式。第一个水平是完全取决于他人的判断；第二个水平的判断既依赖于他人，又有独立性；第三个水平是完全独立的判断。

第一个水平的受试基于对惩罚的畏惧来进行自己的判断。其中，在第一个阶段是对人的畏惧，在第二个阶段是对某种机构的畏惧，例如警察、监狱等。这个水平科尔伯格称为前习俗水平。

第二个水平的受试以维护法律和秩序来进行论述。其中，第三阶段的观点是从某个具体的人群来谈的；第四个阶段的观点则是不依赖于他人的。这个水平科尔伯格称为习俗阶段。

在第三个水平中，表达出普遍要求的那些原则成为核心。其中，在第五个阶段强调的是个体间的共识，第六个阶段强调的是原则的普遍性。这个水平科尔伯格称为后习俗水平。

于是可以得出下面这个三水平六阶段的体系（见表 4－1）。

表 4－1　科尔伯格道德判断发展的三水平六阶段

水　平	道德	阶　　段
水平 I：前习俗水平	他律	1. 对人的依赖和对惩罚的恐惧 2. 对监狱等事物的与人相关的恐惧
水平 II：习俗水平	习俗	3. 对具体个人或小团体的联系 4. 对普遍有效的习俗或积极法则的联系
水平 III：后习俗水平	自律	5. 契约原则是共识的基础 6. 人权/黄金法则/绝对命令

如果我们尝试将之前引的那些关于海因茨两难的答案归入这里的各水平和阶段中，那么我们会发现，其实要进行一种明确无疑的归纳并不总是容易的。我们可以用一个表来总结哪些答案符合哪个水平和阶段，有的答案同时属于两个阶段（见表 4－2）。

表 4－2　答案示例所属的道德判断发展水平和阶段

水 平	阶段	答　案　示　例								
I	1							g		
	2			c		e				
II	3						f			
	4	a			d					i
III	5		b						h	
	6		b						h	

将 a 归入第四阶段是因为，答案中给出了不牵涉个人的、普遍而合法的观点，即偷盗违法，但救妻子可能是对国家有意义的。这里提到了美国第一面国旗的缝制者贝特西·罗斯，说明了，每个人都可能成为重要的人物。由此，这个答案可归入习俗水平、第四阶段。

答案 b 指出，这个病妇是一个“人”，并运用普遍的理由进行论述，没有关联到具体的协约，因而可以归入后习俗水平、第五或第六阶段。

答案 c 指出，偷药只有在海因茨爱他妻子的情况下才有意义。这个答案考虑到偷盗可能被发现，而后受到法律审判的危险，因而只能归入前习俗水平、第二阶段。

答案 d 虽然用了“契约”这个可以归入后习俗阶段的概念作为论据，但是仅仅将它先限于法定范围内的合法行为。因此，这个答案可归入习俗水平、第四阶段。

答案 e 基于一种他律的理由而在妻子和被判盗窃罪的风险之间做“值”的权衡，因而应归入前习俗水平、第二阶段。

答案 f 从一种依据习俗的良知来进行陈述，并联系到另一个可能的知情者。在内容上，它是从尼采对“内疚”的批判的角度进行讨论的，可以归入第三阶段。

答案 g 像 e 一样提到了牢狱之灾的风险，但没有进行一种权衡，因而最好归入第一阶段。

答案 h 中对财产的价值和生命的价值进行了权衡，即原则上物的价值是低于人的价值的。这个答案可以归入后习俗水平、第五阶段，但也可以归入第六阶段，因为对第五和第六阶段的很难进行总体上的区分。

答案 i 再次明确地依据法律根据来进行陈述，由于其论点具有普遍性且不牵涉个人，可以将其归入习俗水平、第四阶段。

在这份哈根函授大学的材料中还有一个答案，我们尚未进行分析。这个答案是这样的：“他（海因茨）应该偷药，因为药剂师想利用他。既然这样，那他为什么不能也利用药剂师来救自己的妻子呢！”斯坦格尔（Stangl）等人将这个答案归入前习俗水平、第二阶段，并且有充分的理由。但是仔细想来，这个答案其实没有被囊括在科尔伯格的体系中。因为这个答案涉及一个意识形态批判的准则,即伤人的意识形态是可以从原则上违反的[①]。

我们结合这个答案来看,可以说,之前几章所有的伦理学思想和道德论述模式都包含在科尔伯格的理论中,但不全在他的模型中。如果我们尝试将古希腊思想归入科尔伯格的水平和阶段,那么前习俗水平即第一、二阶段,正好对应了亚里士多德给古希腊城邦中最低级生活方式以及一部分中等生活方式所推荐的道德发展理念。正如第一章第四节和第二章第一节这两节的内容所述,亚里士多德认为奴隶只能通过受惩罚和强制来完成劳动的任务,即便是有德公民也首先要在惩戒的威吓下才能适应符合道德的行为,因为明智无论在哪儿都不会在适应之前产生,而是在适应之后才出现。亚里士多德关于第三种生活方式的教化过程的观点,最符合科尔伯格发展逻辑中的第三、第四个发展阶段,这里描述的不再只是某一特殊等级专有的判断形式,而是一种承认法律和秩序的道德发展阶段,法律和秩序已经超越用惩罚的威吓来培养习惯的教育和社会化,并且倾向于对所有人有效。后习俗水平的第五、六阶段也是这样,但只有这样一些人能达到这个水平:他们将物的价值和人的价值以类似亚里士多德的方式纳入一个等级性的和目的论的诸善秩序,或者在源于近代和现代的康德绝对命令、黄金法则以及类似的原则中寻找依据。

科尔伯格模型的这种整合可以从不同的方面得到肯定。一方面,他成功地将统治的、目的论的和绝对命令的传统伦理学判断形式(它们在过去常有冲突)纳入一个总括的系统性秩序中,并且让它们在发展逻辑中各得其位。另一方面,科尔伯格提出的是一种"向上发展的理念",这种理念虽然能有一定的"说服力",但是也要付出一些"代价"。就像赖辛巴赫(Reichenbach,1998)所说的,这种代价就在于一种和谐化的问题缩减,这种问题缩减绝不是没有问题的。与之相关的是,康德的伦理学及其绝对命令并不是可以毫无矛盾地归入经验性的道德心理发展逻辑中的。克劳斯·贝克(Klaus Beck)在其研究《哲学伦理学作为道德心理学的理论基础?》(1990)中指出,在道德上发展到按照绝对命令来发表观点,这是科尔伯格发展逻辑的一个自身使命,它因此就带着一个"哲学的历史包袱",这个"历史包袱"在哲学的讨论中——只要想想黑格

---

① 即便这无法在各个水平上直接看出来,科尔伯格(Kohlberg,1981)也认为意识形态批判的思想很重要,而且特意用了这个名称。

尔对康德的批判——绝不是没有争议的，而且在道德教育的语境中会导致，具体的职业伦理学（比如经济伦理学）的问题根本无法得到恰当的反思。

科尔伯格的访谈技巧也完全没有涉及目的论和绝对命令的判断形式间的协调问题。受试是否赞成偷药、是否考虑到病妇的死活？受试是基于一种抽象的、普遍主义的道德还是考虑到医学伦理的、经济伦理的问题？这些在访谈者的评分框架里都是不重要的。这种评分框架只从论述形式上进行划分，而不评估具体的、有时也是需要职业伦理来合法化的行动的判断和选择。刚才看的答案例子 a—i 中，a，c，g 可归入反对偷药并承受妻子速亡的一类，这些答案可分别归入第 4、2、1 阶段；而 b，e，h 则归入赞成偷药并认为救妻子更重要的一类，它们分别可归入第 5、2、（可能的话）6 阶段。由于各种有待评判的选择都在“为什么或为什么不”这个问题下在所有阶段相互竞争，而且完全如同康德谴责出于人类之爱的谎言那样去谴责出于人类之爱的偷盗的那种涉及原则的论点在第 5、第 6 阶段已经是可能出现的，那么我们就有充分的理由要问，科尔伯格的体系根本上是一个对道德判断和选择进行分级的体系，还是一个很大程度上与道德无关的、不考虑道德判断和选择的本身内容的体系。

答案 d 则牵扯到另一个问题。这个答案里所暗示的选择已经超出访谈所涉及的问题“海因茨是否应该偷药”，从这一点上来说，这个答案其实脱离了科尔伯格的框架。这个答案说，丈夫不应该去偷药，但应该尽其所能去让妻子好起来，这确实已经超出是尊重药剂师的财产权而承受妻子的死亡还是偷药以救活妻子这个范围了。面对这样非此即彼的问题，这种判断表现出怀疑，并用道德的、医学的和法理的论据来将选择时要考虑的该药的治疗效用以及因偷盗而会被判处的惩罚作为问题进行讨论。而科尔伯格的访谈法并未涉及这种判断，运用这种访谈法并不能从内容上分析这样一种“第三条道路”（tertium datur）中的判断和决定。

这样一来我们就可以猜测，在各国投入使用的两难情境故事，无论是在开发上还是在选取上，都会优先考虑那些能证实科尔伯格模型的，而不是能证伪它的材料。从批判的科学理论的角度来看，这可以用海特（Heid，2003）提出的“批判的驯化”和默肯斯（Merkens，2003）所说的“通过对批判的方法化而对批判形成免疫”来进行问题化。因此，我们有很多理由在最后回到开始所提到的科尔伯格模型的四个前设,来考察一下科尔伯格体系的意义和界限。

根据第一个前设,道德发展总是从道德判断总体上表现为他律的第一水平开始的。这是一种对道德形成过程的自然主义解释,这种解释接近亚里士多德的教育理论,却与卢梭、康德、赫尔巴特和施莱尔马赫建立的现代教育理念格格不入。包括“道德发展是从他律到自律”这个观点在教育理论和教化理论的问题域中也是需要批判的。正如道德形成过程的起点不是完全的他律,道德发展的终点也不可能是完全的自律(参见 Mayer-Drawe,2001)。

因此,这两个假设在研究中未能得到验证也就不足为奇了。儿童在还没有经历完他律的判断形式时,就已经在很小的时候偶尔作出非他律的道德判断(参见 Nunner-Winkler,1998)。而在第六阶段应当自主作出的后习俗判断,却也可能由于一些原因无法作出,这些原因黑格尔在他对康德的批判中就已经提到。他指出,对道德判断的内容是无法仅从形式上进行评判的。即便是康德也并不认为仅仅从形式上进行表述的对道德判断的考察是可能的。康德绝对命令的普遍立法公式虽然仅仅从形式逻辑上审查准则的可推广性,但目的-手段公式同时在内容上要求人与人之间“相互利用”和“尊重人的尊严”之间的可协调性(参见第二章第四节)。

在此,我们对第一个前设的质疑就过渡到对第二个前设的质疑。第二个假设说,只有很少的人能在完成学校教育之前达到第五和第六阶段,这个假设也没能通过经验研究得到验证。格特鲁德·努纳-温克勒(Getrud Nunner-Winkler)对儿童及青少年的道德发展的研究证实,道德判断能力的发展绝不是完全按照科尔伯格的发展逻辑来进行的,而是取决于生活世界的经验。在熟悉的情境中,孩子在学前的年龄就能用科尔伯格模型的习俗水平甚至后习俗水平的理由来进行论说了。对于道德教育理论和研究有特殊意义的是,努纳-温克勒能够指出,道德判断是依赖于道德知识和已习得的道德动机视界的,而这种视界不仅有情感的结构,也有认知的结构:“儿童不是以对惩罚的恐惧来解释负面感情的,而是基于对规则的有效性和行为的不正当性的认识来解释的。”(Nunner-Winkler,2007,S. 322)科尔伯格的另一个假设“层级结构昭示着一种不断上升的教化过程”也是站不住的。努纳-温克勒在其关于“学习”和“荒疏”的研究中发现,道德发展不是“带有一种显著支配性学习机制(调整、国际化、规则建构）的一贯的过程，而是各不同的学习过程的综合结果”（Nunner-Winkler，2009，S. 528）。就第二个前设，她断言道：

> 科尔伯格将儿童的道德刻画成纯粹工具主义的，这已经在经验上被驳倒。所有儿童都很早就理解道德标准的有效性不依赖于权威和惩罚了。（Nunner-Winkler，2007，S. 322）

对第三个前设的批判是建立在对前两个前设的批判基础上的。科尔伯格假设，他开发的三水平六阶段模型拥有一种超历史的普遍有效性，而且适用于客观正确地描写所有文化中的道德发展阶段。这个假设也没有完全经受住考验。凯勒（Keller，2001，2005）在她的研究“各种关系中的道德”和“道德发展与道德社会化”中证明，未成年人的道德发展是受文化特质影响的，而欧洲和亚洲的文化特质一定是不同的。这尤其体现在受文化所塑造的父母-子女关系和师生关系上。而这些关系是无法用科尔伯格提出的范畴来进行恰当的考察和描述的。

在教育科学和教育心理学领域，贝克（Beck，1999）和米纳麦耶尔（Minnameier，2000，S. 192ff.）指出，在“道德切分”（moralische Segmentierung）的领域，以科尔伯格的这种均质分层的等级模型对职业伦理的问题只能进行不充分的建模。“如果按照科尔伯格的策略来进行商科职业教育，使学生的道德水平尽可能提高，那么接受这种教育的人就没有从事这个行业的资质了！”（Beck，1999，S. 20）贝克和米纳麦耶尔因而主张形成“有差别的伦理”，这种伦理的问题设置超越了抽象-普遍主义的前提，而主张建立职业入门的、与职业相关的以及各领域独特的道德教育纲领。在这个方向上的研究还有斯特拉卡（Straka，2013）的研究，他强调职业教育的“行为理论和学习理论”两大基础之间的协调问题，并指出，“道德的文化特性”可能是一种科尔伯格的模型无法客观把握的“跨文化冲突之源”。

从教育学的角度看还可以有另一种针对科尔伯格的假设的批判。根据他的假设，处在道德发展第一阶段（最低阶段）的孩子在任何时候、任何文化圈内都害怕惩罚。虽然科尔伯格建议，面对未成年人时一直要用高于其达到的发展阶段的那一个阶段来陈述理由，并且不能把对惩罚的恐惧作为道德教育的工具性手段加以运用,但是,在科尔伯格的第一发展阶段上,使用“加 1 规则”以及不亲自对孩子进行惩罚的威胁,而是用某一机构的惩罚来威胁孩子,在教育学上都是没有意义的。对孩子实施教育学上合法的强制手段本就属于教育不可或缺的行动形式。就像第三章第一节中所述,这种强制手段的合法性在于,强制本身不形成判断,而仅仅意在防止未成年人和社会受到伤害。而“加 1 规则”认为对道德教育问题可以进行纯粹形式上的处理。可这种纯粹形式上的处理在现实中是不存在的。判断和行动从来就不仅仅取决于形式,而总是取决于对道德问题和难题的内容分析。

在 20 世纪七八十年代,科尔伯格的模型是基础理论领域、心理学和教育心理学理论和研究的主流。上面所述的这些批判使现在的人们对科尔伯格比七八十年代的时候有了更加分化的理解(较早的教育科学方面的批判参见 Benner/Peukert,1983)。即便存在这些对他的模型的批判,也不能说这个模型整个地被证伪了。例如,林德(Lind,2000)在他的关于道德判断的内容和结构的研究中从理论上和实证上改进了科尔伯格的假设,使得这一理论可以得到更加广泛的运用。林德为考察判断偏好而设计了道德判断测试(Mordlisches Urteil Test,MUT)。在本书的引言中所提及的 ETiK 项目中也进行了道德判断测试,结果显示,受试学生在伦理-道德的基础知识、判断和行为设计能力诸领域所达到的水平与他们在道德判断测试中达到的判断力水平有着明显的正相关关系。

四、弗里茨·奥瑟对消极道德经验和道德愤怒的重新评价

弗里茨·奥瑟(Fritz Oser)是瑞士夫里堡大学教育科学和教育心理学领域的荣休教授,他撰写了关于宗教发展和道德发展理念以及关于教育、教化和能力的多部重要作品。他也深入地研究过科尔伯格的道德判断发展逻辑,并对消极道德经验和道德愤怒进行了重新评价。

弗里茨·奥瑟

弗里茨·奥瑟曾与劳伦斯·科尔伯格有过多年

紧密合作。奥瑟偶尔说过，他曾在一次关于海因茨两难的采访中颇受震动。在很多名受试中有一位女性受试，她并不止按照研究者感兴趣的那些模式为偷药与否的选择陈述了理由，以使她的论述得以按照六个阶段进行分级，她还在测试中哭了起来，因为想起了一年前她没能帮助她重病的丈夫的情景。这个反应意味着，她还一直在纠结自己当时是否真的尽己所能去帮助了丈夫。

与这个受试的这次相遇让奥瑟很受震动，因为在这次访谈中，他意识到，在科尔伯格的方法中训练出来的研究者完全不关心这个女人所面临的两难，而只关注他们引导她说出来的理由。正是这个经历，促使奥瑟在几年后放弃了从形式逻辑的论述模式视角对道德发展进行的研究。他选择了一种传记理论导向的研究视角，这种研究视角关注的核心是背景和特殊的教育问题。奥瑟询问了他的受访者，让他们回忆自己受到的道德教育和社会化的最早记忆。对多个个案研究中的答案进行的分析让我们看到了道德教育和道德形成的关联，这些关联是科尔伯格理论无法网罗、而对道德教育过程和德育研究却至关重要的。尤其值得一提的是下列事实。

奥瑟道德教育过程的条件关联（Oser，1998）

1. 在个人生命历程和教化经历中，消极道德经验及其处理方式非常重要。

2. 消极道德经验的教化效果取决于，消极道德经验是否在教育者和受教育者之间作为主题得到讨论、是否得到公开讨论，以及是否在个体间得到处理。

3. 在此条件下，消极道德经验会有助于强化和固化行善的规则。

4. 消极道德经验的教化力量是这样传导的：消极道德经验中主要的那个消极事物或恶如镜像般地指向积极的事物或善。

奥瑟总结道：

要形成消极道德知识，其可能性的条件是“公共的”责任、一定时间段内有效的标准设置以及对违反该标准的行为的思考，这些条件形成了如镜像般对称相反的正确与错误的行为的。这样,消极知识就是康德所说的每个人都服从的自己立法且普遍立法的前提性内容核心。(Oser,1998:602)

奥瑟得出这样的结论,并不是依照科尔伯格的两难方法来进行传记访谈,而是把他的传记访谈用作对在教育和社会化中形成的经验的重构。他给受试提出的问题并不是“应不应该做什么或为什么应该”,而是哪些在教育情境中形成的道德经验在个人生命历程中有持续的意义,这些经验是怎样被忆起的。下面这些例题来自奥瑟的研究“消极的道德性与发展——一种难以看透的关系”,这些例题的答案鲜明地证实,奥瑟所访问的所有人都把消极的道德经验视为对其道德教育和社会化最早的记忆。

例1:一个41岁的人

在一次访谈中,一个41岁的人说,她在三年级的时候,每次去面包店去面包时,总会顺走一点东西,糖、小面包之类的。有一天她被抓住了。她的父母很生气,并且将他们的羞愧和愤怒以一种强烈的方式表达出来。于是产生了一些很可怕的场景,有了惩罚,补偿等等。她说,在之后的学习和工作中,她经常还是会受到诱惑,想要在缺乏社会道德标准的灰色地带顺走一些小东西,或者拖欠税款,或者赊账。但她从没有这样做过,因为她一直想着她父母教训她的场景。(Oser,1998,S. 602)

例2:一个60岁的人的讲述

那时我才一年级。那时只要老师不在教室,就得有一个孩子代替她。这一天,轮到我来代替老师了,我把孩子们的名字记在黑板上,只要有一次不守纪律的行为,我就划一道记号。过了一会儿,一个男生过来跟我说:“我给你20分钱,你把我那一道记号擦掉。”我就这么做了。之后,几乎所有孩子都拿着钱过来了,而几乎所有记号都没了。只有三个没钱的孩子还有记号在黑板上,这三个孩子后来也被老师惩罚了。当我骄傲地带着这许多钱回到家的时候,我母亲惊呆了。她对我说,我这叫受贿,这些钱不是合法地挣来的,我必须把钱还回去。晚上我一夜没睡着。第二天,我母亲带着我一起来解决这个问题。她跟老师说了这件事,老师立刻就明白了,然后一切就都被很好地处理了。后来,我再没有忘记,什么是贿赂。(Oser,1998,S. 602)

例 3:一个工头的讲述

她曾经从工厂里偷过一些小东西放在包里想要拿走,到中午离开的时候,她撞见了厂主。她慌张地跑了回去,把工作服挂了起来,然后做了一些活。当她再回到挂工作服的地方时,工作服里的东西不见了。她惊恐不已,自此数月不能安睡。她特别努力地、积极地工作,经常加班,如是这般。她从没搞清楚,谁拿了这些东西,但是她一直活在恐惧中,害怕被开除。很有可能就是厂主拿了。(Oser,1998,S. 604)

我们要问的是,这些例子分别说明了一开始谈到的四个假设中的哪一个:消极道德经验在生命历程中的意义(假设 1);对消极道德经验的教育情境、分析和公开探讨(假设 2);对善的规则的强化(假设 3);善与恶的对立相反关系(假设 4)。对这三个例子加以分析,可以得出下面的结果。

表 4-3　访谈例子中的假设印证

	假设 1	假设 2	假设 3	假设 4
I	+	+	+	+
II	+	+	+	−
III	+	−	?	−

例 1 描述的消极道德经验证实了假设 1,2,3:这里记叙的经验首先在教育者这边与“愤怒”、在受教育者这边与“羞愧”绑定;其次,愤怒和羞愧通过一种教育的情境而相互联系;再次,根据受访者的说法,这种情境对她产生了持续的作用,对其后来的生命历程都有影响。但是,选择善和选择恶之间是否出现了一种对立相反的关系?也就是说,在买东西的时候,诚实是“顺走”的对立面。在例 1 中似乎是这样的——至少在受访者的回忆中是这样,可是在其他例子中的情况又是怎样的呢?

例 2 中的男生在他的班上经历了“什么是贿赂”。他母亲得知此事后,对其行为表现出震惊，并与他一起在老师的协助下共同纠正这一错误。这名受访者同样认为这次消极的经验带来了持续的影响，并强化了善。在这里，奥瑟的前三个假设都得到验证。但第四个假设却与在例 1 中不同，因为对“在一个具体情况中，什么是正确进行的监督?”这个问题，“实施监督的学生不可以接受贿赂”这样的答案并不提供对称相反的道德上的信息。例 2 更多说明的是，消极的道德经验会突显出一种在道德上应受批判的行为，却并不能由此反推出善行。

例 3 也是这样的情况。这里的消极道德经验中，道德愤怒的环节没有了，也没人来进行教育，没有人将对问题进行的处理进行情境化和进行公开探讨。受访者所述的消极经验虽然对她产生了持续的影响，但这种影响在她看来是否直接强化了善，却显得是个问题。因为，这个成年人在工作时“顺走”了东西，之后害怕被开除并努力“加班”，这样看来，第四个假设(按照这个假设，善必须是恶的如镜像般对称的对立面)在这里也不能说得到了验证。

对弗里茨·奥瑟的这三个例子的重新分析说明了，消极的道德经验在各种教育阶段中、在教育的过程之中和之后都具有重要的意义，并能够有助于形成和强化善行的规则。不过奥瑟的第四个假设还有问题。在消极道德经验中从教育者的谴责上辨认出来的恶，与善行之间并不一定存在镜像式对称相反的关系。例 2 中的男生有了贿赂的经验，但是他并不能由此明确，他面对老师和同学可以怎样恰当地行动。善的活动余地并不一定等于将被问题化的行为方式镜像式地反推得到的结果。例 3 也是类似的情况。在工作中偷盗然后加班只是接下来的反思和质疑的起点，而不是答案，更不是问题的解决。

奥瑟的意义在于认识到科尔伯格理论的实质性界限，并通过突出消极道德经验的意义而更明确地看到：道德的形成过程从不仅仅取决于按发展逻辑来定义的水平和规律性，也取决于在教育和道德上探讨正确和错误的行为并私下或公开地进行纠正，从而使未成年人带着判断和意见参与到意见形成和做出补偿的过程中来，而并无对制裁的畏惧。奥瑟以他对道德发展研究的批判和调整，重新找到与施莱尔马赫等人开创的阻止与支持的辩证论的联系，而这种辩证法把道德学习的开端就已经设定为超越他律和自律二元关系的开端。

奥瑟明确了消极道德经验的创造性意义，努纳-温克勒(Nunner-Winkler, 2007)的研究则涉及基于认知的“消极的道德情感”，这两者之间存在一种有趣的关联。如果我们联系到赫尔巴特对主观性格和客观性格的区分、对积极道德和消极道德的区分，联系到施莱尔马赫对支持性教育和道德愤怒的关系的界定，我们就可以在教育学上讨论这种关联。努纳-温克勒认为，基于认知的消极感情对针对规范的道德批判有着重要的功能。她从社会科学的方面论述了，赫尔巴特提出的由主观性格进行的消极道德的审查，即主观性格对自身动机、外来动机以及自己的行动方案和他人的行动方案进行的审查。奥瑟强调的则是消极道德经验对道德教育过程和道德形成过程的意义：教育者将道德的愤怒与支持性的教育措施相连接，以此可以促进道德教育和道德形成过程。对恶的洞见和对善的认识之间的一种对立相反关系在此既不可用来阐释消极的道德感情，也不可用于处理消极的道德经验。奥瑟努力强调的这种镜像式的对称相反关系，在努纳-温克勒对消极道德感情的意义的重视下，是完全没有必要的。在这里出现的，是向道德和道德教育的各反思形式的过渡，这种过渡更倾向于那种对伦理学和教育学的实验性的理解，这种理解在之前的篇章里已经反复论述了。对不善的洞见，不会自动发展到对善的认识，而是会引发一种追寻，这种追寻由其他形式的消极经验开启，并会超越一种反推式的学习和判断。消极的道德经验不必是带有恶的经验，而也可以是这样一种经验：在这种经验中，学习者发现，所寻求的善并不是与自己所设想的善相一致的。

奥瑟的研究也指出了这一点，也就是他所论述的，评判道德经验消极性的“尺度”不能在内容上进行预先规定，“而只能在程序上达到”。奥瑟认为，“不对称的、教育的……互动关系”的那些“在道德上非常重要的维度”包括“正义、关怀和诚实”(Oser, 1998, S. 605)。这些维度让人想起赫尔巴特的实践理念及其在教育上的具体实施：支柱的训育、有的放矢的训育、调整的训育和支持的训育。如果将这些维度和奥瑟对消极道德经验的道德塑造意义的重建联系起来，就会产生这样一个问题：既然科尔伯格的道德判断发展逻辑不能被消极和积极道德经验的对立相反关系替代，那么科尔伯格道德判断发展逻辑的普遍性又能由什么来取代呢？这个问题将在最后一章论述。

第五章

道德判断形式的多样性及教育、道德和政治之间关系的结构[①]

① 原文标题为 Die Vielheit moralischer Urteilsformen und die universale sowie regionale Grundstruktur der Beziehungen von Bildung, Moral und Demokratie。——译者注

最后一章首先总结前面所有章节阐述的思想，并提出这样一个问题：教育、道德和政治之间是否存在统摄性的关系，使教育行动、道德行动、政治行动各自的自身逻辑得以统合到一个和谐的秩序中？其次介绍麦克·沃尔策对两种普遍主义的区分，这种区分对描述教育、道德和政治之间的复杂关系是有帮助的。沃尔策的思想中不涉及教育理论、教化理论和机构理论的问题，我们将对沃尔策的思想进行这些方面的拓展。最后会描绘对公共伦理学课的一种设想，这种伦理学课将带领学生进入本书所介绍的道德判断的各种思想中，并以教育、道德和政治的关联为主题。

一、教育、道德和政治之间关系的理论史与问题史发展

之前的章节中介绍的关于反思教育、道德和政治之间关系的思想显示出各领域共同的和各自的问题。这两种问题都是在其自身的漫长问题史中发展起来的，不能归入某一完成性的总体系统中。这些思想的共性包括，教育的根本性意义在这些思想中较迟才被认识到。在最古老的文献中——厄毗米修斯、普罗米修斯和宙斯装备人的神话，犹太教、基督教中的伊甸园故事和柏拉图的“洞喻”——虽然都谈到了道德、法律、政治的问题，但是普遍没有涉及教育的事实。

在古希腊的神话中我们倒是找到了关于可塑的但并非与生俱来的良知的观念。这个神话并没有使厄毗米修斯所造的缺乏禀赋的人缺乏可塑性，而是将他们身上普罗米修斯所赋予的本性理解为一种能够开发技术的能力，并让宙斯所造的有禀赋的人天生就有羞耻心和对不公的感知能力，而并非拥有关于善的知识。第一次明确地意识到消极道德和积极道德的区别，出现在古埃及的《亡灵书》中，在《亡灵书》中，最早是法老，后来是贵族，最后是所有埃及人，以一种消极自白的形式回顾其一生，并在亡灵中和诸神面前考察对善的追

寻。对这种关联的宗教阐释出现在“摩西十诫”中,“十诫”与希腊神话都认为,只有当人开始区分善与恶时,人才能追寻善。

苏格拉底所说的那种消极的“精灵”也证实了这一点。苏格拉底在雅典公民大会上指出了一种对他发话的内在声音,这种声音从他儿童时代就一直在劝诫他不要做某些事情,但从不劝他去做什么事情。通过对我们所援引的文献进行总结,我们可以这样来理解,人的良知既不拥有与生俱来的行善指导,也不具备与生俱来的对善恶的道德意识。人能够产生羞耻心,区分善恶,区分公正与不公,并能够反思这些区别,这更多的是与人的可塑性相联系的。

在希腊神话中,所有人都被赋予了这种创造道德和法的可塑性,而在柏拉图、亚里士多德的哲学中,这种可塑性却只被赋予自由公民。对可塑性的一种普遍人性的阐释在皮克那里能够找到。在卢梭那里,可塑性上升为一种原则,这种原则不仅适用于成年人,而且适用于新生儿。他提出的那种未被规定的、向世界开放的、具有两面性的每个新生的人的“可完善性”概念开启了后世的各种讨论。在这里所有提到的思想家中,卢梭是第一个看到了教育、道德和政治之间互为前提的关系的,也是第一个批判那种片面地从教育学的、伦理学的、政治学的或其他什么方面消解这种关系的做法的。在卢梭看来,道德对人性的指导是超越国家公民所定义的美德的,而且人的教化是不可以被削减为国家公民的教育的。但一种对培养人的道德产生作用的公共德育只在一种民主-共和的政治体制环境下才可能实行,在这样的环境中,个人在政治体制中不再是臣民,而既是主上,同时又是臣民;在这样的环境中,关于共同的善的讨论会在成年人之间进行,也会在代际之间进行。

对问题史的梳理让我们回顾了对教育、道德、政治的秩序问题给出的各种答案,这些答案不可以整合成一个唯一的答案。在柏拉图的早期对话式作品中,苏格拉底用“辩难”的方式进行辩论,他将相互竞争的观点、看法和理解置于矛盾之中,而决定这种矛盾的就是对已寻获的真理的怀疑和相信“批判性的提问能有助于形成新的问题视角”的希望。柏拉图承接着这一思想,在洞喻中以苏格拉底为代表,从三个方面阐释了转移自己的目光和令别人的目光转向的“技艺”,他将这种“技艺”阐发为教育的技艺、寻求善的道德技艺以及政治的技艺——即能够开展关于不公的讨论，能够反思和协商如何形成公正的关系。如果不把柏拉图关于目光转向（periagoge）的教化性意义的论述局限为他的理念论答案，那么我们或许可以说，在他的观点中存在一种普遍的形式，在这一形式下对教化性的经验所含有的生产性的消极性可以进行不同的研究，正如这个形式在柏拉图之后发展出来的各种思想中以各自不同的方式呈现出来的那样。

亚里士多德试图将苏格拉底的辩难的思维模式和柏拉图的目光转向思想融合为一种目的论的思维模式，并试图证明，在理论哲学和实践哲学中，探索目的因才是找到真理的方法，这个方法在教育学、伦理学和政治学中都适用。亚里士多德所开创的目的论秩序模式将柏拉图的目光转向思想分化为各种不同的关于原因（Ursachen）的论述形式，并在这些论述形式中使目的论的观察方式凌驾于关于质料、形式和动力的判断形式之上。目的论的秩序模式试图以此消解苏格拉底的辩难。专注于目的论的后果就是，苏格拉底-柏拉图的目光转向的多样性被转化为一个封闭的系统，在这个系统中，经验的生产性的消极性就受到了贬抑（参见 Gadamer，1975：335）。

在近代和现代，批判性判断形式的新思想重又对消极经验给予了更多的关注，并对古希腊时期形成的判断形式补充以新的思维模式和判断形式：假设-实验（牛顿、康德）、理性批判和绝对命令（康德）、意识形态批判（马克思）、社会批判-谱系学（尼采）以及实用主义（杜威等）。这些思想能够以各种不同的方式相互联系，但是却不能整合到一种完美的系统中去。

这就使得我们可以在回顾这些思想的时候赋予每种思想自己的意义，但不能对其中某一种思想赋予一种完结的意义。目光转向的生产性是由消极经验带来的，这种基本范式可以联系本书中回顾的思想而得到多样的阐发：依靠苏格拉底可以作辩难的阐发，依靠亚里士多德可以作目的论的阐发，联系康德可以作理性批判和绝对命令的阐发，在马克思那里可以作意识形态批判的阐发，在尼采等人那里可以作谱系学的阐发，联系杜威等人可以作实用主义的阐发。

这种知识形式和判断形式的多样化对于反思和分析教育、道德和政治之间的关系有着根本性的意义。如果说，公共教育的任务包括让孩子“学会思考”(康德)并有能力“加入公共生活”(黑格尔),有能力过好个人生活并参与到国家、宗教、社交生活和科学研究的共同体中去(施莱尔马赫),那么,现代教育的任务和形式就不再能够从一种当前的伦理和政治中推导出来。教育、道德和政治更应该进入这样一种关系,在这种关系中,伦理学和道德的讨论依赖于一种成功的教育作为前提,成功的教育同样也依赖于道德的和政治的前提,这些前提是由教育、道德或政治单独无法保障的。

这对教育学就意味着,学会思考和学会判断不能只遵循某一种范式来实现,要引领未成年人看到各种判断形式的多样性和矛盾冲突,并让他们认识教育、道德和政治之间的复杂关系。这样一种道德教育的核心在于支持未成年人进行目光转向,以使他们有可能对已有的各种道德和伦理思想以及政治秩序和政治讨论进行有教化意义的研究①。这也对现代语境中的伦理-道德的讨论和政治-民主的讨论有影响。善的道德实践和政治实践并非当然地就是一种成功的教育的结果,一种成功的教育也不是直接由社会的道德和政治现状推导而来的。教育、道德和政治在现代的条件下不再是由一种总摄的目的论秩序或范畴秩序相互连接了,而是这样联系起来的:某一领域中的消极经验不仅在这个领域中能产生教化性的作用,还能在其他领域中产生教化性的作用。

人的经验的消极性被证明是联结教育、道德和政治的共同原则,它在所有的经验领域中都体现在:困惑能够引发反思性的目光转向,这种目光转向不是证实已有经验,而是对已有经验进行问题化;通过这种目光转向,旧有的信念、习惯和观点就会断裂,而在断裂之处新的东西就会形成(关于消极经验的转化的持久性参见 Breinbauer,2008)。

当习以为常的事情不再理所当然,在已有的判断形式上增加了新的判断形式时(例如在目的论的判断形式上增加了绝对命令的或意识形态批判的判断形式),道德中的伦常就会变化。在民主政体中权力总是受制于时间,选举

① 此处参见普朗格(K. Pranges)的《Ethik der Pädagogik》(《教育伦理学》)(Prange,2010)。此书证明了,从一种成年人的伦理学中无法推导出教育实践的伦理学,教育伦理学必须从教育行动的自身逻辑和专属规定性来进行讨论,而不可以从普遍人性的方面来泛泛而谈。另外还可参看格鲁施卡(A. Gruschka)关于“教”(Lehren)的研究(Gruschka,2014,特别是第 31 页之后)。此研究不仅系统地区分了教和学,还详述了,为什么从学习理论中不能推导出教学法、从教学论的设想中不能推导出学习的理论。

总是在确定的时间间隔中举行。选举会造成权力行使的中断，从而可能形成变化了的多数派。学习在教育中通过教育的策划而发生，教育的策划通过提问和指示人为地引起目光转向。迄今为止被视为没有问题的事物变得有问题了，这就是消极经验，无论在哪里，这样的消极经验总是具有一种教化性的意义。如果一种教育认为，可以不用策划引发消极经验而直接积极地进行教育，可以不必让受教育者去反思让他们困惑的事情，那么这种教育也不会因此而更快达到正确的目的，反而会使学习者无法进行对教化过程有根本意义的独立思考。因此，对于掌握新知识而言，研究自己的"未知"是根本，这就如同要学会一项新技能，要先有"未能"的经验。

在善与恶的区别方面，是不是也是这个道理呢？为了能做一个好人，不必先做一回坏人，而且教育应该阻止那种在道德上不善的性格的发展。尽管如此，对善恶的区分不仅对道德的形成和发展是根本的，而且也对道德形成方面的教育过程有着奠基性的意义（参见 Thimm，2007）。在赫尔巴特看来，人已习得的客观性格只有被那种遵循道德原则的主观性格所审查，才能在教化的意义上受到道德的考察。但这在教育上有三个前提：第一，教育必须确保，在未成年人当中不会形成不道德的客观性格；第二，教育要让未成年人及早开始自己评判自己的行动动因；第三，通过支持性的教育措施促使受教育者用遵循明智判断的行动来影响他们客观性格的发展。如果没有做到这些，那么根据施莱尔马赫和奥瑟的说法，就会出现道德的斥责，它会以道德愤怒的形式表达出来。这种愤怒是对支持性教育的补充，并仍然将对受教育者的教育行动置于教育的善意（pädagogisches wohlwollen）之下。

赫尔巴特强调教育过程（pädagogische Prozesse）的自身逻辑，他要求教育（Erziehung）要这样管理未成年人，从而得以在未成年人当中形成对意志的内心自由。此外他还赋予教育这样两个任务：用教学手段将成长中的一代引入道德基本判断中，从而拓展他们的世界经验和人际交往；支持未成年人过渡到按照自己的明智进行行动的阶段，在这个阶段中，教育结束，并过渡到一种不再允许教育措施实施管控的代际实践。从赫尔巴特的角度看，强制未成年人形成某种美德，不如让他们保持一种"有益的无性格状态"，这种状态会阻止一种不明智的意志固化（Herbart，1806：300；SW. Band 10：117；同时可参见

Schleiermacher,1826/1983: 85ff)①。

就像第三章第一节当中介绍的,赫尔巴特将道德基本判断分为五个理念:内心自由、完善、善意、法、公正。与之相应,又提出了五个政治理念标准:法的社会、奖惩制度、管理制度、文化制度和有活力的社会。道德理念旨在指导每个人个体性格的发展,政治理念则是用以建议当下社会如何发展为一个有活力的公民社会:在这样一个社会中,各种不同的个人事业合起来形成一种公共的文化,这种文化使个体得以参与到社会的所有子系统中,同时这种文化又得到一种按照需求和能力保障社会善意的管理制度的支持。

赫尔巴特所区分的行动视角和社会子系统是相互联系的,这种联系是非等级性的和多样的,也就是说这种联系可以用辩难的、目的论的、绝对命令的、意识形态批判和前提批判的、谱系学的和实用主义的各种视角来解释。如果认为内心自由比善意和法重要,或者把增进个人的多面性放在第一位,这都是无意义的。社会的理念也是如此。法律系统不能代替社会的善意,也不能操纵文化制度中人类各项事业的交互作用。内心自由也并不比公民社会的团结更重要。遵循基本判断的各种个体性格是公民美德的前提。但只有当这些政治理念在社会公共生活中赢得意义时,公民美德才会形成②。

在教育实践的方面,现代社会中的教育在20世纪晚期确实倾向于形成这样一种代际实践:在这种代际实践中,未成年人的未来越来越少地被成年人包办设定,而关于保持和改善的讨论也越来越多地不止在成年人这一代中进行,而且也在代际之间进行。在这个时代,成年人自己的未来也变得更加开放和不确定了。这带来的结果就是,18世纪到19世纪初的教育学启蒙运动和之后的古典理论时期所形成的支持性教育的纲领直到20世纪后期才在现代国

---

① 赫尔巴特和施莱尔马赫在他们那个时代试图让人们认识到的东西,西德文化部长在1968年在为政治课制定的"博斯巴赫共识"中敲定了。"共识"规定,公共学校中的政治教育禁止进行洗脑和灌输,而同时公共教育要保留争议。在学术界和社会上尚有争议的事情,学校教育不得进行决断。如果不这样,政治课教师就会变成国家原来的政客,伦理学教师就会变成个人和民族的良心,理化生的教师就要负责回答关于人和自然的一切问题。因此,"共识"不仅对政治教育适用,它也适用于道德教育、其他人文学科以及科学教育。

② 在纳粹独裁时期的德国,有些人对被剥夺了权利、身受迫害的人丝毫没有表现出友善,这些人的行为表现出,他们极其缺乏甚至完全没有依据基本道德理念进行判断的能力。而在战后的审判中,他们还把他们的行为说成是"上命难违",妄图使之合法化。此处参见阿伦特(Arendt,1989,S. 81-97)。现在有的人服务于某种原教旨主义的宗教,并自认为有义务遵从神的某种有害于人的指令,这些人的行为以另一种形式体现出缺乏依据道德基本判断进行判断和行为的能力。

家的教育实践中得到普遍的实行（参见 de Mausse，1980）。现代社会比之前的社会形态更有赖于新生代加入到代际讨论中，但代际讨论是教育无法决定的，它是在个人生活中、在讨论的公众中、在分化的诸实践领域专属的问题设置下继续发展的。这就要求，对创新的、转化的、复演的事实赋予一种既有普遍性又有特殊性的意义。

二、沃尔策对两种普遍主义的区分及其在基础理论上的意义①

上文谈的这些内容对教育、道德和政治之间关系的秩序有何意义，对这种关联中的教育任务又意味着什么？就这个问题，最后几节将尝试给出一个暂时性的答案，这个答案与美国哲学家沃尔策（Michael Walzer）的思想有关。在他关于哲学伦理学和正义理论的著作中，沃尔策提出了“两种普遍主义”：一种是“普遍法则的普遍主义”（英文原文为 covering-law universalism——译者注），这种普遍主义在道德、法律和政治问题中追求一种超历史-规范性的有效性；另一种是“复演的普遍主义”（reiterative universalism——译者注），这种普遍主义讨论的是在所有实存社会中需要一再重新处理和反思的问题（参见 Walzer，1994/1996，S. 139－168）。

沃尔策主张克服二元关系中的思想和论述，在这一点上他和杜威是类似的。在普遍主义和相对主义之争、社群主义和自由主义之争当中，沃尔策以他对两种普遍主义的区分旗帜鲜明地站在普遍主义和社群主义这一边。在他的代表作《正义诸领域》（Walzer，1983/2006）中，他提出，要同时顾及“多样性和平等”的要求。在这里，沃尔策对二元关系中的论述方式的质疑同样适用于他自己对两种普遍主义的划分。他在这种划分中推崇一种在不同个体、各种文化和各个时代中以各自方式复演的多样的普遍主义，在这种普遍主义中，一种关于复演和复演诸领域的多样性的系统纲领已经建立起来。

沃尔策首先以古犹太教为例提出了对两种普遍主义的划分，之后再将其推演到伦理学和政治学的问题中去。他首先选取了“出埃及记”和“摩西

① 原文标题为 Zur grundlagentheoretischen Bedeutung von Michael Walzers Unterscheidung zwischen einem “Universalismus des allumfassenden Gesetzes” und einem “Universalismus der Wiederholung”。——译者注

十诫”作为例子，两者既可以用一种放之四海而皆准的唯一法则的普遍主义来解释，也可以用一种复演的普遍主义来解释，但两种解释是截然不同的。唯一法则的普遍主义被犹太教的分裂和以色列国家政治这样解释，普遍法则使犹太民族合法地拥有上帝赋予他们的一块土地，并合法地排除不属于犹太民族及其宗教的人。复演的普遍主义则拒绝这样的“授权”，并将诸如以色列国家政治这类事物放在以唯一法则的普遍主义无法进行认识和分析的道德、法律和政治的辩护难题面前。沃尔策是这样论述这两种普遍主义的区别的：

> 我们可以用两种方式来看待以色列人出走埃及这样的历史事件。第一，在这个事件中可以看到一种普遍历史的被决定的事件——虽然不是整个人类都在红海边或锡安山上在场，但是好像整个人类在红海边或锡安山上被代表了一样。这样看，以色列的解放就是所有人的一件好事。我们也可以将出走埃及理解为一种特殊历史的决定性的典型事件，即一种被其他民族以各自的方式复演的经验——当然，如果这个经验在任何时候都是其固有的经验，那么它就必然被重演。走出埃及，以色列得到解放，也就是说，这个民族摆脱了奴役。可其他的解放也是可能的。从第二种观点来看，不存在一种普遍历史，而只有一系列各种历史，这些历史各有各的价值……（Walzer，1994/1996，S. 144f.）

沃尔策为了强调这种划分，还引用了转达上帝预言的犹太先知们的话。先知阿摩司说，上帝不只“将犹太人带出了埃及”，而且“也将腓力斯人带出了卡夫特尔、将阿拉米人带出了基尔”（引自 Walzer，1994/1996，S. 144）；先知米莎说：“每个人都能坐在自己的葡萄藤下、坐在自己的无花果树下，而不被别人惊扰。（……）因为每个民族都以它的神之名行于世间，我们则以主之名，以我们的上帝之名行于世间，永永远远。”（引自 Walzer，1994/1996，S. 148）

基于多种原因，沃尔策认为复演的普遍主义优于普遍法则的普遍主义，其中一个原因是，前者有助于用宽容的手段减轻一神教信仰的“负担”，宽容不会再用神权来管束甚或阻断“相互尊重”（Walzer，1994/1996，S. 147）。一个更有分量的原因可能是，摩西十诫跟法老的那种消极坦白一样，都不说什么是善的，而只说什么不能做，从其中不能规定性地推导出一种关于善的知识。第三个原因可能在于，摩西十诫就已经是一种复演的普遍主义了，有研究表明，十诫对更早、涉及面更广的消极自白进行过摘录和汇编，而这种自白在古埃及的亡灵书中就已存在了（参见 Assmann，2006）。

在宗教领域，沃尔策将他的复演的普遍主义的思想建立在一个"在所有情况中都相同的上帝"之上。对此他说道，上帝"应该反感任何一种压迫"（Walzer，1994/1996，S. 144）。沃尔策在宗教领域将上帝设想为"一个复演的普遍主义者"（Walzer，1994/1996，S. 144），他以对这个同一的上帝的设想对多样性进行了合法化。那么现在要问的是，在宗教以外的复演领域，又该如何为这种多样性提供根据的呢？如果我们考虑到，这个上帝从历史的角度看不仅是一种宽容的复演的普遍主义的代言者，而且也是唯一普遍法则的普遍主义的代言者，那么光靠援引上帝是不足以支撑在其他领域也有效的复演普遍主义的。一种在宗教上建立起来的唯一法则的普遍主义一旦向宗教以外的领域扩张，更多的是会带来一种神权普遍主义的危险（不管是何种形式的），而这种危险是单靠宗教无法控制的。

如果我们承认，人类在大多数事务上（不管是道德、政治、宗教，还是经济、美学、教育）都可以进行论争，而这里面没有任何一个领域、机构或社会子系统可以在总体上优先于其他，那么我们所寻求的那个复演的普遍主义就必须是这样的：每个领域的经验都不能不加反思地决定其他领域的发展。

这里的一个令人印象深刻的例子就是柏拉图的译者、教育理论家、哲学家和神学家弗里德里希·施莱尔马赫。他在 1799 年的《论宗教》中试图用这样一个准则来调和宗教信仰者和藐视宗教者：人们能够并且应该"用宗教"来做一切事情，而不是仅仅"出于宗教"而做任何事情；这个道理也适用于其他所有的领域（参见 Schleiermacher，1799/2001，S. 87）。施莱尔马赫想到的是一种人类"总体共同活动"（Schleiermacher，1826/1983，S. 15）的秩序，它表明，宗教、政治、自由社交以及科学都是带有自身判断逻辑和自身行动逻辑的特殊领域，国家、民族和大众，乃至所有个人都可以带着不同的理解和观点参与其中。在这个秩序中，施莱尔马赫赋予教育以一个自身的领域，他将其视为这样一种代际实践的领域：这种代际实践使下一代准备好加入关于人类活动继续发展的讨论中来，并能够参与这些活动。

迈克·沃尔策在他的著作《正义诸领域》中提出了一种类似的思想，但在这里正义问题是先于其他问题的。沃尔策认为“正义”是道德和政治的最高原则，作为最高原则，“正义”和“自主”一样都是无法被最终定义的。沃尔策将这个统摄一切的正义范畴划分为十一个子范畴：“工作”“爱与亲属关系”“权力和政治”“赎罪”和宗教，其中他忽略了艺术的共存形式。贯穿所有范畴的是“承认”“成员资格和归属”“公职”，而在不同领域中需要得到专门解释的则是“安全和福利”“金钱和商品”“业余时间”（参见 Walzer，1994/2006）。在所有领域中，“对一种普遍道德的要求”必须与一种公平分配善的各领域特殊原则进行协调（Walzer，1994/1996，S. 160）。

沃尔策由此推论说，诸善分配到正义的各个领域是按照各领域特殊的标准来进行的。在某一领域中对善的分配不可以成为另一个领域分配善的标准。这个定论的意义在于，它将正义作为一种秩序来考量，这种秩序既是在正义的各个不同领域中、又是在各个领域间亟待形成的（参见 Krause/Malowiz，1998，S. 65f.）。

如果将这个秩序和教育理论、教化理论的传统中形成的思想进行对比，就会发现，后者主要不是在正义的标准下调整教育和教化的复杂关系，而是联系着教育事实来尝试进行调整的。在下一节中我们就要追问，沃尔策按照各领域独特的分配正义的要求来规定教育，是和教育事实的复杂情况相符还是相悖。

三、一种转化性的复演的普遍主义视野中的教育过程和教化过程

沃尔策在论述教育和教化时是以亚里士多德关于普遍主义和相对主义的综合命题开始的。根据亚里士多德的观点，政体是在变化的，而教育无论在哪里都必须符合政体各自的特质（参见 Walzer，1983/ 2006，S. 288）。承接着亚里士多德，沃尔策又补充道：国家的政体其实并不要求公民都拥有同一种情操，而是要公民形成不同的情操类型。如果社会的教育系统中形成了“独立的

教育领域”，那么这类社会就会沿着“选拔”的道路发展。

沃尔策在这里要求教育系统建立一种自己的分配正义，这种分配正义应该独立于其他的分配正义——基因也许是个例外。而他却又从另一个视角否定了这一秩序：

> 当然，教育总是支持某种特定的成人生活方式，而且，建立一种学校到社会的联系，建立一种教育正义观念到社会正义观念的联系，是完全合法的。（Walzer，1983/2006，S. 289）①

如此看来，一方面，在教育和教化的问题上的分配正义应该遵循一种自身的逻辑，而不应该牵扯到其他领域分配正义的范畴；另一方面，它又应该是它不是的东西的反面，而且“当然”地、“完全合法”地遵从社会的正义观念。

沃尔策的各领域独特的、彼此独立的分配正义纲领是经不起推敲的。这个弱点同样体现在他对“亲属关系与爱”和“神的恩典”的论述中。一方面，“爱的分配”应该“不在正义分配的领域”，另一方面，“爱的分配”应该形成一种独特的分配正义，它体现在，比方说，有多个孩子的父母爱某一个孩子甚于其他孩子（参见 Walzer，1983/2006，S. 327－347）。沃尔策对宗教现象也有类似的解释（Walzer，1983/2006，S. 348－355）。在他看来，宗教强调的是人对一种“神的恩典”的依赖性，宗教将这种依赖解释为“仁慈的上帝的礼物”，而上帝是按照自己的“慎思”来发放恩典的（Walzer，1983/2006，S. 348）。

沃尔策关于教育、爱和家庭以及恩典和宗教这些领域中的分配正义的论述不仅是自相矛盾的，而且也并不完全符合他对两种普遍主义的划分。如果他赞成神权的独断和家长的专制，那么这就成了普遍法则的普遍主义的论调，而不是复演的普遍主义了。因为复演的普遍主义要求所有形式的经验过程、学习过程和传承过程都必须不仅在正义的视角下进行描述和阐释，而且也要在它们的自我塑造和世界建构功能方面进行描述和阐释。

沃尔策的指导性的理念是，按照带有特殊性、专门性的规则和各领域特有

① 译文参见：迈克尔・沃尔泽.正义诸领域：为多元主义与平等一辩[M].褚松燕，译.江苏：译林出版社，2009：232.

的正义形式的不同领域来划分正义,如果同意他的这一理念,则恰好因此而必须质疑他的关切:按照分配的正义权衡方式来丈量教育和教化、道德和伦理以及法律和政治的空间。这尤其涉及他关于教育的论述(Walzer,1983/2006,S. 288 - 326)。这些论述主要讨论加强教育系统的分配功能,这种功能遵循的是对熟悉的生活方式和环境的传承和保留的观念,并没有形成一种共同教育的任务和结构的概念(Walzer,1983/2006,S. 288ff)。

公平的分配只存在于那样一些地方,即待分配的物品、金钱、上帝的恩典或家长的爱已经备好,看似问题只在于分配。而在教育事实方面可以说,教育过程和教化过程在分配这一范畴里是无法得到恰当描述的。分配始终是存在于生产和消费之间的,而教育和教化关乎生产自身的过程,这种生产却并非旨在消费,而是指向学得、转化和参与。因此,主张诸如条件公平、天赋公平或机会公平,并将遵循和制造这些公平原则提升为教育系统中的教育实践任务的那些正义概念,就像赫尔穆特·海特(Helmut Heid)所揭示的,是一种范畴上的错误(见 Heid,1994,2005,2012)。

一种超越了沃尔策,但是能够很好地与他对两种普遍主义的划分相吻合的思想,我们可以在赫尔巴特的《普通实践哲学》(1808)中找到,赫尔巴特在这里提出一种描述教育、道德和政治之间各种关联以及关于这些关联的秩序的纲领,这种纲领让我们得以将教育、教化、道德和政治之间的交互作用作为主题进行探讨,而这种交互作用非常类似于一种复演的普遍主义的模式,并且将这种复演指向人和公民对共同事务的参与。

教育上的复演用阿伦特(Arendt,1958)的话说,始终与"新来者"有关,这些新人不是由教育,而是通过出生而来到这个世界的;而且在现代语境中,我们认为他们具有一种未被规定的、向世界开放的可塑性,这种可塑性既需要支持性教育和阻止性教育的促进,也需要社会对教育影响的教育学转化和一种教育要求与教育外要求的非等级性协调来支持(参见 Benner,2015[8],Kapitel 3)。

在赫尔巴特所设想的转化性复演中,关键就在于形成这样一种道德和文化:"内心自由"作为评判自己意志的能力、对自身"完善性"的促进作为对多方面兴趣的发展、对他人的无动机的善意、法和公正规定了这种道德和文化,这种道德和文化在这里还包含缔结调解争端的规则的能力，以及在解释规则时能够考虑到具体情境的能力。

赫尔巴特在对亚里士多德和康德的研究中重述并重新阐释的这五个实践理念之中没有哪个占有优先地位。内心自由作为摆脱自己的意志的能力，是以多方面的动机视野、无动机的善意和带有公正考量的对法的追寻这些形式而实现的。善意也不是单单根据正义的观点被提出的，它同时也是找到法则共识并以公正的考量来阐释法则共识的前提。

在教育的复演和道德的复演之间也不存在等级性。教育不是简单地服务于某种特定伦理学的道德或某种政治的政体，教育更旨在在学校这样的教育机构中制度化地拓展经验和交往，因为在社会生活中不可能直接对经验和交往进行这样的拓展。自从诞生了公共的、共同的教育，不能让生活来承担的教育任务就包括传授读、写、算、历史、外语以及科学入门阶段的基础知识。这些知识形成学校课程的元素，并不是为了学校课程甄选出精英，这种甄选由于受到出身的限制会再生产某些不平等的教育机会。这些知识构成学校课程的元素是因为，它们涉及现代社会中用得到而又不能直接在生活中习得的内容和能力。

需要学校进行传授的内容也包括将成长中的一代引入到关于正义的讨论中，这种讨论也是所有社会领域和子系统都需要的。这种讨论需要教育培养判断力并让学生有能力过好个人生活并参与社会的各实践领域，这就如同公共生活需要一种政治，这种政治不是把政治的各领域简化为某种分配正义的问题，而是将政治各领域回归到人的社会参与上去（参见 Edelstein，2014）。因而，传授使与世界的教化性互动成为可能的基础知识、培养各领域特有的判断能力和参与能力，就成了现代教育的核心任务。选拔和甄别也是存在的，但只有当选拔和甄别不是直接作为目的，而是作为教育过程和教化过程的副产品来看待时，才是可以被接受的。而这种副产品带来的结果在社会子系统中则需要按照正义的标准来考量。

这对政治的定义也是有影响的。沃尔策在谈政治时，是不区分作为政治制度和生活方式的民主的。但正如我们讲到杜威的那一章所论，两者并非同一的，而且大的问题是，一种政治制度的名称根本上是否适用于一种既个人又普遍的、根植于参与者的生活方式。

因此,赫尔巴特在描述良善生活的复杂特征时,不仅提出了五个个体道德的理念,还相应地提出了政治理念,即法律、奖惩、管理和文化制度。沃尔策对正义的诸领域所论述的,尤其是他关于一种并非平均主义而是复杂的平等的观点,很多已经在赫尔巴特那里出现。赫尔巴特区分了人在法律面前的平等、公正的奖惩方式、一种对穷人不同于对待富人的善意的管理,以及人对文化多种多样的参与形式。

我们有很多理由在系统地、联系现象和行为地讨论正义问题时在教育、道德和政治的语境中不赋予它以优先的地位。可我们到底如何理解一种与生俱来的正义,一种在大屠杀或者在全知全能的上帝也没有阻止大屠杀这种情况下的正义(参见 Kolitz,1949/2004)? 正义的问题虽然必须在所有并存的社会实践领域都在正义分配的问题中进行讨论,但这些问题也可以在宗教中得到讨论。内心自由、对自己多面性的建设、善意、法和公正以及法、奖惩、管理和文化的制度都超越了一种单纯的分配正义。教育过程建立在善意之上,并旨在达到教化过程,而只有当道德理念和政治理念在教化过程中赢得一种个人的和社会的形态,那么教化过程才能在教育之前、当中和之后有效地开展。如果明白了这些道理,那么之前说的那些理念就能与教育和教化建立一种更为合理的联系。

不过,沃尔策对总括性的唯一法则的普遍主义和转化性的复演的普遍主义的划分,仍然是合法的、有意义的。如果能对转化性的教育和教化过程在范畴上有更恰当的认识,那么这种划分甚至还能带来更多好处,它将能够对教育和教化的复杂情况作出更细致的分析,而不是用一种有问题的方式在一种分配的正义的范畴中简化教育和教化。或许我们最好应该在教育学和教化理论的语境中不提两种普遍主义,而是讲普遍化(universalisieren)的两种方式,并将其再区分为辩难的、目的论的、绝对命令的、意识形态批判的、谱系学的和实用主义的①。

---

① 此处参见克劳斯·贝克(Klaus Beck)的最新研究(Beck,2014),题为《道德的普遍主义还是道德的特殊主义?》这项研究讨论了普遍主义的和区域性的各取向之间的协调问题,并在最后提出了这样的问题:在批判理性主义的土壤上是否能在特殊主义之外再形成普遍主义?

四、公共教育中的伦理学-道德能力——ETiK 项目及其国际化的展望[①]

最后将呈现的是本书中形成的思路与一个尝试之间的联系。这个尝试就是确定时下公共学校中的伦理学课的任务。这里涉及导言里提到的 ETiK 和 ETiK-国际项目里对伦理学-道德能力的建模[②]。它的设想可以说是沃尔策的转化性复演的普遍主义思想在具体领域的一种阐发。

从一般情况来看,所有的公共机构中制度化的教-学过程都是一种复演的普遍主义的教-学过程。在学校里教和学的东西都是在社会生活中无法直接传承的。这些内容之所以需要公共教育来传授,就是因为它在直接的社会公共生活中不可能传授给下一代,因此才需要在学校里进行专门的传授和学习。

以这样的方式在学校教学中教授和学习的内容,能培养和发展那些在人类共同生活中必需但无法直接习得的能力。在学校中培养的能力在任何领域都呈现出一种三维结构。这种能力首先需要掌握通过教学获得的基础知识,其次获得了基础知识后要形成该领域特有的判断能力,最后这种判断能力从不体现在知识中,而是体现在学生能够将这种判断能力有效地带入他们的个人生活和社会生活中。

所有这些都适用于公共学校中的伦理学课。设立伦理学课的地方应该以伦理学课推进伦理学-道德能力的发展,而这仅仅通过社会化无法做到。在现代社会,来自不同背景的道德越来越多地相遇,这就使学校中的孩子必须学会,不仅能跟他们自己同源的道德相互交流,还要会区分自己的道德、陌生的道德和公共的道德。

因此,在学校中开设的伦理学课首先必须传授伦理学-道德的基础知识,这种知识支持对"自己的道德"和"陌生的道德"进行反思性的研究,并推动参

---

① 原文标题为 Ethisch-moralische Kompetenz als Teil öffentlicher Erziehung und Bildung. Ausblick auf das Projekt ETiK und den Prozess seiner Internationalisierung。——译者注

② 关于该项目的出版物参见：Benner/Nikolova/Swiderski,2009；von Heynitz/Krause/Remus/Swiderski/Weiß,2009；Ivanov/Nikolova 2009；Benner/von Heynitz/Ivanov/Nikolova/ Pohlmann/Remus,2010；Benner/Nikolova/von Heynitz/Ivanov/Tschernjajew,2013.

与关于“公共道德”的讨论。其次，这种课必须培养学生的伦理学-道德判断能力。再次，它还必须培养学生的伦理学-道德的行动设计能力，这种能力让学生得以建设个人的生活，与他人交流和互动，并带着道德观点参与公共的讨论。

就这样的课程而言，在复演的普遍主义的意义上能被下一代掌握并能在不同源的道德间进行调解的普遍主义的思考、判断和论述形式是否存在？在前面的章节里介绍的思想中，赫尔巴特的道德和政治的基本判断就是这样的一种存在。它存在于一种从教育、道德和政治都可阐发的意义关联中，而这种关联又可以从本书所收纳的各种伦理学思想中得到多样化的阐发。

就像沃尔策的正义诸领域一样，赫尔巴特在对传统的研究中形成的道德和政治的理念讲的也不是一种可以无视具体内容的唯一法则的普遍主义，而是可以在转化性复演的普遍主义的意义上解释的、能用在具体问题上的教育、伦理和政治的基本准则。

因而，一种公共的伦理学课在处理上述理念时，既要看到具体的文化秩序，又要援引不同的伦理学思想；要支持和促进学生形成对辩难的、目光转向的、目的论的、绝对命令-先验批判的、谱系学的、意识形态批判的和实用主义的判断形式的反思。

下面是从古代哲学到实用主义立场的问题史的梳理，这个总结并不否认各种不同视角之间的矛盾，但也主张交流它们之间有争议的观点。所以，这里有意识地避免了化解各种不同立场之间矛盾的做法和用一种总体系统来消解矛盾的倾向。

表 5-1　伦理学问题史上的道德判断形式

苏格拉底	辩　难	尼　采	谱系学
柏拉图	目光转向	马克思	意识形态批判
亚里士多德	目的论	杜威等	实用主义
康　德	绝对命令-先验批判		

在过去几年里，在这些思想的基础上，柏林洪堡大学开展的德国研究会(Deutsche Forschungsgemeinschaft，简称 DFG)项目 ETiK 基于柏林、勃兰登堡、

汉堡和北莱茵维斯特法伦州的伦理学课教学大纲的内容开发了测试题，在基础知识、判断能力和行动设计能力几个分支能力的维度上测量了 15 岁学生的伦理学-道德能力。这些试题主要涉及自己的道德、陌生的道德和公共道德交汇处的伦理学-道德主题，受试学生须在五种道德基本判断以及初步的五种政治基本判断的问题阐述中联系历史上的经典伦理学思想来解答试题。该项目成功地研发了有效度的测量工具，该测试工具在三个分支能力的维度都形成了 3—4 个难度水平。

在导言中同样提到的 ETiK -国际系列项目将会将此测试工具放到其他欧洲国家以及中国进行试测。之前关于公共学校伦理学课和 ETiK 项目的论述对 ETiK -国际项目同样适用。ETiK -国际项目并不旨在一种抽象的普遍主义，而是一种转化性复演的普遍主义意义上的计划。对自己的、陌生的和公共的道德的划分，以及对三种分支道德能力的划分，甚至基础性的道德和社会的基本判断和对经典思想的联系也都是普遍有效的。而在教学大纲里规定的内容和主题就可能是各地不同的，学生对与此相关的问题的回答也就会是不同的了。三个分支能力里形成的难度水平能否被证明是普遍存在的，这就要研究结果来呈现了。

根据上海的课程标准，德国研发的这些试题很有可能大部分（约 95%）都是有效度的。只有少部分试题（约 5%）按上海课标来看是无效度的，这些题目以"性取向"和"少女怀孕"为主题，而上海的德育课程并不涉及这些主题。此外还有少量关于家庭和集体的话题，欧洲的教学大纲没有涉及。为此，我们将与中国教师合作开发新的试题。这里的计划是，新研发的试题与柏林试题一起在上海投入测试。

在对答案的分析方面，要估计到，学生的答案既会有一致的，也会有分化的。这种分化应该在各个 ETiK -国际项目的数据分析和新试题开发中考虑到。我们的目标是，将各个项目汇集起来，使其中的普遍性的结构要素和区域性结构要素凸显出来，并能够避免唯一伦理学和道德的总括性的普遍主义的意识形态（参见 Wulf/Triki/Poulain，2009）。

关于 ETiK 和 ETiK -国际项目要由专著来详述。本书是由对 ETiK 及其国际项目的准备性讲座的内容形成的，此书的目的是，对项目工作中教化理论的、伦理学的和道德教育的基础进行阐述。值得期待的是，随着项目工作的进行，本书所涉及的思想不仅在丹麦（参见 von Oettingen，2001，2006，2010）和波兰（参见 Stępkowski，2012），而且也在其他欧洲国家，尤其是在中国（参见 Peng，2010）会被证明是需要补充的[①]。在对项目结果的分析和解释时，要一再考虑到，ETiK 所研发的测量伦理学-道德基础知识、判断能力和行为设计能力的测试工具核心在于建构，而这种建构是取决于相关理论的。因此，在测试题中扩展伦理学-道德的判断形式的多样性总是可能导致难度水平层次的变动。

"行动设计能力"这个冗长的名字要指出的是，伦理学-道德的判断能力和行动能力并不能在伦理学课上直接形成，也不是教育的直接结果，而是在思考、判断和行动的语境中形成的。教育虽然通过教学能够影响到思考、判断和行动，但是它们根本上还是在校外和教育之外的语境中进行的。教学和经验在教学论意义上的区别以及咨询和行动在教育学上的区别就相当于伦理道德领域中伦理学和道德行动在哲学上的区别。正如本书多次强调的，赫尔巴特也指出了这样的区别：实践哲学根本不作判断，但是，哲学教人学会判断（参见本书第 92 页之后的内容）。

这些区别对于道德教育的、教育科学的和学科教学论的能力研究尤其有意义。从测试题无法推导出教学练习题，从教学练习题也推导不出测试题。可是，在道德教育、学科教学论的指导和伦理学课的导向及其成绩考察之间，却存在着联结的可能性。它们可以在学科内的和跨学科的研究中得到探讨和反思。

哲学的、道德教育的、学科教学论的、教育科学的讨论处在这样一种关联中，这种关联不能由教育或道德或政治优先来解释或规定。既不能从伦理学思想中推导出道德教育的纲领，也不能从道德教育的纲领中推导出伦理学思想。道德和政治的关系也是这样。政治取决于道德的前提，但并不支配道德的前提；道德行为发生于政治的空间，而政治的空间并不能由道德行为自身力量创造。而教育学这一方面，正如施莱尔马赫所说的，教育学虽然努力进行道德教育的理论建设和反思，但是不能等着伦理学和政治学的完成。这里我们

---

① 在与记忆与传承的关联中的普遍性和文化性的问题关系已有人研究过，参见 Sabine Krause（2015）的基础理论研究。

没有理由去长篇大论地谈教育、道德和政治的关系，而是应该提出一种意见来使其正常化。这就包括，即便道德和政治也不依赖于一种完美的教育。更成问题的情况是，政治和道德试图将教育认定为服务于那些被设定为不可更改的、最终确定的目的，或者反过来，教育为自己赢得了一种自身逻辑，并认为从中可以得出未来道德和政治的发展的完美规则①。

由于抵制这样的立场而出现的不确定性不仅是允许的，而且也是应该坚持并在所有层面进行阐发的。这是一种个人和公共的文化的诉求，这种文化在未来也将能够让教育、道德和政治——此外也包括经济、艺术和宗教——的紧张领域中的消极经验获得一种教化性的意义。

① 关于民主在政治理论上的不可完成性参见 Bohnsack（2003）和 Prengel（2011）；关于教育、道德、民主之间关系在教化理论上的不可完成性参见 Benner/Stepkowski（2012）。

参考文献

Adorno; Th. W. (1957/1958): Vorlesungen zur Einleitung in die Erkenntnistheorie. Frankfurt: Junius-Drucke.

Adorno; Th. W. (1966): Negative Dialektik. In: Ders.: Gesammelte Schriften. Band 6. Frankfurt a. Main 1973: Suhrkamp.

Anhalt, E. (1999): Bildsamkeit und Selbstorganisation. Johann Friedrich Herbarts Konzept der Bildsamkeit als Grundlage für eine pädagogische Theorie der Selbstorganisation organismischer Aktivität. Weinheim: Deutscher Studien Verlag.

Anhalt, E. (2012): Komplexität der Erziehung. Geisteswissenschaft - Modelltheorie - Differenztheorie. Bad Heilbrunn: Klinkhardt.

Arendt, H. (1958): Die Krise der Erziehung. In: Dies. Zwischen Vergangenheit und Zukunft. Übungen im politischen Denken. Hrsg. von E. Ludz. München und Zürich.

Arendt, H. (1965/2007): Über das Böse. Eine Vorlesung zu Fragen der Ethik (Some Questions of Moral Philosophy. New School for Social Research in New York 1965). Aus dem Nachlass hrsg. von J. Kohn, aus dem Englischen übersetzt von U. Ludz. München und Zürich 2007: Piper.

Aristoteles: Philosophische Schriften in 6 Bänden. Darmstadt 1995: Wissenschaftliche Buchgesellschaft.

Assmann, J. (1996): Ägypten. Eine Sinngeschichte. 4. Auflage Frankfurt 2005: Fischer.

Assmann, J. (2006): Ma'at. Gerechtigkeit und Unsterblichkeit im alten Ägypten. 2. Auflage. München: Beck.

Beck, K. (1990): Philosophische Ethik als Basis moralpsychologischer Theoriebildung? In: P. Strittmatter (Hrsg.): Zur Lernforschung: Befunde - Analysen - Perspektiven, S. 7-23. Weinheim: Deutscher Studien Verlag.

Beck, K. (1999): Wirtschaftserziehung und Moralerziehung - ein Widerspruch in sich? In: Pädagogische Rundschau 53, S. 9-28.

Beck, K. (2014): Moralischer Universalismus oder moralischer Partikularismus? Eine systematische Gegenüberstellung. In: Vierteljahrsschrift für wissenschaftliche Pädagogik 90, S.

405 – 439.

Benner, D. (1973/2001): Hauptströmungen der Erziehungswissenschaft. Eine Systematik traditioneller und moderner Theorien. 1. Auflage München: List; 4. Auflage Weinheim: UTB/ Beltz.

Benner, D. (1988): Von der Lehrbarkeit der Tugend angesichts der Frage nach der Tugend selbst. Erziehungs- und bildungstheoretische Überlegungen zum sokratischen Wissen des Nicht-Wissens. In: Pädagogische Skepsis. Wolfgang Fischer zum einundsechzigsten Geburtstag. Hrsg. von D. J. Löwisch, J. Ruhloff, P. Vogel, 129 – 137. St. Augustin: Richarz.

Benner, D. (1997): Johann Friedrich Herbart. Systematische Pädagogik. Band 1: Ausgewählte Texte; Band 2: Interpretationen. Weinheim: Beltz.

Benner, D.(2003): Wilhelm von Humboldts Bildungstheorie. Eine problemgeschichtliche Studie zum Begründungszusammenhang neuzeitlicher Bildungsreform. 3. erweiterte Auflage. Weinheim und München: Juventa.

Benner, D. (2005): Schulische Allgemeinbildung versus allgemeine Menschenbildung? Von der doppelten Gefahr einer wechselseitigen Beschädigung beider. In: Zeitschrift für Erziehungswissenschaft 8, S. 563 – 575.

Benner, D. (2014): Bildung und Religion. Nur einem bildsamen Wesen kann ein Gott sich offenbaren. Paderborn: Schöningh.

Benner, D. (2015): Erziehung *und* Bildung! Zur Konzeptualisierung eines erziehenden Unterrichs der bildet. In: Zeitschrift für Pädagogik 61 (2015), Heft 1 (im Druck).

Benner, D. (2015[8]): Allgemeine Pädagogik. Eine Einführung in die Grundstruktur pädagogischen Denkens und Handelns. 1. Auflage Weinheim /München 1987: Juventa; 8. Auflage Weinheim usw.: Beltz-Juventa.

Benner, D./Brüggen, F. (2011): Geschichte der Pädagogik. Vom Beginn der Neuzeit bis zur Gegenwart. Stuttgart: Reclam.

Benner, D./English, A. (2004): Critique and Negativity: Toward the Pluralisation of Critique in Educational Practice, Theory and Research. Journal of Philosophy of Education 38, Nr. 3, S. 409 – 428.

Benner, D. /Heynitz, M. von /Ivanov, St. /Nikolova, R. /Pohlmann, C. /Remus, C. (2010): Ethikunterricht und moralische Kompetenz jenseits von Werte- und Tugenderziehung. Zeitschrift für Didaktik der Philosophie und Ethik 32 (2010), S. 304 – 312.

Benner, D. /Nikolova, R. /Swiderski, J. (2009): Die Entwicklung moralischer Kompetenzen als Aufgabe des Ethik-Unterrichts an öffentlichen Schulen. Zur Konzeption des DFG-Projekts ETiK. In: Vierteljahrsschrift für wissenschaftliche Pädagogik 85, S. 504 – 515.

Benner; D./Nikolova, R./von Heynitz, M./Ivanov, St./Tschernjajew, M. (2013): Normativität als Gegenstand erziehungswissenschaftlicher Bildungsforschung. Ansatz, erste Ergebnisse und vorläufige Modellierungen im DFG-Projekt ETiK. In: T. Fuchs/M. Jehle/S. Krause: Normativität und Normative (in) der Pädagogik. Einsätze theoretischer Erziehungswissenschaft III. Würzburg 2013, S. 121 – 137.

Benner, D. /von Oettingen, A. (2012): Schulische Bildung zwischen grundlegender Bildung und Spezialisierung. In: Forum Pedagogicze 2012/2, S. 135 – 163.

Benner, D./Peng, Z. (2011): Aufklärung und Bildung. Wilhelm von Humboldt und Cai Yuanpei als Bildungstheoretiker und Modernisierer Preußens und Chinas. In: Aufklärung im Dialog. Eine deutsch-chinesische Annäherung, S. 111 – 142. Essen: Stiftung Mercator.

Benner, D. /Peukert, H. (1983): Moralische Erziehung. In: Enzyklopädie Erziehungswissenschaft. Band 1. Hrsg. von D. Lenzen und K. Mollenhauer, S. 394 – 402. Stuttgart: Klett.

Benner, D. /Stępkowski, D. (2011): Die Höhle als Metapher zur Beschreibung von Bildungsprozessen. Eine Studie zur Transformation von Platons Höhlengleichnis in bildungstheoretischen Diskursen. In: D. Benner: Bildung und Kompetenz. Studien zur Bildungstheorie, systematischen Didaktik und Bildungstheorie, S. 45 – 65. Paderborn: Schöningh.

Benner, D./Stępkowski, D. (2012): Warum Erziehung in Demokratien nicht politisch fundiert werden kann. In: E. Anhalt/D. Stępkowski (Hrsg.): Erziehung und Bildung in politischen Systemen, S. 49 – 71. Jena: Garamond.

Benner, D. /Schmied-Kowarzik, W. (1967): Prolegomena zur Grundlegung der Pädagogik. Band I: Herbarts praktische Philosophie und Pädagogik. Ratingen: Henn.

Bicsák, Z. A. (2012): Die Herbart-Rezeption in Ungarn im Lichte von Lehrbüchern. In: E. Anhalt/D. Stępkowski (Hrsg.): Erziehung und Bildung in politischen Systemen, S. 183 – 202. Jena: Garamond.

Bicsák, Z. A. (2014): Vált(ak)ozó olvasatok Johann Friedrich Herbart hazai recepciójában. Dissertation an der Universität Debrecen.

Blankertz, H. (1990): Rousseau wechselt die Methode. In: Pädagogische Korrespondenz. Heft 7/1990, S. 5 – 11.

Bohnsack, F. (2003): Demokratie als erfülltes Leben. Die Aufgabe von Schule und Erziehung. Bad Heilbrunn: Klinkhardt.

Bolle, R. (2012): Jean-Jacques Rousseau. 3. überarbeitete und erweiterte Auflage. Münster: Waxmann.

Borgard, Th. (2001): Das Problem der Selbstreferenz, die Subjekte des Handelns und das proton pseudos der Systemtheorie: Herbart, Hegel, Kleist. In: A. Hoeschen/L. Schneider (Hrsg.): A.a.O., S. 107 – 131.

Breinbauer, I. M. (2008): Nachhaltiges Lernen. In: K. Mitgutsch/E. Sattler/K. Westphal/I. M. Breinbauer (Hrsg.): Dem Lernen auf der Spur, S. 51 – 64. Stuttgart: Klett-Cotta.

Brüggen, F. (1988): Lernen-Erfahrung-Bildung oder: über Kontinuität und Diskontinuität im Lernprozeß. In: Zeitschrift für Pädagogik 34, S. 299 – 314.

Brüggen, F. (1991): Die Pädagogik F. D. Schleiermachers. Kurseinheit Hagen: Fernuniversität.

Buck, G. (1969): Lernen und Erfahrung. Zum Begriff der didaktischen Induktion. 2. Auflage Stuttgart usw.: Kohlhammer.

Buck, G. (1975): "Die Freudigkeit jenes Sprunges ...". Negativität, Diskontinuität und die Stetigkeit des Bios. In: Ders.: Hermeneutik und Bildung, S. 71 – 94. München: Fink.

Buck, G. (1985): Herbarts Grundlegung der Pädagogik. Heidelberg: Carl Winter.

Casale, R. (2010): Heideggers Nietzsche. Geschichte einer Obsession. Aus dem Italienischen übersetzt von C. Dingler. Bielefeld: transcript.

de Mause, L. (1980): Hört ihr die Kinder weinen. Eine psychogenetische Geschichte der Kindheit. Frankfurt a. M.: Suhrkamp.

Derbolav, J. (1955): Lehrer-und Schülertum in der Philosophie. In: Ders. (1987): Impulse europäischer Geistesgeschichte. Hrsg. von D. Benner, W. Schmied-Kowarzik und L. Wigger, S. 1 – 29. Sankt Augustin: Richarz.

Dewey, J. (1910): How We Think. In: Ders.: The Middle Works, 1899 – 1924. Volume 6. Carbondale and Edwardsville: Southern Illinois University Press.

Dewey, J. (1916): Democracy and Education. In: Ders.: The Middle Works, 1899 –

1924. Volume 9. Carbondale and Edwardsville: Southern Illinois University Press.

Dewey, J. (1951/2002): Wie wir denken. Eine Untersuchung über die Beziehung des reflektiven Denkens zum Prozeß der Erziehung. Aus dem Amerikanischen übersetzt von A. Burgeni. Zürich 1951: Morgarten; in sprachlich bearbeiteter Fassung neu hrsg. von R. Horlacher und J. Oelkers. Zürich 2002: Pestalozzianum.

Dewey, J. (1964): Demokratie und Erziehung. Deutsch von E. Hylla. 4. Auflage. Braunschweig usw.: Westermann.

Die Schrift (1929/1992): Verdeutscht von Martin Buber gemeinsam mit Franz Rosenzweig. 4 Bände. Stuttgart: Deutsche Bibelgesellschaft.

Edelstein, W. (2014): Demokratiepädagogik und Schulreform. Hrsg. von W. Beutel, K. Edler und H. Rademacher. Wochenschau: Schwalbach.

Ehrhardt, Ch. (2005): Religion, Bildung und Erziehung bei Schleiermacher. Eine Analyse der Beziehungen und des Widerstreits zwischen den "Reden über die Religion" und den "Monologen" Göttingen: V & R unipress.

Engels, F./Marx, K. (1845): Die heilige Familie oder Kritik der kritischen Kritik. Gegen Bruno Bauer & Konsorten. In: K. Marx: Frühe Schriften. Band 1, S. 667 – 925. Hrsg. von H.-J. Lieber und P. Furth. Darmstadt 1962: Wissenschaftliche Buchgesellschaft.

English, A. (2013): Discontinuity in Learning. Dewey, Herbart, and Education as Transformation. Cambridge: Univerity Press.

Erziehung – Bildung – Negativität (2005). 49. Beiheft der Zeitschrift für Pädagogik. Weinheim und Basel: Beltz.

Fichte, J. G. (1798): Grundlage des Naturrechts nach Prinzipien der Wissenschaftslehre. In: Ders.: Ausgewählte Werke in 6 Bänden. Hrsg. von F. Medicus. Band 2, S. 1 – 389. Darmstadt 1962: Wissenschaftliche Buchgesellschaft.

Fink, E. (1970): Metaphysik der Erziehung. Frankfurt a. M.: Klostermann.

Fischer, W. (1985): Über die Apolitie des Sokrates. In: Ders. (1997): Kleine Texte zur Pädagogik der Antike, S. 53 – 70. Hohengehren 1997: Schneider.

Fischer, W. (1987): "In Wahrheit aber bin ich nie irgend jemandes Lehrer gewesen" (Apol. Plat. 33 A). In: Ders. (1997): Kleine Texte zur Pädagogik der Antike, S. 71 – 82. Hohengehren 1997: Schneider.

Fischer, W. (2004): Sokrates pädagogisch. Hrsg. von J. Ruhloff und Ch. Schönherr.

Würzburg: Königshausen & Neumann.

Forey, Ph. (2007): Gemeinsame Bildung und Gemeinsinn. In: Bildungsstandards. Instrumente zur Qualitätssicherung im Bildungswesen. Chancen und Grenzen. Beispiele und Perspektiven, S. 221 – 330. Hrsg. von D. Benner. Paderborn: Schöningh.

Freeman, D. (1983): Margaret Mead and Samoa: The Making and Unmaking of an Anthropological Myth. Harvard University Press.

Gadamer, H.-G. (1975): Wahrheit und Methode. Grundzüge einer philosophischen Hermeneutik. 4. Auflage. Tübingen: Mohr.

Geißler, E. (1970): Herbarts Lehre vom erziehenden Unterricht. Heidelberg: Quelle & Meyer.

Gosepath, St. (2014): Die soziale Natur der Normativität. Vortrag auf dem Symposion "Im Raum der Gründe" am Institut für Bildungswissenschaft der Universität Wien vom 8. Dezember 2014.

Gruschka, A. (2014): Lehren. Stuttgart: Kohlhammer.

Habermas, J. (1976): Zur Rekonstruktion des historischen Materialismus. Frankfurt a. M.: Suhrkamp.

Habermas, J. (1985): Moral und Sittlichkeit. Hegels Kantkritik im Lichte der Diskursethik. In: Merkur 39, S. 1041 – 1052.

Hartung, G. (2001): Von einer Misshandlung des Zweckbegriffs. In: A. Hoeschen/L. Schneider (Hrsg.): A.a.O., S. 83 – 105.

Hegel, G. W. F: Sämtliche Werke in 20 Bänden. Hrsg. von H. Glockner. Stuttgart 1958 – 1968: Frommanns.

Hegel, G. W. F. (1802/1803): Über die wissenschaftlichen Behandlungsarten des Naturrechts, seine Stelle in der praktischen Philosophie und sein Verhältnis zu den positiven Rechtswissenschaften. In: Ders.: Sämtliche Werke. A.a.O. Band 1.

Hegel, G. W. F. (1811): Gymnasialrede am 2. September 1811. In: Ders.: Sämtliche Werke. A.a.O. Band 3, S. 264 – 280.

Hegel, G. W. F. (1822): Vorrede zu Hinrichs Religionsphilosophie. In: Ders.: Sämtliche Werke, A.a.O. Band 20, S. 1 – 28.

Hegel, G. W. F. (1833): Vorlesungen über die Geschichte der Philosophie. In Ders.: Sämtliche Werke. A.a.O. Bände 17 – 19.

Heid, H. (1994): Funktion und Tauglichkeit herrschender Prinzipien zur Gewährleistung sozialer Verteilungsgerechtigkeit. In: L. Montada (Hrsg.): Arbeitslosigkeit und soziale Gerechtigkeit. ADIA-Stiftung zur Erforschung neuer Wege für Arbeit und soziales Leben. Schriftenreihe Band. 2, S. 34 - 52. Frankfurt/New York: Campus.

Heid, H. (2003): Domestizierung von Kritik. Legitimationsprobleme des Kritischen im Kontext pädagogisch bedeutsamen Denkens und Handelns. In: Kritik in der Pädagogik. Versuche über das Kritische in Erziehung und Erziehungswissenschaft. 46. Beiheft der Zeitschrift für Pädagogik. S. 54 - 74. Weinheim usw.: Beltz.

Heid, H. (2005): Gerechtigkeit als Regulativ unterrichtspraktischen Handelns? In: Schule und Gerechtigkeit. Dokumentation des Deutschen Lehrertags am 14. 04. 2005 in der Universität Freiburg i. Br. Hrsg. vom Verband Bildung und Erziehung, S. 32 - 53. Berlin.

Heid, H. (2012): Der Beitrag des Leistungsprinzips zur Rechtfertigung sozialer Ungerechtigkeit. In: Vierteljahresschrift für Heilpädagogik und ihre Nachbargebiete. 81, 1, S. 22 - 34.

Heynitz, M. von /Krause, S. /Remus, Cl. /Swiderski, J. /Weiß, Th. (2009): Die Entwicklung von Testaufgaben zur Erfassung moralischer Kompetenz im Projekt ETiK. Ebd., S. 516 - 530.

Heidegger, M. (1953): Die Frage nach der Technik. In: Ders.: Die Technik und die Kehre. Pfullingen 1962: Neske.

Herbart, J. F.: Sämmtliche Werke in 12 Bänden. Hrsg. von G. Hartenstein. Leipzig 1850 - 1852: Voss; zitiert als SW.

Herbart, J. F.: Pädagogische Schriften in 3 Bänden. Hrsg. von W. Asmus. Düsseldorf 1964 - 1965: Küpper; zitiert als PS.

Herbart, J. F. (1804): Über die ästhetische Darstellung der Welt als das Hauptgeschäft der Erziehung. In: Ders.: Sämmtliche Werke. A.a.O. Band 11, S. 213 - 233; Pädagogische Schriften. A.a.O. Band 1, S. 105 - 121.

Herbart, J. F. (1806): Allgemeine Pädagogik, aus dem Zweck der Erziehung abgeleitet. Göttingen: Röwer; Sämmtliche Werke. A.a.O. Band 10.

Herbart, J. F. (1806/1965): Allgemeine Pädagogik, aus dem Zweck der Erziehung abgeleitet. In: Pädagogische Schriften. A.a.O. Band 2.

Herbart, J. F. (1808): Allgemeine Praktische Philosophie. Göttingen: Danckwerts;

Sämmtliche Werke. A.a.O. Band 8.

Herbart, J. F. (1829): Allgemeine Metaphysik, nebst den Anfängen der philosophischen Naturlehre. In: Ders. Sämmtliche Werke. A.a.O. Band 4.

Herbart, J. F. (1824): Psychologie als Wissenschaft, neu gegründet auf Erfahrung, Metaphysik und Mathematik. In: Ders. Sämmtliche Werke. A.a.O. Band 5 und Band 6.

Herbart, J. F. (1831): Kurze Encyklopädie der Philosophie aus praktischen Gesichtspunkten entworfen. In: Ders. Sämmtliche Werke. A.a.O. Band 2.

Herbart, J. F. (1836): Analytische Beleuchtung des Naturrechts und der Moral, zum Gebrauch beim Vortrage der Praktischen Philosophie. In: Ders.: Sämmtliche Werke. Band 8.

Herbart, J. F. (1851): Anhang zur Allgemeinen Praktischen Philosophie. In: Ders.: Sämmtliche Werke. A.a.O. Band 8.

Hoeschen, A./Schneider, L. (Hrsg.) (2001): Herbarts Kultursystem. Perspektiven der Transdisziplinarität im 19. Jahrhundert. Würzburg: Königshausen & Neumann.

Hofer, R. (2014): Wissen und Können. Begriffsanalytische Studien zu einer kompetenzorientierten Wissensbildung am Gymnasium. Münster: Waxmann.

Holzhey-Kunz, A. (2014): Leiden an der ontologischen Negativität. In: Die Arbeit des Negativen. Hrsg. von E. Angehrn/J. Küchenhoff (Hrsg.): Weilerswist 2014: Velbrück, S. 99-121.

Horkheimer, M./Adorno Th. W. (1944): Dialektik der Aufklärung. In: M. Horkheimer. Gesammelte Schriften. Band 5. Frankfurt a. M. 1987: Fischer; Th. W. Adorno: Gesammelte Schriften. Band 3. Frankfurt a. M. 1984: Suhrkamp.

Humboldt, W. von: Gesammelte Schriften. Hrsg. von der Königlich Preussischen Akademie der Wissenschaften. 17 Bände. Berlin 1903ff.: Behr's; zitiert als GS.

Humboldt, W. von: Werke in 5 Bänden. Hrsg. von A. Flitner und K. Giel. Darmstadt 1960-1981: Wissenschaftliche Buchgesellschaft; zitiert als W.

Humboldt, W. von (1791): Ideen über Staatsverfassung. In: Gesammelte Schriften. Band 1, S. 77-85.; Werke. Band 1, S. 33-42.

Humboldt, W. von (1792): Ideen zu einem Versuch, die Gränzen der Wirksamkeit des Staats zu bestimmen. In: Gesammelte Schriften. Band 1, S. 97-254.; Werke. Band 1, S. 56-233.

Humboldt, W. von (1793): Theorie der Bildung des Menschen. In: Gesammelte

Schriften. Band 1, S. 282 – 287; Werke. Band 1, S. 234 – 240.

Humboldt, W. von (1797): Über den Geist der Menschheit. In: Gesammelte Schriften. Band 2, S. 324 – 334; Werke. Band 1, S. 506 – 518.

Humboldt, W. von (1809): Der Königsberger und der Litauische Schulplan. In: Gesammelte Schriften. Band 13, S. 259 – 283; Werke. Band 4, S. 168 – 195.

Höffe, O. (2002): Die Form der Maximen als Bestimmungsgrund. In: Ders. (Hrsg.): Immanuel Kant. Kritik der praktischen Vernunft, S. 63 – 80. Berlin: Akademie Verlag.

Hornung, E. (1998): Das Totenbuch der Ägypter. Neuauflage. Düsseldorf /Zürich: Artemis & Winkler.

Ivanov, St./Nikolova, R. (2009): Psychometrische Modellierung des kompetenztheoretischen Ansatzes im DFG-Projekt ETiK. Ebd., S. 531 – 543.

Jacoby, I. (2000): Friedrich Schleiermachers „Idee zu einem Katechismus der Vernunft für edle Frauen". Ein Beitrag zur Bildungsgeschichte als Geschlechtergeschichte. In: Zeitschrift für Pädagogik 46 (2000) S. 159 – 173.

Kant, I.: Werke in 6 Bänden. Hrsg. von W. Weischedel. Darmstadt 1963 – 1966: Wissenschaftliche Buchgesellschaft.

Kant, I. (1781/1787): Kritik der reinen Vernunft. 1. und 2. Auflage. In: Ders.: Werke. A.a.O. Band 2.

Kant, I. (1785/1786): Grundlegung zur Metaphysik der Sitten. 1. und 2. Auflage. In: Ders.: Werke. A.a.O. Band 4.

Kant, I. (1786): Mutmasslicher Anfang der Menschengeschichte. In: Ders. Werke. A.a.O. Band 6.

Kant, I. (1788): Kritik der praktischen Vernunft. In: Ders.: Werke. A.a.O. Band 4.

Kant, I. (1790/1793/1799): Kritik der Urteilskraft. In: Ders.: Werke. A.a.O. Band 5.

Kant, I. (1793): Über den Gemeinspruch: Das mag in der Theorie richtig sein, taugt aber nicht für die Praxis. In: Ders.: Werke. A.a.O. Band 6.

Kant, I. (1793 /1794): Die Religion innerhalb der Grenzen der bloßen Vernunft. In: Ders.: Werke. A.a.O. Band 4.

Kant, I. (1797): Über ein vermeintes Recht aus Menschenliebe zu lügen. In: Ders.: Werke. A.a.O. Band 4.

Kant, I. (1797/1798): Metaphysik der Sitten. In: Ders.: Werke. A.a.O. Band 4.

Kant, I. (1803): Über Pädagogik. In: Ders.: Werke. A.a.O. Band 6.

Kant, I. (1942): (Handschriftliche) Bemerkungen zu den „Beobachtungen über das Gefühl des Schönen und Erhabenen". In: Ders.: Akademieausgabe. Band 20. Berlin: De Gruyter.

Keller, M. (2001): Moral in Beziehungen: Die Entwicklung des frühen moralischen Denkens in Kindheit und Jugend. In: W. Edelstein/F. Oser/P. Schuster (Hrsg.): Moralische Erziehung in der Schule: Entwicklungspsychologische und pädagogische Praxis, S. 111 – 140. Weinheim: Beltz.

Keller, M. (2005): Moralentwicklung und moralische Sozialisation. In: Pädagogik und Ethik. Hrsg. von D. Hoster und J. Oelkers, S. 149 – 172. Wiesbaden: Verlag für Sozialwissenschaften.

Klass, Th./Kokemor, R. (1998): „Man muß noch Caos in sich haben, um einen tanzenden Stern gebären zu können" – Bildungstheoretische Reflexionen im Anschluß an Nietzsches, Also sprach Zarathustra. Ein Buch für Alle und Keinen'. In: Ch. Niemeyer/H. Drerup/J. Oelkers/L. von Pogrell (Hrsg.): Nietzsche in der Pädagogik? S. 280 – 324. Weinheim: Deutscher Studien Verlag.

Koch, L. (1995): Bildung und Negativität. Grundzüge einer negativen Bildungstheorie. Weinheim: Deutsche Studien Verlag.

Koch, L. (2004): Allgemeinbildung und Grundbildung, Identität oder Alternative? In: Zeitschrift für Erziehungswissenschaft 7, S. 183 – 191.

Kohlberg, L. (1968): Moralische Entwicklung. In: Ders.: Die Psychologie der Moralentwicklung. A.a.O., S. 7 – 40.

Kohlberg, L. (1981): Essays of Moral Development: Vol. 1. The Philosophie of Moral Development. San Francisco: Haper and Row.

Kohlberg, L. (1995/2014): Die Psychologie der Moralentwicklung. Hrsg. von W. Althof unter Mitarbeit von G. Noam und F. Oser. Frankfurt a. M. 7. Auflage 2014: Suhrkamp.

Kolitz, Z. (1949/2004): Jossel Rakovers Wendung zu Gott. Hrsg. von P. Badde. Zürich: Diogenes.

Krause, S. (2015): Erinnern und Tradieren. Kulturelles Gedächtnis als pädagogische Herausforderung. Paderborn: Schöningh.

Krause, S./Malowitz, K. (1998): Michael Walzer zur Einführung. Hamburg: Junius.

Lind, G. (2000): Inhalt und Struktur des moralischen Urteilens. Theoretische, methodologische und empirische Untersuchungen zur Moral- und Demokratiekompetenz bei Studierenden. Korrigierte Neuauflage. Konstanz: Universität Konstanz.

Marx, K. (1844): Zur Kritik der Nationalökonomie – Ökonomisch-philosophische Manuskripte. In: Ders.: Frühe Schriften. Band 1, S. 506 – 665. Hrsg. von H.-J. Lieber und P. Furth. Darmstadt 1962: Wissenschaftliche Buchgesellschaft.

Menze, Cl. (1965): Wilhelm von Humboldts Lehre und Bild vom Menschen. Ratingen: Henn.

Menze, Cl. (1975): Die Bildungsreform Wilhelm von Humboldts. Hannover usw.: Schroedel.

Meyer-Drawe, K. (1999): Die Herausforderung durch die Dinge. Das Andere im Bildungsprozess. In: Zeitschrift für Pädagogik 46, S. 329 – 336.

Meyer-Drawe, K. (2001): Illusionen von Autonomie. Diesseits von Ohnmacht und Allmacht des Ich. 2. Auflage. Mainz: Kirchheim.

Meyer-Drawe, K. (2005): Anfänge des Lernens. In: Erziehung – Bildung – Negativität. 49. Beiheft der Zeitschrift für Pädagogik, S. 24 – 37. Weinheim: Beltz.

Merkens, H. (2003): Immunisierung gegen Kritik durch Methodisierung der Kritik. In: Kritik in der Pädagogik. Versuche über das Kritische in Erziehung und Erziehungswissenschaft. 46. Beiheft der Zeitschrift für Pädagogik. S. 33 – 53. Weinheim usw.: Beltz.

Minnameier, G. (2000): Strukturgenese moralischen Denkens. Eine Rekonstruktion der Piagetschen Entwicklungslogik und ihre moraltheoretischen Folgen. Münster: usw. Waxmann.

Mitgutsch, K. (2009): Lernen durch Enttäuschung. Eine pädagogische Skizze. Horn: Braumüller.

Niehues-Pröbsting, H. (1999): Platonvorlesungen. Eigenschatten – Lächerlichkeiten. In: F. J. Wetz/H. Timm (Hrsg.): Die Kunst des Überlebens. Nachdenken über Hans Blumenberg, S. 341 – 368. Frankfurt a. M.: Suhrkamp.

Niemeyer, Ch. (2014): Die implizite Pädagogik in Nietzsches Philosophie. In: Rasegna di Pedagogia/Pädagogische Umschau LXXII, 1 – 2, S. 55 – 72. Pisa-Roma: Fabrizio Serra.

Nietzsche, F. (1887): Zur Genealogie der Moral. Eine Streitschrift. In: Ders.: Kritische Studienausgabe. Hrsg. von G. Colli und M. Montinari. Band 5. München 1999: DSV/de Gruyter.

Nunner-Winkler, G. (1998): Zum Verständnis von Moral – Entwicklungen in der Kindheit. In: Entwicklung im Kindesalter. Hrsg. von F. E. Weinert, S. 133 – 152. Weinheim: Beltz.

Nunner-Winkler, G. (2007): Moralentwicklung. In: Handbuch der Entwicklungspsychologie. Hrsg. von M. Hasselhorn und W. Schneider, S. 315 – 325. Göttingen usw.: Hogrefe.

Nunner-Winkler, G. (2009): Prozesse moralischen Lernens und Entlernens. In: Zeitschrift für Pädagogik 55, S. 528 – 548.

Oelkers, J. (1998): Einige Bemerkungen Friedrich Nietzsches über Erziehung und der Status eines 'Klassikers der Pädagogik'. In: Ch. Niemeyer/H. Drerup/J. Oelkers/L. von Pogrell (Hrsg.): Nietzsche in der Pädagogik? S. 211 – 240. Weinheim: Deutscher Studien Verlag.

Oelkers, J. (2003): Wie man Schule entwickelt. Eine bildungspolitische Analyse nach Pisa. Weinheim: Beltz.

Oettingen, A. von (2001): Det pædagogiske paradoks. Århus: Klim.

Oettingen, A. von (2006): Pædagogisk filosofi som reflekteret omgang med pædagogiske antinomier. Perspektivering af K. Grue-Sørensens filosofiske pædagogik. Århus: Klim.

Oettingen, A. von (2010): Almen pædagogik. Pædagogikkens grundlæggende spørgsmål. København: Nordisk.

Orth, E. W. (2001): Kultur und Vorstellungsmassen. Ansätze zur Entwicklung eines neuen Kulturbegriffs im 19. Jahrhundert bei Johann Friedrich Herbart. In: A. Hoe-schen/L. Schneider (Hrsg.): A.a.O., S. 25 – 37.

Oser, F. (1998): Negative Moralität und Entwicklung – Ein undurchsichtiges Verhältnis. In: Ethik und Sozialwissenschaften. Streitforum für Erwägungskultur. 9, S. 597 – 608.

Peng, Z. (2010): Zur Geschichte der modernen westlichen Bildungsphilosophie. 现代西方教育哲学的历史考察. Shanghai: Pädagogischer Verlag. 上海教育出版社.

Petzelt, A. (1967): Über das Lernen. In: Einführung in die pädagogische Fragestellung. Hrsg. von W. Fischer, S. 73 – 92: Freiburg i. Br.: Lambertus.

Piaget, J. (1976): Die Äquilibration der kognitiven Strukturen. Stuttgart: Klett-Cotta.

Pico della Mirandola (1496): De hominis dignitate. Über die Würde des Menschen. Lateinisch-deutsche Ausgabe. Hrsg. und übersetzt von G. von der Gönna. Stuttgart 1997: Reclam.

Platon: Werke in acht Bänden griechisch und deutsch. Nach der Übersetzung von F. Schleiermacher. Darmstadt: Wissenschaftliche Buchgesellschaft.

Popper, K. R. (1973): Logik der Forschung. 5. Auflage. Tübingen: Mohr.

Portele, G. (Hrsg.) (1978): Sozialisation und Moral: neuere Ansätze zur moralischen Entwicklung und Erziehung. Weinheim/Basel: Beltz.

Prange, K. (2010): Die Ethik der Pädagogik. Zur Normativität erzieherischen Handelns. Paderborn: Schöningh.

Prengel, H. (2011): Zwischen Heterogenität und Hierarchie in der Bildung. Studien zur Unvollendbarkeit der Demokratie. In: L. Ludwig/H. Luckas/F. Hamburger/St. Aufenanger (Hrsg.): Bildung in der Demokratie II, S. 83 – 94. Opladen: Barbara Budrich.

Rawls, J. (1975): Eine Theorie der Gerechtigkeit. Frankfurt a. M.: Suhrkamp.

Rawls, J. (2003): Gerechtigkeit als Fairneß. Ein Neuentwurf. Frankfurt a. M.: Suhrkamp.

Reichenbach, R. (1998): Preis und Plausibilität der Höherentwicklungsidee In: Zeitschrift für Pädagogik 44, S. 205 – 221.

Reichenbach, R. (2001): Demokratisches Selbst und dilettantisches Subjekt. Demokratische Bildung und Erziehung in der Spätmoderne. Münster usw.: Waxmann.

Reitemeyer, U. (2013): Perfektibilität gegen Perfektion. Rousseaus Theorie der gesellschaftlichen Praxis. 2. Auflage. Münster: Lit.

Ritzel, W. (1985): Immanuel Kant: eine Biographie. Berlin: De Gruyter.

Röber, Ch. (2011): Ermittlung rechtschreiblicher Kompetenz. In: Bredel, U./Reißig, Th.: Weiterführender Orthographieerwerb. Deutschunterricht in Theorie und Praxis. Band 5, S. 509 – 545. Hohengehren: Schneider.

Rousseau, J.-J. (1750/1981): Discours qui a remporté le prix a l'Académie de Dijon en l'année 1750 sur cette question proposée par la même Académie: Si le rétablissement des Sciences et des Arts a contribué à épurer des mœurs. Durch die Akademie zu Dijon im Jahre 1750 preisgekrönte Abhandlung über die von derselben Akademie gestellte Frage, ob die Wiederherstellung der Wissenschaften und Künste zur Läuterung der Sitten beigetragen habe. In: Ders.: Staatsphilosophische und Politische Schriften. München 1981, S. 7 – 161: Winkler; zitiert als: Erster Diskurs.

Rousseau, J.-J. (1755/1984): Discours sur l'origine et les fondemens de l'inégalité parmi les hommes. Diskurs über den Ursprung und die Grundlagen der Ungleichheit unter den Menschen. Kritische Ausgabe des integralen Textes, neu ediert, übersetzt und kommentiert von H. Meier. Paderborn 1984: Schöningh; zitiert als: Zweiter Diskurs.

Rousseau, J.-J. (1755/1758/1981): Discours sur l'Œconomie politique. Abhandlung über die politische Ökonomie. In: Ders.: Staatsphilosophische und Politische Schriften. München 1981, S. 223 – 265: Winkler.

Rousseau, J.-J. (1762a /1966): Der Gesellschaftsvertrag. Contrat social. In der verbesserten Übersetzung von H. Denhardt hrsg. von H. Weinstock. Stuttgart 1966: Reclam.

Rousseau, J.-J. (1762b/1979): Emile *oder* Von der Erziehung. München 1979: Winkler.

Rousseau, J.-J. (1772/1981): Betrachtungen über die Regierung Polens und über deren vorgeschlagene Reform. In: Ders.: Staatsphilosophische und Politische Schriften. München 1981, S. 563 – 655: Winkler.

Rousseau, J.-J. (1780/1979): Emile und Sophie *oder* Die Einsamen. München 1979: Winkler.

Rucker, Th. (2014): Komplexität der Bildung. Beobachtungen zur Grundstruktur bildungstheoretischen Denkens in der (Spät)Moderne. Bad Heilbrunn: Klinkhardt.

Ruhloff, J. (1996): Bildung im problematisierenden Vernunftgebrauch. In: M. Borrelli/ J. Ruhloff (Hrsg.): Deutsche Gegenwartspädagogik. Band 2, S. 148 – 157. Hohengehren: Schneider.

Ruhloff, J. (2012): Nur durch Erziehung Mensch?. In: Pädagogische Korrespondenz. Heft 45, S. 7 – 19.

Schäfer, A. (2009): Die Erfindung des Pädagogischen. Paderborn: Schöningh.

Schleiermacher, F. (1799/2001): Über die Religion. Reden an die Gebildeten unter ihren Verächtern. Hrsg. von G. Meckenstock. Berlin usw. 2001: de Gruyter.

Schleiermacher, F. (~1800): Idee zu einem Katechismus der Vernunft für edle Frauen. In: Ders.: Kritische Gesamtausgabe. Erste Abteilung. Schriften und Entwürfe. Band 2. Berlin 1984, S. 153 – 154: de Gruyter.

Schleiermacher, F. (1820/1821): Vorlesungen über Gegenwirkung, Strafe und Zucht. In: Ders.: Pädagogische Schriften in 2 Bänden. Unter Mitwirkung von Th. Schulze hrsg. von E. Weniger. Band 2, S. 171 – 202. Düsseldorf/München; Stuttgart: Klett-Cotta.

Schleiermacher, F. (1821 /1822): Der christliche Glaube nach den Grundsätzen der evangelischen Kirche im Zusammenhange dargestellt. 2 Bände. Hrsg. von H. Peiter. Berlin 1984: de Gruyter.

Schleiermacher, F. (1826/1983): Vorlesungen aus dem Jahre 1826. In: Ders.: Pädagogische Schriften. A.a.O. Band 1, S. 1-369.

Schmied-Kowarzik, W. (1981): Die Dialektik der gesellschaftliche Praxis. Zu Genesis und Kernstruktur der Marxschen Theorie. Freiburg: Alber.

Schmied-Kowarzik, W. (1984): Das dialektische Verhältnis des Menschen zur Natur. Eine philosophiegeschichtliche Studie zur Naturproblematik bei Karl Marx. Freiburg: Alber.

Schmied-Kowarzik, W. (2014): Hegel in der Kritik zwischen Schelling und Marx. Frankfurt a. M. usw.: Peter Lang.

Schwenk, B. (1963): Das Herbartverständnis der Herbartianer. Weinheim: Beltz.

Schmidt, H. (2013): Rede anlässlich der Verleihung des Hanns-Martin-Schleyer-Preises. http://www.zeit.de/gesellschaft/2013-2004/schleyer-preis-schmidt.

Spaemann, R./Löw, R. (1985): Die Frage wozu? Geschichte und Wiederentdeckung des teleologischen Denkens. 2. Auflage. München: Piper.

Stangl, W. u. a.: Arbeitsblätter zum Studien-Kurs 03250 der FernUniversität Hagen: http://arbeitsblaetter.stangl-taller.at/MORALISCHEENTWICKLUNG/Kohlberg DilemmataHeinz.shtml.

Stępkowski, D. (2010): Pedagogika ogólna i religia. (Re) konstrukcja zapomnianego wątku na podstawie teorii Johanna F. Herbarta i Friedricha D. E. Schleiermachera. Warszawa: Towarzystwo Naukowe Franciszka Salezego.

Stępkowski, D. (2012): Wychowanie w służbie demokracji. In: S. Wilk, A. Kiciński, A. Łuczyński, L. Opiela, A. Smagacz, (Hrsg.): Drogowskazy wychowania, S. 43-60. Lublin: KUL.

Straka, G. A. (2013): Berufliche Bildung auf handlungs-und lerntheoretischer Grundlage. In: Didaktik beruflicher Bildung. Hrsg. von H.-H. Kremer, M. Fischer und T. Tramm. http://www.bwpat.de/ausgabe24/straka_bwpat24.pdf.

Tenorth, H.-E. (2004): Stichwort: „Grundbildung" und „Basiskompetenzen". Herkunft, Bedeutung und Probleme im Kontext allgemeiner Bildung. In: Zeitschrift für Erziehungswissenschaft 7, S. 169-182.

Tenorth, H.-E. (Hrsg. 2012): Geschichte der Universität unter den Linden. 6 Bände.

Band 1: Gründung und Blütezeit der Universität zu Berlin 1810 – 1918. Berlin: Akademieverlag.

Thimm, A. (2007): Die Bildung der Moral. Zum Verhältnis von Ethik und Pädagogik, Erziehung und Moral. Paderborn: Schöningh.

Thompson, Ch. (2009): Bildung und die Grenzen der Erfahrung. Randgänge der Bildungsphilosophie Paderborn: Schöningh.

Tomasello, M. (2011): Die Ursprünge der menschlichen Kommunikation. Frankfurt a. M.: Suhrkamp.

Tongeren, P. von (1989): Die Moral von Nietzsches Moralkritik. Studie zu „Jenseits von Gut und Böse". Bonn: Bouvier.

Waldenfels, B. (2004): Die Macht der Ereignisse. In: Ästhetik Erfahrung. Hrsg. von J. Huber, S. 155 – 170. Zürich usw.: Springer.

Walzer, M. (1994/1996): Thick and Thin. Moral Argument at Home and Abroad. Indiana: Notre Dame. Lokale Kritik – globale Standards. Zwei Formen moralischer Auseinandersetzung. Hamburg: Rotbuch.

Walzer, M. (1983/2006): Spheres of Justice. A Defense of Pluralism and Equality. New York: Basic Books. Sphären der Gerechtigkeit. Ein Plädoyer für Pluralität und Gleichheit. Frankfurt a. M./New York: Campus.

Wang, P. (1995): Wilhelm von Humboldt und Cai Yuanpei. Eine vergleichende Analyse zweier klassischer Bildungskonzepte in der deutschen Aufklärung und der er-sten chinesischen Republik. Münster und New York: Waxmann.

Weiß, G. (2004): Bildung des Gewissens. Wiesbaden: Verlag für Sozialwissenschaften.

Wieland, W. (1992): Die aristotelische Physik. 3. Auflage. Göttingen: Vandenhoeck & Ruprecht.

Wulf, Chr./Triki, F./Poulain, J. (Hrsg.) (2009): Erziehung und Demokratie. Europäische, muslimische und arabische Länder im Dialog. Berlin: Akademie.

本书根据德国舍尼希出版社(Schöningh-Verlag)2015年版译出.
德文原版信息：Dietrich Benner/Alexander von Oettingen/Zhengmei Peng/Dariusz Stepkowski：Bildung - Moral - Demokratie. Theorien und Konzepte moralischer Erziehung und Bildung und ihre Beziehungen zu Ethik und Politik. Paderborn 2015：Schöningh-Verlag.
波兰文版信息：Dietrich Benner/Dariusz Stepkowski/Alexander von Oettingen/Zhengmei Peng：Kształcenie - moralność - demokracja. Teorie i koncepcje wychowania i kształcenia moralno-etycznego i ich związki z etyką i polityką. Warszawa 2018，Wydawnictwo Naukowe UKSW.

图书在版编目(CIP)数据

教育和道德：从古希腊到当代 / (德) 迪特里希·本纳等著；彭韬译. —上海：上海教育出版社，2020.7
(面向21世纪能力的教育变革：中国与世界 / 彭正梅主编)
ISBN 978-7-5720-0056-0

Ⅰ.①教… Ⅱ.①迪… ②彭… Ⅲ.①品德教育一研究 Ⅳ.①G416

中国版本图书馆CIP数据核字(2020)第099177号

责任编辑　钟紫菱
封面设计　陆　弦

面向21世纪能力的教育变革：中国与世界
丛书主编　彭正梅
教育和道德：从古希腊到当代
[德] 迪特里希·本纳
[中] 彭正梅
[丹] 亚历山大·冯·欧廷根
[波] 达留兹·史蒂科夫斯基
著
彭　韬　译

出版发行　上海教育出版社有限公司
官　　网　www.seph.com.cn
地　　址　上海永福路123号
邮　　编　200031
印　　刷　上海展强印刷有限公司
开　　本　700×1000　1/16　印张15.75　插页2
字　　数　243千字
版　　次　2020年7月第1版
印　　次　2020年7月第1次印刷
书　　号　ISBN 978-7-5720-0056-0/G.0043
定　　价　58.00元

如发现质量问题，读者可向本社调换　电话：021 - 64377165